Th. Ladewig

Vergil's Gedichte

Th. Ladewig

Vergil's Gedichte

ISBN/EAN: 9783742895165

Hergestellt in Europa, USA, Kanada, Australien, Japan

Cover: Foto ©Thomas Meinert / pixelio.de

Manufactured and distributed by brebook publishing software (www.brebook.com)

Th. Ladewig

Vergil's Gedichte

VERGIL'S
GEDICHTE.

ERKLÆRT

VON

TH. LADEWIG.

ERSTES BÆNDCHEN:

BUCOLICA UND GEORGICA.

DRITTE AUFLAGE.

BERLIN,
WEIDMANNSCHE BUCHHANDLUNG.
1860.

VORWORT.

In diesem ersten Theile meiner Schulausgabe des Vergil habe ich keinen Anstand genommen, einen grossen Theil der Anmerkungen wörtlich aus dem allseitigen und gründlichen Commentare von J. H. Voss und den, durch Präcision und gefällige Form sich auszeichnenden Bemerkungen Fr. Jacobs' (Blumenlese der römischen Dichter II. p. 272—462) zu entnehmen. Dass daneben die neueren Ausgaben Jahn's und des um die Textgestaltung und richtige Erkenntniss des Vergilschen Sprachgebrauchs hochverdienten Wagner, sowie gelegentliche Bemerkungen anderer Gelehrten über einzelne Stellen des Vergil gewissenhaft zu Rathe gezogen sind, versteht sich von selbst. Ist nach solchen Vorgängern die Zahl der Stellen, an denen ich selbst das Verständniss des Vergil gefördert zu haben glaube, auch nur gering, so hängt der Werth einer Schulausgabe doch auch nicht von der Menge neuer Erklärungen, sondern von dem Takte ab, den der Herausgeber in der Benutzung und Verarbeitung des vorhandenen Materials bewährt. Und in dieser Beziehung kann ich versichern, stets bemüht gewesen zu sein, die Schüler zum vollen Verständniss des Sinnes und Zusammenhanges zu führen, und die Anmerkungen so einzurichten, dass die Selbstthätigkeit der Schüler überall, wo ihre Kräfte ausreichend schienen, in Anspruch genommen würde.

Zu vorzüglichem Danke fühle ich mich bei dieser neuen Auflage des ersten Bändchens meiner Vergilausgabe gegen den Herrn Prof. Ameis verpflichtet, der durch seine eingehende Beurtheilung der ersten Auflage dieses Bändchens und durch sein gehaltreiches Programm: *spicilegium explicationum Vergilianarum*, Mühlhausen 1851, mir die Revision dieses Bändchens wesentlich erleichtert hat. Ueber die übrigen Gelehrten, denen ich eine richtigere Auffassung einzelner Stellen der *Bucolica* und *Georgica* verdanke, sowie über die Veränderungen, die ich bei dieser neuen Auflage vorgenommen habe, verweise ich auf die Vorrede zu der eben erschienenen zweiten Auflage des zweiten Bändchens und wünsche, dass auch diese neue Auflage sich einer gleich günstigen Aufnahme erfreue, wie sie ihrer Vorgängerin zu Theil geworden ist.

Für diese dritte Auflage des vorliegenden Bändchens habe ich die Bemerkungen von E. v. Leutsch im 10. und 11. Jahrg. des Philol., das Friedländer Gymn.-Progr. von Unger: *de Ansere poëta*, das Brieger Gymn.-Progr. von Tittler: über die Zeit der Veröffentlichung der Georg. Verg'.s, die an einzelnen vortrefflichen Erörterungen reichen, an Widerlegungen der seiner Ansicht gegenüber geltend gemachten Bedenken armen lectiones Verg. des mit dem Geiste der röm. Dichtersprache innig vertrauten Ph. Wagner im 1. Supplementbande zum Philol., die Schrift Gebauer's: *de poëtarum Gr. bucolicorum inprimis Theocriti carmin. in eclogis a Vergilio adumbratis*, endlich die neue kritische Ausg. des Verg. von O. Ribbeck vielfach zur Berichtigung des Textes und des Commentares benutzt. Wenn der Text dieser Ausg. dennoch an vielen Stellen von dem der Ribbeck'schen abweicht, so rührt dies daher, dass ich mich erstens nicht entschliessen konnte, in einer Schulausgabe die orthographischen Neuerungen Ribbeck's aufzunehmen, und zweitens in der Werthschätzung der Hdschr. dem Urtheile Ribbeck's vor der Hand, wo von seiner Ausg. erst der erste Band, und auch dieser ohne die *prolegomena* vorliegt, noch nicht beizutreten vermochte.

Neustrelitz.

Th. Ladewig.

EINLEITUNG.

Mit der Geringschätzung, mit welcher die Römer der älteren republikanischen Zeit Künste und Wissenschaften, in deren Betreibung sie eine Beeinträchtigung ihrer staatsbürgerlichen Pflichten erblickten, ansahen, hing die Verwunderung über den ihnen unbegreiflichen Enthusiasmus der Griechen zusammen, mit welchem diese den Gesängen ihrer Dichter lauschten. Als daher freigelassene Sklaven und Nichtrömer zuerst versuchten, die Römer für die freien Schöpfungen des Geistes empfänglich zu machen, so übersetzten sie zunächst griechische Musterwerke, um die Römer einen Blick in den unerschöpflichen Mythenkreis der Griechen thun zu lassen und mit der Wissbegierde zugleich die Liebe zu wissenschaftlicher Beschäftigung zu wecken. So übersetzte Livius Andronicus, der erste römische Schriftsteller, die Odyssee des Homer und Dramen des Euripides und anderer Tragiker. Der Erfolg entsprach seinen kühnsten Erwartungen. Seine Uebersetzung der Odyssee wurde Schulbuch, und seine Bearbeitungen griechischer Dramen wurden mit solchem Beifall aufgenommen, dass sie andere Dichter reizten, den von ihm eingeschlagenen Weg weiter zu verfolgen. Nachdem die Römer aber für das Streben nach höherer Ausbildung gewonnen waren, entstand ein reger Wetteifer unter den römischen Schriftstellern, ihren Landsleuten die Schätze der griechischen Literatur mitzutheilen. Natürlich war es ihnen Anfangs dabei vorzugsweise um den Stoff zu thun, die

Form wurde wenig berücksichtigt; man war zufrieden, wenn man der rauhen, ungelenken Kriegersprache die Worte und Wendungen abzwang, welche zum Ausdruck des Gedankens nothwendig waren, und bewahrheitete praktisch den Spruch des alten Cato: *rem tene, verba sequentur.* Es kam nunmehr darauf an, die schlummernden Kräfte der Sprache für Rhythmus und Composition zu wecken. Den ersten Schritt dazu that Ennius (aus Rudiae in Calabrien, der Zeitgenosse und Freund des ältern Cato und der Scipionen), indem er durch Einführung des Hexameters das accentuirende Latein in ein quantitirendes verwandelte. „Der Wechsel mochte zuerst," wie Bernhardy bemerkt, „unbedeutend scheinen; allmählig aber lehrte die Wägung der Sylben und Wortfüsse auch auf Stellung und Auswahl der Worte achten, der Werth der Endungen führte zur berechneten Wortbildnerei, das Gefühl des Stiles und der Redegattungen konnte nicht ohne das Rüstzeug einer fein und mannichfaltig geprägten Phraseologie bleiben." Indem man auf diesem Wege, zu dem besonders das in Rom eifrig gepflegte Studium der Beredsamkeit aufforderte, weiter fortschritt, gelang es doch erst dem Cicero durch das eifrigste Studium griechischer Muster, die prosaische Darstellung zur höchsten formalen Tüchtigkeit zu bringen und oratorische Fülle mit periodischer Abrundung zu verbinden. Hinter dieser Ausbildung der Prosa blieb die poetische Darstellung noch weit zurück; Lucretius, der Zeitgenosse des Cicero, verräth sowohl durch die Wahl seines Stoffes (Entwicklung der epikureischen Lehre), als auch durch dessen Bearbeitung, wie viel die römischen Dichter in Betreff der Anlage ihrer Werke, der sprachlichen Darstellung und des Baues ihrer Verse noch von den Griechen zu lernen hatten. Im Gegensatz gegen die bisherige Richtung, welche die Form so schwer vernachlässigt hatte, unternahmen es die Dichter des augusteischen Zeitalters, im engen Anschluss an die Griechen, die Vermittlung zwischen Inhalt und Form zu bewerkstelligen und den Römern eine poetische Sprache zu schaffen, die nach Ablegung der früheren Härten und Archaismen geeignet war, die feinsten Nüancirungen des Gedankens darzustellen und griechischen Wohllaut mit römischer Kraft zu verbinden. Hauptrepräsentanten dieser neuen Richtung sind Vergil und Horaz.

Publius Vergilius (so ist die ältere Schreibung der Handschriften und Inschriften statt Virgilius) Maro wurde zu Andes, einem Dorfe bei Mantua, 70 v. Chr. 684 u. geboren. Sein Vater, ein wohlhabender Landmann, der von dem Ertrage eines Landgutes, das er zu Andes besass, lebte, verwandte alle Sorgfalt auf die Erziehung seines Sohnes, liess ihn zu Cremona unterrichten und schickte ihn, als er die männliche Toga angelegt hatte, zu weiterer Ausbildung nach Mailand und dann nach Neapel, wo er den Unterricht des Dichters und Grammatikers Parthenius genoss. Nach mehrjährigem Aufenthalte in Neapel wandte sich Verg. 47 v. Chr. nach Rom, um sich durch den Epikureer Syron, den Freund Cicero's, in die Philosophie und die damit verwandte Mathematik und Physik einweihen zu lassen. Liebe zu den Wissenschaften und zum Landleben sowie eine schwächliche Körperconstitution, die weder den Anstrengungen des Forums noch den Strapazen des Kriegsdienstes gewachsen war, veranlasste ihn auf eine Staatscarriere zu verzichten und sich auf sein Gut zu Andes zurückzuziehen, wo er nun (von 45 v. Chr. an) die Freuden des Landlebens mit empfänglichem Sinne genoss und seine Zeit zwischen der Bewirthschaftung seines Gutes und dem Studium griechischer Dichter, besonders des Theokrit, theilte. In diese Zeit fallen wahrscheinlich die dichterischen Jugendversuche Vergil's, die von den Alten erwähnt werden; doch sind die meisten der kleinen Gedichte, die sich unter seinem Namen erhalten haben (Culex, Ciris, Copa, Moretum, Dirae, Catalecta, Priapea, Epigrammata) entschieden nicht von Vergil. Von 42 an aber dichtete Verg. nach dem Vorbilde des Theokrit bukolische Lieder, die dem C. Asinius Pollio, der als des Antonius Legat das transpadanische Gallien, zu dem Mantua gehörte, verwaltete und nicht nur mit der griechischen und römischen Literatur innigst vertraut war, sondern auch selbst als Redner, Geschichtschreiber und Dichter sich einen Namen in der römischen Literatur erworben hat (vgl. E. 3, 86. 8, 10), so gefielen, dass er dem jungen Dichter neue Stoffe zur Bearbeitung empfahl, s. E. 8, 11. Aus der behaglichen Ruhe, in welcher Verg. bisher gelebt und die 2., 3. und 5. Ekloge gedichtet hatte, wurde er im folg. Jahre durch die Aeckervertheilung, welche Octavian schon 2 Jahre früher den Veteranen versprochen hatte, jetzt aber erst zur Ausführung brachte, gerissen. 18 Städte Italiens mit allen ihren Ländereien waren zur Strafe für ihr Festhalten an der Sache des Brutus und Cassius zu diesem Schicksale verdammt, unter ihnen Cremona, die Nachbarstadt Mantua's. Aber die ungestümen Veteranen hatten von der Freigebigkeit der Sieger noch grössere Belohnungen erwartet und griffen nun, da sie sich in ihren Erwartungen getäuscht sahen, eigenmächtig zu und eigneten sich auch die Gebiete benachbarter Städte an. So wurden die Besitzer der Aecker um Mantua von den Veteranen vertrieben (vgl. E. 9, 28), und auch Vergil sah sich in dem Besitze seines Gutes gefährdet. Freilich schützte ihn noch sein Freund und Gönner Asinius Pollio; doch als im Herbste des Jahres 41 der perusinische Krieg ausbrach und Pollio mit seinen Legionen dem L. Antonius zu Hülfe eilte, da blieb dem bekümmerten Dichter Nichts übrig, als sich nach Rom zu begeben und sich Schutz suchend an den Octavianus, auf dessen Gunst er wegen seiner schon im vor. J. gedichteten 5 Ekl. rechnen zu dürfen hoffte, zu wenden. Octavianus erfüllte die Bitte des bedrängten Dichters und sicherte ihm den Besitz seines Guts, wofür ihm Verg. seinen innigsten Dank in der ersten Ekl. aussprach. Doch Vergil's Freude sollte bald getrübt werden. Nach glücklicher Beendigung des perusinischen Krieges übergab Octav. 40 das transpadanische Gallien dem Alfenus Varus mit dem Auftrage, das Geschäft der Aeckervertheilung daselbst zu leiten. Da hierdurch die ganze Umgegend von Mantua in neue Besorgniss versetzt wurde, so hat Verg. den Varus, die Mantuaner in ihrem Besitze zu schützen, und versprach ihn dafür in einem Liede zu besingen, s. E. 6, 3. 9, 26. Nichts desto weniger wurde ein grosser Theil des mantuanischen Gebietes den Veteranen überlassen, ja ein gewisser Centurio Arrius bemächtigte sich des andinischen Landgutes und hätte den Verg., der im Vertrauen auf die Zusage des Octav. nicht weichen wollte, beinahe getödtet. Verg. floh also wieder nach Rom, hielt sich einige Zeit in der Villa seines Lehrers Syron verborgen, dichtete hier die 9. Ekl., worin er sein Schicksal bejammert, und übergab sie dem Octav., als dieser nach Rom zurückkehrte; doch sogleich erreichte Verg. seinen Zweck nicht, denn Octav. hatte damals vollauf zu thun, um sich zu dem drohenden Kriege mit dem M. Antonius zu rüsten. Als aber durch Vermittlung des Pollio und des Maecenas der brundisinische Vergleich zu Stande kam und Pollio den Verg. dem Maecenas empfahl, erhielt Verg. sein Landgut zurück. Zum Danke für diese freundschaftliche Verwendung und im freudigen Gefühl der so glücklich beseitigten Gefahr eines Krieges zwischen Octav. und Antonius dichtete Verg. darauf die 4. Ekl. zu Ehren des Pollio, der gerade Consul geworden war. Im folg. Jahre 39 erfüllte Verg. sein dem Varus gegebenes Versprechen; doch an der Art und Weise, wie er den Varus besang, Ekl. 6, merkt man deutlich, wie ungern Verg. sich zur Besingung des Varus, der die Mantuaner so schlecht beschützt hatte, entschloss. Um so freudiger aber besang er nochmals, Ekl. 8, den Pollio, der im Herbste d. J. von einem glücklichen Feldzuge gegen die aufrührerischen Parthiner, eine Völkerschaft Dalmatiens, zurückkehrte. Die Ruhe, deren Verg. sich jetzt erfreute, benutzte er, um, wahrscheinlich im folg. J. die 7. und im Jahre 37 die letzte (10.) Ekl. zu dichten.

Durch diese 10 Eklogen begründete Verg. seinen Dichterruhm und erwarb sich treue Freunde und mächtige Gönner. Zu letzteren gehören Pollio, Maecenas und Octavianus; zu ersteren Cornelius Gallus, hochgeschätzt als Verfasser von 4 Büchern Elegien, der didaktische Dichter Aemilius Macer und L. Varius, bekannt als tragischer Dichter, bald auch Plotius Tucca, Propertius und Horatius, welcher letztere sich Sat. I, 5, 40—42 über dies Freundschaftsverhältniss so äussert:

Plotius et Varius Sinuessae Vergiliusque
Occurrunt, animae, quales neque candidiores
Terra tulit neque quis me sit devinctior alter.

Spricht d. St. deutlich für den edlen und reinen Sinn Vergil's, so geht auch aus anderen Zeugnissen, sowie aus seinen Gedichten hervor, dass Bescheidenheit, Herzensgüte und grosse Geneigtheit, die Verdienste Anderer anzuerkennen, Hauptcharakterzüge Vergil's waren. Dennoch fehlte es ihm nicht an Feinden, welche ihm die Gunst, in der er bei Octav. stand, beneideten, oder als Anhänger der alten Dichterschule der neuen Richtung, welcher Verg. Bahn brach, überall entgegentraten. Bekannt sind von diesen Gegnern die von Verg. verspotteten Dichterlinge Bavius und Maevius, vgl. E. 3, 90. Dass Verg. sich aber so eng an Octav. anschloss, kann nicht Wunder nehmen, da er theils durch die Bände der Dankbarkeit an ihn geknüpft war, theils in ihm den Beschützer und Pfleger der Wissenschaften verehrte, theils endlich die Republik nur in einer Zeit kennen gelernt hatte, wo der Staat ein Spielball in den Händen einiger Ehrgeizigen war, so dass Ruhe und Sicherheit sich nur in einer Monarchie erwarten liess; dass aber Octav. zu dieser Alleinherrschaft von der Gottheit berufen sei, schien sein unerhörtes Glück hinlänglich anzudeuten, sowie die Mässigung und Milde, welche er bewies, ihm auch die Herzen vieler früheren Gegner allmählig zuführte.

Ueber die ferneren Lebensverhältnisse Vergil's haben wir äusserst wenig verbürgte Nachrichten; nur so viel steht fest, dass er viel an Brustschmerzen litt und, wahrscheinlich durch seine Kränklichkeit veranlasst, seine späteren Jahre grösstentheils in Neapel verlebte, von wo er nur dann und wann zum Besuch seiner Freunde nach Rom kam. In Neapel vollendete er auch sein zweites Werk, die Georgica, Lehrgedicht über den Landbau in 4 Büchern, an dem er 7 Jahre, von 37—30, gearbeitet hatte. Gleich als ahnte er, dass ihm nur ein kurzes Leben beschieden sei und dass er seine Zeit eifrig zusammennehmen müsse, wenn er sein G. III, 16—48 gegebenes Versprechen, den Octavianus durch ein Epos zu verherrlichen, erfüllen wolle, legte er unmittelbar nach Beendigung der Georgica Hand an sein berühmtestes und von den Römern mit unglaublicher Sehnsucht erwartetes Werk, die Aeneide, ein Epos in 12 Büchern, das er jedoch nicht so vollendet, wie die Georgica, hinterlassen sollte. Im Jahre 19 nämlich reiste er nach Griechenland, um hier und in Kleinasien die letzte Feile an dies Werk zu legen; doch in Athen traf er auf den aus dem Oriente zurückkehrenden Octav. und liess sich von diesem zur Umkehr nach Italien bereden. Schon kränkelnd bestieg er das Schiff, und sein Uebelbefinden nahm während der Ueberfahrt so zu, dass er bald nach seiner Ankunft in Italien zu Brundisium am 22. Sept. 19 starb. Kurz vor seinem Ende soll Verg. die Absicht gehabt haben, die Aeneide als ein noch nicht gehörig durchgefeiltes Werk zu verbrennen; an der Ausführung dieses Vorhabens durch seine Freunde Tucca und Varius verhindert, vermachte er ihnen in seinem Testamente die Aeneide mit dem Auftrage, alles Unvollendete zu streichen, aber Nichts hinzuzufügen. Inwiefern Tucca und Varius diesem Verlangen entgegengekommen sind, wissen wir nicht, ausser dass sie nach der Angabe einiger Grammatiker die 4 einleitenden Verse der Aeneide und eine Stelle im zweiten Buche (v. 567—588) strichen, sonst aber Nichts tilgten.

Vergil wurde von den Römern für einen ihrer grössten Dichter gehalten. Seine Sprache diente allen späteren Dichtern zur Norm, seine Werke wurden in den Schulen Jahrhunderte lang gelesen und von gelehrten Grammatikern, wie von Servius aus der Zeit des Kaisers Theodosius, vielfältig und sorgsam erklärt. Die Gründe dieses Ruhmes sind theils in der Wahl und Behandlung seiner Stoffe, theils in der vollendeten Form, die er seinen Gedichten gab, zu suchen. Denn nicht genug, dass er die Härten und Archaismen*) der früheren Dichter vermied, er wusste den

---

*) Einzelne Archaismen finden sich allerdings auch im Verg., doch sind sie theils absichtlich aufgenommen, um der Rede alterthümlichen Anstrich zu geben, theils aus Noth gebraucht, um Worte und Formen für den Hexameter zu gewinnen. Dahin gehören die Formen *ast*, *quianam*, *olli*

Griechen auch viele Wendungen und Feinheiten abzulauschen und seiner Darstellung Fülle, Eleganz und Würde zu geben. Nicht minder gross sind seine Verdienste um die Ausbildung des Hexameters **); kein anderer römischer Dichter hat es wie er verstanden, den beabsichtigten Eindruck durch den Rhythmus hervorzuzaubern.

Wenden wir uns jetzt zur näheren Betrachtung der einzelnen Werke Vergil's.

1) **Eclogae.** Die 10 Gedichte, welche spätere Grammatiker *eclogae*, d. h. ausgewählte Lieder gleichen Inhalts nannten — unter welchem Namen Vergil selbst sie veröffentlicht habe, wissen wir nicht — gehören der bukolischen Dichtart an. Erfinder und Vollender dieser Dichtart war der Sicilier Theokrit, der einige Zeit zu Alexandria am Hofe des Ptolemäus Philadelphus (285— 246 v. Chr.) lebte, später aber unter Hiero's II. Regierung

---

(f. illi), *ollis*, der Genet. auf *ai*, der Dat. auf *u*, der Inf. pass. auf *ier* (wie *immiscerier* G. I, 454), *fuat*, *faxo*, *iusso*, Ausstossung des Vokals kurzer Sylben, wie *repostus*, *periclum*, *aspris* (A. II, 379), und Abwandlung der Verba nach der dritten, als der ältesten und ursprünglichen Conjugation, wie *lavēre* (f. *lavare*), *fervēre*, *fulgēre*, *stridēre*, *potitur* (A. III, 56).

*) Den Hiatus erlaubt sich Verg. 1) in der Arsis des 2. 3. 4. und 5. Fusses, besonders in Nom. propr., bei hinzutretender Interpunction oder beim Zusammenstossen desselben Vokales, 2) in der Thesis, wenn nach griech. Vorgange eine lange Sylbe verkürzt wird, wie E. 3, 79: *valē, valē, inquit Iolla*, besonders bei Nom. propr. und Interjectionen; bei einer kurzen Sylbe nur, wenn eine starke Interpunction folgt, wie E. 2, 53. A. I, 405. — Die Verlängerung mancher als kurz geltender Sylben, von der sich im Verg. viele Beispiele finden, hat nur theilweise in der verlängernden Kraft des Ictus ihren Grund, in den meisten Fällen folgt Verg. der ursprünglichen Quantität, nach der gar viele consonantisch ausgehenden Verbal- und Nominalendungen lang waren, z. B. *restāt*, *patēr*. — Die Synizesis findet sich bei Verg. viel seltener, als bei den früheren römischen Dichtern: ausser in Nom. propr. meist nur bei *ee* (wie in den Formen von *deesse*), *ei* (wie *ferrei*, *anteirent*), *eo* (wie *alveo*, *aureo*), selten bei *ea* (*aurea* A. I, 698. *alvearia* G. IV, 34. *ocreas* A. VII, 634). Zur Synizesis wurden von den alten Grammatikern auch die Fälle gerechnet, wo *i* und *u* in die Consonanten *j* und *v* übergehen und die vorhergehende Sylbe verlängern, z. B. *parjetibus*, *abjete*, *omnja*, *fluvjorum*, *genva*, *tenvis*. Von Verbalformen finden sich im Verg. so nur *precantja* A. VII, 237 und *arjetat* A. XI, 890. — Eine Zusammenziehung von *uu* in *u* erlaubt sich Verg. nur in *currum*, A. VI, 653. und in *manum*, A. VII, 490. — Die Tmesis kommt im Verg. ausser bei den auch adverbial gebrauchten zweisylbigen Präpositionen, wie *super*, *circum*, *praeter*, nur so vor, dass die Präposition durch ein angehängtes *que* von ihrem zugehörigen Worte getrennt ist, wie A. IX, 288: *inque salutatam*.

(269—215 v. Chr.) nach Syrakus zurückkehrte. Unter den Griechen fand er an Bion und Moschus Nachahmer. Von den Römern versuchte es zuerst Vergil (s. E. 6, 1), in seine Fusstapfen zu treten, denn der E. 5, 11. 7, 22. 26 erwähnte Codrus war entweder ein in Rom lebender Grieche, der Idyllen in griechischer Sprache schrieb, oder ist nur der Name eines fingirten Hirten. Vergil fühlte sich durch die Idyllen Theokrit's angezogen, es sprach ihn darin das warme Gefühl für Naturschönheiten und die schöne Zeichnung des einfachen und natürlichen Lebens der Hirten an: und hierin suchte er seine Gedichte denen des Griechen ähnlich zu machen; sonst aber findet sich ein bedeutender Unterschied zwischen den bukolischen Liedern Theokrit's und Vergil's. Denn während Theokrit als glücklicher Landschaftsmaler uns überall die Scene klar vor die Augen führt, verschwimmen Vergil's Landschaftsbilder, ausser wo er uns die Lage seines eigenen Gutes schildert (E. 1, 47—59. 7, 11—13. 9, 7—9), ins Unbestimmte; während Theokrit als scharfer Beobachter und Menschenkenner überall den rechten Volkston zu treffen weiss, haben Vergil's Hirten die Kenntnisse und reden im Tone der gebildeten Römer; während Theokrit endlich aufs glücklichste individualisirt, allegorisirt Vergil auf künstliche Weise. Wegen dieser Abweichungen würde Vergil Tadel verdienen, wenn er denselben Zweck verfolgt hätte, wie Theokrit; aber wie dieser Erfinder der reinen Idylle ist, so ist Vergil Schöpfer der allegorischen Idylle. Dazu wurde Vergil durch seine Zeit gemacht. Da nämlich bei den damaligen Wirren der Besitz seines Gutes, ja sein Leben selbst gefährdet war, so sah er sich zur Erhaltung seines Eigenthums gezwungen, sich um die Gunst hochgestellter Personen zu bemühen, und diese konnte er, der auf eine politische Carriere verzichtet hatte, sich durch Nichts, als durch seine Lieder erwerben. So benutzt er denn die sicilischen Hirten, in deren Welt er sich durch fleissige Lectüre des Theokrit eingelebt hatte, um durch sie seine Gemüthszustände, wie sie durch die damaligen Zeitverhältnisse hervorgerufen wurden, zu schildern und um seine Gönner durch feines Lob zu kräftigem Schutze seines Eigenthums zu veranlassen. Dabei verdient, wie Süpfle sehr richtig bemerkt, „die geistreiche Erfindung mancher Situationen, der Reichthum an Bildern, die Zartheit und Feinheit seiner Anspielungen auf die politischen Begebenheiten und seine eigenen Verhältnisse, die edle Form und Ausführung der Gedichte, und endlich die Beherrschung der für diese Dichtungsart damals noch nicht ausgebildeten Sprache unsere ganze Aufmerksamkeit. In diesen Eigen-

schaften hatte Vergil seinem Zeitalter auch völlig genügt, wie die
grosse Bewunderung dieser Gedichte zeigt; er hatte erkannt, dass
der Geschmack seiner Zeit vor Allem Schönheit der Form oder
eine gewisse Eleganz verlange und ihr gerne die theokritische
Treue und Einfachheit aufopfere."

    2) Die Georgica. Wie Vergil zu den Eklogen durch
Asinius Pollio veranlasst wurde, so erhielt er durch den Maece-
nas den Anstoss zu den Georgicis, s. G. III, 41; wie er in den
Eklogen geschickt ein begeistertes Lob seiner Freunde und Gön-
ner anzubringen wusste, so verherrlicht er in den Georg. den
Maecenas und den Octavianus; wie sich in den Eklogen ein offener
Sinn für die Reize der Natur und des ländlichen Stilllebens aus-
spricht, so offenbaren die Georg. des Dichters Vorliebe für das
Landleben und die ruhigen Beschäftigungen des Landmanns.
Aber einen Fortschritt des Dichters offenbaren die Georg. im Vergleich mit den Eklogen in zweifacher Beziehung: einmal zeigt die
Sprache Nichts mehr von dem in den Eklogen noch bisweilen
sichtbaren Ringen mit dem Gedanken, sondern bekundet überall die sichere Hand des Meisters; sodann tritt Vergil in den
Georg. völlig selbständig auf, während er in den Eklogen Anlage
und Ton dem Theokrit nachzubilden sucht. Waren auch viele
der in den Georg. behandelten Gegenstände schon von griechischen Dichtern bearbeitet, so kennen wir doch keinen, der das
Gebiet der Landwirthschaft in dem Umfange, den Vergil seinem
Lehrgedicht gegeben hat, bearbeitet hätte; und wenn Vergil G. II,
176 sein Gedicht ein *Ascraeum carmen* nennt, so will er damit
keineswegs eine Nachahmung des Hesiodus (ansässig in der böotischen Stadt Ascra) andeuten, sondern nur sagen, dass, wie Hesiodus unter den Griechen zuerst in seinen Ἔργα καὶ ἡμέραι
Regeln und Vorschriften über Ackerbau und Landwirthschaft
gab, so er in seinen Georg. unter den Römern zuerst — ein
Ruhm, den er G. II, 175 und III, 10 f. entschieden für sich in
Anspruch nimmt — diesen Gegenstand dichterisch — in Prosa
hatten bereits Cato und Varro darüber geschrieben — behandelt
habe. Vielleicht trug auch gerade die freie, durch kein ängstliches
Bestreben, mit einem griechischen Vorbilde zu wetteifern, gebun-
dene Bewegung wesentlich zu der hohen Vollendung bei, die den
Georg. in solchem Maasse zuzuschreiben ist, dass Bernhardy es
die glücklichste Leistung des Alterthums im Lehrgedicht nennt
und urtheilt, dass weder griechische noch römische Kunstpoësie
einen höheren Wohllaut in Rhythmus, Ausdruck und Adel der
Gesinnung aufzuweisen habe. Der glückliche Takt des Dichters

zeigt sich in diesem Werke besonders in der Anlage, in der Vertheilung und in der Behandlung des Stoffes. Dadurch, dass Vergil die ganze italische Landwirthschaft zum Vorwurfe seines Gedichtes machte, hat er sich selbst die Beschränkung aufgelegt, zur Bewältigung eines so gewaltigen Stoffes und zur Vermeidung der Ermüdung seiner Leser über manche Punkte schweigend oder nur andeutend hinwegzugehen; den Stoff selbst aber hat er geschickt so vertheilt, dass er von den niedrigsten zu immer höheren Entwicklungsstufen der Natur fortschreitet: denn indem er im ersten Buche den Ackerbau, im zweiten die Baumzucht, im dritten die Viehzucht und im vierten die Bienenzucht behandelt, gewinnt er von Buch zu Buch einen interessanteren und dankbareren Stoff, dem er durch die überaus glücklich vertheilten Episoden, die von Buch zu Buch einen grösseren Umfang erhalten, und durch alle Mittel der poëtischen Ausschmükkung noch grösseren Reiz zu geben gewusst hat. Verleihen diese Vorzüge dem Werke einen bleibenden Werth, so musste es für die Römer noch eine besondere Anziehungskraft durch die in der Wahl des Gegenstandes sich aussprechende echt vaterländische Gesinnung des Dichters erhalten; denn da der Ackerbau in den besseren Zeiten der Republik von den Römern hoch geschätzt wurde, so mussten sie in dem Werke des Dichters das rühmliche Streben erkennen, diese zu seinen Zeiten so gänzlich vernachlässigte Beschäftigung wieder zu Ehren zu bringen.

3) Die Aeneis. Auf den Ruhm, den Vergil in seinen beiden ersten Werken für sich in Anspruch nahm, zuerst in römischer Sprache bukolische Lieder und ein Lehrgedicht über den Landbau verfasst zu haben, musste er in seiner Aeneide verzichten, denn schon manche Römer vor ihm hatten sich im Epos versucht; ja, es galt hier, hochgefeierte Dichter zu übertreffen. Die römischen Epiker vor Vergil zerfallen in zwei Classen, von denen die eine nach dem Vorgange des Livius Andronicus sich in Stoff und Form an die Griechen anschliessend den troischen Sagenkreis ausbeutete, während die andere nur die Form der homerischen Epen im Auge behielt, sonst aber gehoben und erfüllt von den Grossthaten der Römer durchaus römische Stoffe verarbeitete. So hatte der alterthümliche Cn. Naevius in saturnischem Versmaas den ersten punischen Krieg, in dem er selbst mitgefochten hatte, besungen; so hatte Ennius in seinem grossen, aus 18 Büchern bestehenden historischen Gedichte, *Annales* betitelt, die ganze römische Geschichte von der Landung des Aeneas in Italien an bis auf seine Zeiten (Ennius starb 169 v. Chr.) in gross-

artigem Römersinne behandelt. Diesen Beispielen folgend hatten viele andere Römer es versucht, einzelne Abschnitte der römischen Geschichte episch zu behandeln, oder auch sich ganz der annalistischen Form des Ennius anzuschliessen. Waren die Gesänge des Naevius und Ennius, wie sich aus den erhaltenen Resten erkennen lässt, weiter nichts als versificirte Geschichte, so scheinen auch ihre Nachfolger, von deren Werken sich fast Nichts erhalten hat, über diesen Begriff des Epos nicht hinausgekommen zu sein. Der Ruhm, unter den Römern das Wesen des Epos zuerst richtig erkannt zu haben, gebührt dem Vergil. Wohl fesselte auch ihn der schon durch die rauhen Klänge an die kräftige Vorzeit erinnernde Ton des Naevius, wohl riss auch ihn der grossartige, durch die edelste Begeisterung für die Grossthaten der Römer erzeugte Schwung des Ennius hin, aber doch konnten seinem höheren Kunstverständnisse die Vorzüge des Homer nicht verborgen bleiben, und seinen reineren Geschmack musste die rohe Gewalt, welche seine Vorgänger der Sprache angethan hatten, aufs Tiefste verletzen. Als er sich daher zu einem Epos entschloss, da setzte er sich das höchste Ziel und wollte ein Werk liefern, dass zur Verherrlichung des Römerthums mehr beitragen sollte, als das *Bellum Punicum* des Naevius und die *Annales* des Ennius, in Anlage und Durchführung aber die Vorzüge der Ilias und Odyssee vereinigte. Darum wählte er den Trojaner Aeneas, dessen Landung in Latium schon von seinen Vorgängern besungen war, zum Helden seines Epos; denn in seiner durch die Sage verherrlichten *pietas* und *virtus* fand er den Grundtypus des Römercharakters vollständig ausgeprägt. Dabei bot ihm die Form, welche Homer dem Epos gegeben hatte, alle Mittel (Prophezeiungen, Gang in die Unterwelt u. s. w.), die Grösse des zur Weltherrschaft bestimmten Römervolkes im Allgemeinen, wie in seinen Haupthelden zu verherrlichen. Dazu kam, dass die Wahl des Aeneas, in dessen Sohn Iulus das julische Geschlecht, dem Cäsar und Octavian angehörten, seinen Stammheros verehrte, dem Dichter die passendste Gelegenheit gab, auf Octavian als den Mann hinzuzeigen, der vom Schicksal auserkoren sei, die Grösse und Hoheit des Römernamens ihrem Gipfel zuzuführen und durch Beendigung der Bürgerkriege die Römer des Gefühls ihrer Weltherrschaft froh werden zu lassen. Benutzte der Dichter endlich die Localität der gewählten Handlung, um sein beschreibendes Talent in Ausmalung von Gegenden, die allen Römern bekannt und werth waren, zu bewähren, und die Zeit, in welche er sein Epos verlegte, um den Ursprung berühmter Geschlechter in die graue Vorzeit zurückzuleiten, dieselben in ihren Ahnherren zu ehren, und römischen Sitten und Gebräuchen in jener troischen Zeit ihren Ursprung und damit ehrwürdigen Charakter zu geben, so durfte er hoffen, seinen Römern ein von echt vaterländischer Gesinnung getragenes Epos zu schaffen, auf das sie mit eben solchem Stolze blicken könnten, wie die Griechen auf die Gesänge ihres Homer.

Indem nun Vergil den Aeneas besingen wollte, führte ihn das Schicksal seines Helden zur Eintheilung seines Stoffes in zwei Hälften, von denen die eine die Irrfahrten des Aeneas, die andere seine Kämpfe um den Besitz des ihm vom Schicksal angewiesenen Latiums befasste, und somit zur Nachahmung der Odyssee in jenem, der Ilias in diesem Theile. Während er in jener ersten Hälfte seinen Stoff meist aus den griechischen Epikern, welche den troischen Sagenkreis in seinem ganzen Umfange bearbeitet hatten, zog, fand er in der zweiten vielfache Gelegenheit, von seiner Belesenheit in der römischen Literatur Gewinn zu ziehen, denn das Meiste von dem, was Vergil über die Kämpfe des Aeneas in Latium und von den hier bereits ansässigen Völkerschaften erzählt, ist nicht des Dichters Erfindung, sondern Resultat der Forschungen, welche besonders der ältere Cato in den *Origines* (s. Nep. Cat. c. 3) und der gelehrte, 27 v. Chr. gestorbene Alterthumsforscher Varro in vielen Schriften (z. B. den *libris antiquitatum rerum humanarum, de vita populi Rom., de gente pop. Rom., de familiis Trojanis* cet.) angestellt hatten. Offenbar war daher Homer in Bezug auf den Stoff im Vortheil gegen Vergil; denn während der trojanische Krieg im Munde des griechischen Volkes lebte und die Helden desselben durch die Sage schon zu scharf ausgeprägten Charakteren gestaltet waren, kannten wol fast nur gelehrte Alterthumsforscher die Sage von den Irrfahrten und Kämpfen des Aeneas, und es galt jahrelanges Studium und mannigfache Combinationen, um Ordnung und Zusammenhang in Notizen, die sich vielfach widersprachen, zu bringen. Um so mehr muss man das Talent des Vergil bewundern, der es verstand, den verworrenen und widerstrebenden Stoff zur Einheit eines abgerundeten Epos zu verarbeiten, und man wird, zumal wenn man bedenkt, dass er durch den Tod verhindert wurde, die letzte nachbessernde Hand an sein Werk zu legen, es ihm gerne nachsehen, dass er in manchen Punkten, besonders in dem Interesse, das der Hauptheld erweckt, und überhaupt in der Charakteristik, sein grosses Vorbild, den Homer, nicht erreicht hat.

Auch in der vergilischen Darstellung zeigt sich bei aller Nachahmung im Einzelnen eine grosse Verschiedenheit von Homer, die sowol durch die Verschiedenheit der Zeit, der beide Dichter angehörten, als auch durch den römischen Nationalcharakter und endlich durch die Eigenthümlichkeit des besonders zum Beschreiben und Ausmalen hinneigenden Vergil herbeigeführt war. Während die Sprache Homer's einfach und natürlich ist, seine Gleichnisse oft nur einzelne charakteristische Züge bieten, die Reden seiner Helden durchaus nur schlichte Herzensergüsse sind, ist Vergil's Sprache durchweg gewählt und erhaben, sind seine Gleichnisse vollständig ausgeführt und sorgsam ins Detail ausgemalt, athmen seine Reden durchgängig rhetorischen Charakter. Vergil's Darstellung ist ferner im Vergleich zu der rein objectiven des Homer mehr subjectiv, d. h. die Reden und Thaten der Helden werden dem Leser nach dem gemüthlichen Antheile, den der Dichter selbst daran nahm, vorgeführt: darum ist die Aeneide so reich an rührenden, das Herz mächtig ergreifenden Stellen. Rechnet man dazu Vergil's tiefe Kenntniss des menschlichen Herzens, vermöge welcher er so gross in der Darstellung der menschlichen Leidenschaften ist, die Geschicklichkeit, mit welcher er einzelne Goldkörner aus den Werken der alterthümlichen Dichter Naevius und Ennius seinem Epos einzuverleiben und in würdige Umgebung zu versetzen verstand, endlich die Ausbildung, welche er der dichterischen Sprache und dem Hexameter gab, ja die Gewalt, welche er über beide übte und sie zwang, den darzustellenden Gedanken sinnlich auszumalen, wie, um nur ein Beispiel anzuführen, in dem bekannten Verse A. VIII, 596: *Quadrupedante putrem sonitu quatit ungula campum* — so erscheint das Urtheil der Römer, welche in ihm ihren grössten epischen Dichter verehrten, hinlänglich gerechtfertigt.

P. VERGILI MARONIS

BUCOLICON
LIBER.

Die Hirten Vergil's sind betriebsame Landleute, die zugleich Gärtnerei, Bienenzucht, Weinbau und Jagd treiben und in den Mussestunden Wirthschaftsgeräthe anfertigen, d. h. aus Binsen Körbe, Seigen, Käseformen u. s. w. flechten, E. 2, 71—72. 10, 71. Mit der sie umgebenden Natur fühlen sie sich so eng verwachsen, dass nach ihrer Anschauung die Fluren sammt den Wäldern und Thieren Freude und Leid mit ihnen treulich theilen, vergl. E. 1, 39. 40. 5, 25—28. 60—64. 10, 13—16. Beim Weiden des Viehes tragen sie den Hirtenstab (*pedum*, E. 5, 88, das homer. καλαῦροψ, Il. 23, 845.) von knotigem Dorn, Wachholder oder Olivenholz, unten mit einer eisernen Pike, die ein Ring von Erz oder Kupfer im Schafte befestigte, und werfen ihn unter die Heerden, wenn sie diese von einem gefährlichen Orte zurücktreiben wollen, E. 3, 96. Wie der Hirtenstab, so ist die Rohrflöte oder Syrinx ihr unzertrennlicher Gefährte. Diese Pfeifen bestanden aus mehreren, neben einander verbundenen, stufenweis abnehmenden Röhren von ungleicher Dicke und Länge und waren oft aus Schierling verfertigt: die einfachste Röhre war die einröhrige Halmpfeife (*avena* E. 1, 2. *calamus* E. 1, 10.

fistula E. 3, 22. *arundo* E. 6, 8. *cicuta* E. 2, 36. 5, 85.) die siebenröhrige Syrinx (E. 2, 36) gehörte schon zu den künstlicheren. Auf diesen Rohrpfeifen ersannen (*meditari*) und spielten sie die Melodieen zu ihren Liedern, und zwar so, dass die Rohrpfeife zum Vorspiel oder zum Zwischenspiel zwischen den einzelnen Absätzen eines längeren Liedes benutzt wurde. Denn gesangslustig und gesangskundig waren die Hirten: während sie ihre Heerden weideten, besangen sie entweder ihr Liebesglück und ihre Liebespein, oder verherrlichten durch ihren Gesang auch das Urbild der sicilischen Hirten, den Daphnis, den schönsten und gesangskundigsten Hirten, den Sohn des Merkur und einer Nymphe, welchen Pan selbst in der Musik unterrichtet haben sollte. War dem Hirten ein solches Lied besonders gut gelungen, so ritzte er es auch wol zur Unterstützung seines Gedächtnisses in frische Buchenrinde, E. 5, 13. 14. 10, 53. 54. Treffen zwei Hirten zusammen, so entsteht oft unter ihnen ein Wettstreit im Gesang, ein benachbarter Hirte wird in der Regel zum Schiedsrichter ernannt, ein schön gearbeiteter Hirtenstab oder eine kunstvoll zusammengesetzte Syrinx, oder Hausgeräthe, werthvolle Arbeiten berühmter Künstler, oder auch wol ein Stück aus der Heerde werden zum Kampfpreis gesetzt, die Reihenfolge der Sänger wird bestimmt und die Hirten wetteifern nun mit einander im Wechselgesange (*alterni versus* E. 7, 18. ἀμοιβαία ἀοιδή bei Theokr.). Es gab zwei Arten dieser amöbäischen Lieder: die erste bestand darin, dass der Vorgänger irgend einen Gedanken in 2—4 Versen vortragen musste, worauf der Nachsänger auf der Stelle in ebenso viel Versen denselben Gedanken weiter ausführen, oder seinen Gegensatz hinstellen, in beiden Fällen aber den Vorsänger, sei's in poëtischer Färbung des Ausdrucks, sei's in Energie des Gedankens, zu überbieten suchen musste. Der Inhalt dieser Liederchen wechselte rasch und konnte sowol in eigenen Erlebnissen als witzigen Erdichtungen oder einfachen Naturbildern bestehen. Solche Wechselgesänge haben wir E. 3 von V. 60 und E. 7 von V. 21 an. Die zweite Art des Wechselgesanges bestand in grösseren Liedern von einer gleichen Anzahl Verse, die theils in einem Zuge fortgesungen wurden, wie E. 5, 20—44 und 56—80, theils in eine gleiche Anzahl Strophen gebracht wurden, die durch einen stets gleichlautenden Vers (Refrain), *versus intercalaris* genannt, von einander getrennt waren; der *versus intercalaris* musste eine gleiche Anzahl Verse einschliessen, ein Gesetz, wovon in E. 8, wo wir von V. 16 an diese Art des amöbäischen Liedes haben, nur bei den beiden vorletzten Strophenpaaren g und h eine Ausnahme sich findet, indem im Liede des Damon der *versus intercalaris* zuerst 3, dann 6 Verse einschliesst, während im Gegenliede des Alphesiboeus das umgekehrte Verhältniss Statt findet; eine Abweichung, die vielleicht durch den ungleichen Ausgang beider Lieder gerechtfertigt ist.

ECLOGA I.

MELIBOEUS. TITYRUS.

м. Tityre, tu patulae recubans sub tegmine fagi
Silvestrem tenui Musam meditaris avena;
Nos patriae finis et dulcia linquimus arva;
Nos patriam fugimus: tu, Tityre, lentus in umbra
Formosam resonare doces Amaryllida silvas. 5
т. O Meliboee, deus nobis haec otia fecit.
Namque erit ille mihi semper deus; illius aram
Saepe tener nostris ab ovilibus imbuet agnus.

Ecl. 1. Vergil stellte diese Ekloge, obwohl sie der Zeit nach nicht die früheste war, in seiner Sammlung voran, weil sie zur Verherrlichung des Octavianus diente. Seinen Dank für den ihm geleisteten Dienst, s. Einl. p. 8, spricht der Dichter unter dem Namen des Tityrus so aus, dass er die Grösse des ihm gewordenen Glückes durch die Zusammenstellung mit dem Loose eines aus Furcht vor den Veteranen geflohenen Ziegenhirten, Namens Meliboeus, hervorhebt. Weiter aber geht die Allegorie nicht; denn Alles, was sich auf die Individualisirung des Tityrus bezieht, hat mit dem Vergil Nichts zu thun, sondern gilt nur von dem Wirthschafter auf dem Gute (dem *villicus*).

1—2. Die italischen Hirten weideten ihr Vieh vom Frühling bis in den Spätherbst auf den waldigen Bergen und ergötzten sich dabei durch Gesang, *silvestris Musa.*

4. In *lentus* liegt ein kräftiger Gegensatz zu dem *fugere.*

6. *deus*, Octav. nämlich, den er v. 42 *iuvenis* nennt und nach v. 43 wie einen *Lar familiaris* verehrt. Da die Gottheit den Alten näher stand als uns, so nannten sie Menschen, die sich eines ungetrübten Glückes erfreuten, oder in irgend einer Hinsicht Ausgezeichnetes leisteten und unübertroffen dastanden: *dii:* Ter. Hec. V, 4, 3: *Deus sum, sic hoc ita est.* Cic. ad Attic.: *Deus ille noster Plato.* Vgl. A. V. 391.

8. *nostris ab ovilibus* steht nicht statt des Genet. partit., sondern die Präp. *ab* bezeichnet das physische oder geistige Ausgehen von einem Punkte, vgl. unten v. 53. G. III, 2. A. III, 647.

Ille meas errare boves, ut cernis, et ipsum
10 Ludere, quae vellem, calamo permisit agresti.
M. Non equidem invideo; miror magis: undique totis
Usque adeo turbatur agris. En, ipse capellas
Protinus aeger ago; hanc etiam vix, Tityre, duco.
Hic inter densas corylos modo namque gemellos,
15 Spem gregis, ah! silice in nuda conixa reliquit.
Saepe malum hoc nobis, si mens non laeva fuisset,
De caelo tactas memini praedicere quercus.
Sed tamen, iste deus qui sit, da, Tityre, nobis.
T. Urbem, quam dicunt Romam, Meliboee, putavi
20 Stultus ego huic nostrae similem, quo saepe solemus
Pastores ovium teneros depellere fetus.
Sic canibus catulos similis, sic matribus haedos
Noram, sic parvis conponere magna solebam.
Verum haec tantum alias inter caput extulit urbes,
25 Quantum lenta solent inter viburna cupressi.
M. Et quae tanta fuit Romam tibi caussa videndi?
T. Libertas, quae sera tamen respexit inertem,
Candidior postquam tondenti barba cadebat;

10. *Ludere*, s. z. G. IV, 565.
11. *undique totis.* In welchem logischen Verhältnisse steht dieser Satz zu dem vorhergehenden? vgl. auch zu A. V, 404.
15. *conixa*, zur Vermeidung des Hiatus statt des sonst in der Bed. gebären gebräuchlichen *enixa*.
17. Wetterschlag in fruchttragende Bäume sollte nach römischem Aberglauben Böses überhaupt anzeigen, in Oelbäume Misswachs, in Eichen Landesverweisung: *malum hoc* geht also auf die Vertreibung aus der Heimath, auf das *Nos patriam fugimus* in v. 4. Der Vers: *Saepe sinistra cava praedixit ab ilice cornix*, der gewöhnlich noch hinter v. 17 gelesen wird, in den besten Handschriften aber fehlt, hat sich aus E. 9, 15 unpassender Weise hier eingedrängt.
18. *da*, sage, wie *accipe*, höre, A. II, 65. — Da Melib. gemerkt hatte, dass Tit. den Namen seines Gönners nicht nennen wollte, so

sagt er hier nicht: *iste deus quis sit.*
21. *depellere.* Die Umgegend von Andes war bergig, Mantua aber (*nostra urbs*) lag in einer Ebene.
27—35. Die römischen Sklaven konnten sich mit ihrem ersparten Gelde, *peculium*, die Freiheit erkaufen. An Gelegenheit, sich ein solches *peculium* zu erwerben, hatte es dem Tit. nicht gefehlt, s. v. 33. 34, aber er war unthätig geblieben und hatte alles erworbene Geld seiner damaligen Geliebten Galatea zu Gefallen für Tand ausgegeben, v. 35. Erst als ihm Galatea untreu wurde und ihn die haushälterische Amaryllis fesselte, dachte er, freilich schon in vorgerücktem Alter (v. 28), daran, zu sparen, um sich die Freiheit zu gewinnen, und ging zu diesem Zwecke nach Rom, wo sein Herr, wie die meisten Besitzer grösserer italischer Landgüter, lebte.
28. *postquam* c. Imperf. von der

Respexit tamen et longo post tempore venit,
Postquam nos Amaryllis habet, Galatea reliquit. 30
Namque, fatebor enim, dum me Galatea tenebat,
Nec spes libertatis erat nec cura peculi.
Quamvis multa meis exiret victima saeptis,
Pinguis et ingratae premeretur caseus urbi,
Non umquam gravis aere domum mihi dextra redibat. 35
M. Mirabar, quid maesta deos, Amarylli, vocares,
Cui pendere sua patereris in arbore poma:
Tityrus hinc aberat. Ipsae te, Tityre, pinus,
Ipsi te fontes, ipsa haec arbusta vocabant.
T. Quid facerem? neque servitio me exire licebat 40
Nec tam praesentis alibi cognoscere divos.
Hic illum vidi iuvenem, Meliboee, quot annis
Bis senos cui nostra dies altaria fumant.
Hic mihi responsum primus dedit ille petenti:
Pascite, ut ante, boves, pueri; submittite tauros. 45
M. Fortunate senex, ergo tua rura manebunt.
Et tibi magna satis, quamvis lapis omnia nudus
Limosoque palus obducat pascua iunco.
Non insueta gravis temptabunt pabula fetas,
Nec mala vicini pecoris contagia laedent. 50
Fortunate senex, hic inter flumina nota

öfteren Wiederholung und dem bleibenden Zustande.
34. *ingratae*, weil er nicht so viel Geld löste, um nach gemachtem Einkauf für seine Galaten noch einen vollen Beutel nach Hause zu bringen.
40—45. Gründe für seine Reise nach Rom: 1) das Verlangen, sich die Freiheit zu erkaufen, 2) die Furcht, es möchte einer der Veteranen sich in den Besitz des Gutes setzen. Pollio konnte ihn nicht schützen (s. Einl. p. 8), deshalb wandte er sich an wirksamere Götter (Octavianus).
43. Den Laren brachte der Römer an einem der Haupttage jedes Monats, d. h. an den Kalenden, Nonen oder Idus, ein Opfer.
44. *primus*. Octavianus war der Erste, der dem Tit. auf sein Befragen (*petenti*) volle Beruhigung über sein zukünftiges Verbleiben auf dem Gute seines Herrn gab.
45. *tauros submittere*, Zuchtstiere aufwachsen lassen, s. G. III, 73. 159.
46. *tua* ist das Prädicat, vgl. E. III, 23. 9, 4.
47. *Et tibi*, für dich, den Genügsamen. Warum setzt Vergil hier den Werth seines Gutes herab? und warum lässt er dies durch den Nachbar Meliboeus, und nicht durch den Tityrus thun?
49. *gravis fetas*, die schwachen (G. III, 95) Mutterschafe, vor und nach der Geburt. — *temptare*, angreifen, von ungesunden Nahrungsmitteln und Krankheiten, s. G. III, 441.
51. *flumina*. Der Plur. ist veranlasst durch den Gegensatz der

Et fontis sacros frigus captabis opacum.
Hinc tibi, quae semper, vicino ab limite, saepes
Hyblaeis apibus florem depasta salicti
55 Saepe levi somnum suadebit inire susurro;
Hinc alta sub rupe canet frondator ad auras:
Nec tamen interea raucae, tua cura, palumbes,
Nec gemere aeria cessabit turtur ab ulmo.
T. Ante leves ergo pascentur in aequore cervi,
60 Et freta destituent nudos in litore pisces,
Ante pererratis amborum finibus exsul
Aut Ararim Parthus bibet aut Germania Tigrim,
Quam nostro illius labatur pectore voltus.
M. At nos hinc alii sitientis ibimus Afros,

flumina ignota, die Melib. aufsuchen muss und gerechtfertigt durch den Gedanken an die Krümmungen und Kanäle des Mincius.
53. Wie v. 56. *Hinc* durch *alta sub rupe* näher bestimmt wird, so hier durch die Worte *vicino ab limite*. — Ueber das part. perf. *depasta*, das scheinbar für das part. praes. steht, s. z. A. VI, 335. — Aus dem folg. *suadebit* ist zu den W. *quae semper* das perf. *suasit* zu ergänzen; *semper*, immer bisher, vgl. E. 6, 15. Aehnlich heisst es Quinctil. I, 1, 29: *quum semper et ubique, tum praecipue in epistolis secretis delectabit.* — Da das Weidengeflecht eines Zaunes nicht alljährlich ausschlägt, so ist hier unter *saepes* natürlich ein lebendiger Zaun von Weiden, d. h. eine durch eine Reihe von Weiden gebildete Grenzmark zu verstehen.
54. *Hyblaeis apibus*, Bienen, die so würzigen Honig tragen, wie in den Thymianfeldern der sicilischen Stadt Hybla, vgl. E. 7, 37.
56. Ueber die Beschäftigungen des Winzers s. G. II, 365 ss.
57. *cura*, bei Dichtern oft zur Bezeichnung des Gegenstandes der sorglichen Liebe; ähnlich *ignis* E. 3, 66. *furor* E. 10, 38.
59—63. Enthusiastischer Ausdruck der Dankbarkeit gegen den Octavianus: eher sollen Thiere und Völker ihre Wohnsitze mit einander vertauschen etc.
61. *exsul*, hiess jeder, der sich nicht in seinem Vaterlande aufhielt, s. A. V, 51.
62. Der Arar (die Saone) ist freilich kein germanischer Fluss, allein die römischen Schriftsteller nennen öfter gallische Stämme Germanen; auch war die Umgegend des Arar, wenngleich von Caesar schon bezwungen, doch während der späteren Bürgerkriege wieder abgefallen, vielleicht auch in die Gewalt eingedrungener germanischer Völkerschaften gerathen, und scheint erst durch Agrippa um 38 v. Chr. zum festen Eigenthum der Römer gemacht zu sein.
64—66. In seiner Verzweiflung betrachtet sich Melib. als einen Exilirten und bezeichnet die entlegensten Länder der drei Erdtheile als einzige Zufluchtsstätten. Da durch *Scythiam* Asien noch nicht bestimmt bezeichnet war, denn auch in Europa wohnten Scythen, so war ein weiterer Zusatz nöthig, der durch Erwähnung des schlammreichen Oxus, von dem Curt. VII, 10 sagt: *Oxus quia limum vehit turbidus semper est*, gegeben wird. Für *Oxus* scheint es auch eine Nebenform *Oaxis* (s. Marc. Cap. VI, §.

Pars Scythiam et rapidum cretae veniemus Oaxem, 65
Et penitus toto divisos orbe Britannos.
En umquam patrios longo post tempore finis,
Pauperis et tuguri congestum caespite culmen,
Post aliquot, mea regna videns, mirabor aristas?
Impius haec tam culta novalia miles habebit, 70
Barbarus has segetes; en, quo discordia civis
Produxit miseros: his nos consevimus agros!
Insere nunc, Meliboee, piros, pone ordine vitis.
Ite meae, felix quondam pecus, ite capellae.
Non ego vos posthac viridi proiectus in antro 75
Dumosa pendere procul de rupe videbo;
Carmina nulla canam; non me pascente, capellae,
Florentem cytisum et salices carpetis amaras.
T. Hic tamen hanc mecum poteras requiescere noctem
Fronde super viridi: sunt nobis mitia poma, 80
Castaneae molles et pressi copia lactis;
Et iam summa procul villarum culmina fumant
Maioresque cadunt altis de montibus umbrae.

692) gegeben zu haben, wenn nicht hier *ad Oxum* zu lesen ist, eine Vermuthung, die auch dadurch an Wahrscheinlichkeit gewinnt, dass die Namen der Flüsse sonst immer mit einer Präposition zu den Verben der Bewegung hinzugefügt werden.
64. *ibimus Afros*, der Völkername statt des Ländernamens, und dieser, wie häufig bei Dichtern, wie ein Städtename construirt.
65. *rapidus* ist ungewöhnlich, doch nach Analogie der Adjj., die eine Fülle bezeichnen, mit dem Genet. *cretae* verbunden.
66. *toto div. orbe*, denn durch den Oceanus wurde Britannien von der den Römern bekannten Erde getrennt.
67. *En* leitet einen in eine Frage gekleideten Wunsch ein, vgl. E. 8, 7.
69. *Post* nimmt das vorhergeh. *longo post tempore* wieder auf, also: später einmal. Ebenso steht *ante* G. II, 261 mit Bezug auf das vorhergehende *multo ante.* — *aliquot ar.*, nur spärliche Aehren, weil der jetzige Besitzer, der *impius miles*, vielleicht gar ein Ausländer, der im römischen Heere gedient hatte, Alles wird verwildern lassen.
73. *Insere*, pfropfe, vgl. E. 9, 50. G. II, 69. Uebrigens ist die Aufforderung im Tone bitterer Ironie gesprochen. — *ordine*, im *quincunx*, s. G. II, 277.
75. *viridi in antro*, in umgrünter Höhle. Grotten mit umranktem Eingange sind in milderen Bergländern häufig.
79—83. Tit. ruft diese Worte dem seine Ziegen bereits weiter treibenden Melib. nach.
81. *pressi cop. l.*, frischer Käse, der unter einem Gewichte gepresst ward.
82. *fumant*, die Giebel rauchten von der Zubereitung der römischen Hauptmahlzeit.

ECLOGA II.

Formosum pastor Corydon ardebat Alexim,
Delicias domini, nec, quid speraret, habebat.
Tantum inter densas, umbrosa cacumina, fagos
Adsidue veniebat. Ibi haec incondita solus
5 Montibus et silvis studio iactabat inani:
　　O crudelis Alexi, nihil mea carmina curas?
Nil nostri miserere? mori me denique coges.
Nunc etiam pecudes umbras et frigora captant,
Nunc viridis etiam occultant spineta lacertos,
10 Thestylis et rapido fessis messoribus aestu
Allia serpyllumque herbas contundit olentis.
At mecum raucis, tua dum vestigia lustro,

Ecl. 2. Vergil verlegt in dieser Ekl., welche der Zeit nach die erste ist und noch keine Spuren von Allegorie zeigt, die Scene nach Sicilien, ahmt dem Theokrit (vergleiche dessen Id. 3 und 11) in Darstellung verschmähter Liebe nach und schliesst sich im Tone wie im Ausdruck so eng an sein Vorbild an, dass einige Verse fast wörtlich übersetzt sind.

2. *nec, quid speraret, habebat*, er wusste nicht, worauf er seine Hoffnung setzen sollte; *nec, quod sper., hab.*, er hatte nichts zu hoffen, hatte keine Hoffnung. Nur mit jener Wendung verträgt sich das folgende *tantum:* da er keine wirksameren Mittel anzuwenden wusste, so klagte er nur, d. h. so that er nichts, als dass er den Bergen und Bäumen seine Liebespein klagte.

3. *inter* steht bei den Verben der Bewegung proleptisch, also hier: *ad d. f. veniebat, ut inter d. f. esset.* — Die Apposition *umbrosa cac.* giebt den Grund an, warum er so oft zu den *densis fagis* ging, sie bildeten nämlich ein zusammenhängendes Laubdach. Den Accus. als sog. griech. Accus. mit *densas* zu verbinden, verbietet schon die Cäsur. Aehnlich verhält es sich mit der Stelle E. 9, 9.

4. *incondita*, schmucklos.

10—11. Die Magd Thestylis bereitet die gewöhnliche Speise der römischen Landleute, Soldaten und Schiffer, das *moretum*, ein Gericht aus Knoblauch, Käse, Essig, Oel etc. Die Zubereitung desselben wird genau beschrieben in dem Gedichte *Moretum*, s. Einl. p. 6.

12. Worin besteht der durch *At* eingeleitete Gegensatz? — *tua dum vestigia lustro.* Corydon besucht alle Plätze, die Alexis, als er mit seinem Herrn auf dem Landgute war, betreten hatte. — *mecum.* Die Wälder wiederhallen vom Schwirren der Cicaden und von meiner Stimme, die stets Alexis ruft. Es findet hier also eine dichterische Inversion statt, denn der einfache Gedanke ist: die Cicaden vereinigen ihre Stimme mit der meinigen, und der Wald wiederhallt von unsern Lauten.

Sole sub ardenti resonant arbusta cicadis.
Nonne fuit satius, tristis Amaryllidis iras
Atque superba pati fastidia? nonne Menalcan, 15
Quamvis ille niger, quamvis tu candidus esses?
O formose puer, nimium ne crede colori!
Alba ligustra cadunt, vaccinia nigra leguntur.
Despectus tibi sum nec, qui sim, quaeris, Alexi,
Quam dives pecoris, nivei quam lactis abundans: 20
Mille meae Siculis errant in montibus agnae;
Lac mihi non aestate novum, non frigore defit.
Canto, quae solitus, si quando armenta vocabat,
Amphion Dircaeus in Actaeo Aracyntho.
Nec sum adeo informis: nuper me in litore vidi, 25
Cum placidum ventis staret mare; non ego Daphnim
Iudice te metuam, si numquam fallit imago.
O tantum libeat mecum tibi sordida rura
Atque humilis habitare casas et figere cervos
Haedorumque gregem viridi compellere hibisco! 30
Mecum una in silvis imitabere Pana canendo.
Pan primus calamos cera coniungere pluris
Instituit, Pan curat ovis oviumque magistros.
Nec te poeniteat calamo trivisse labellum:
Haec eadem ut sciret, quid non faciebat Amyntas? 35

16. *niger*, gebräunt. Mit dem Gedanken vgl. E. 10, 38 u. 39.
24. Der sangeskundige Gründer Thebens, *Amphion* (von der böotischen Quelle Dirce hier *Dircaeus* genannt), wurde gleich nach seiner Geburt mit seinem Zwillingsbruder Zethus auf dem *Aracynthus*, dem böotischen Grenzgebirge gegen *Acte* (früherer Name Attica's), ausgesetzt und von einem Hirten erzogen.
26. Den Winden schrieb man die Macht zu, das Meer nicht nur aufzuregen, sondern auch wieder zu beruhigen, vgl. A. III, 69. V, 763. Hor. od. I, 3, 15: *Noto non arbiter Hadriae maior, tollere seu ponere vult freta.* Soph. Aj. 674: δεινῶν τ' ἄημα πνευμάτων ἐκοίμισε στένοντα πόντον.
28. *sordida* und *humilis* aus der Seele des Alexis.

30. *compellere hibisco*, zum Eibisch (ein Futterkraut) treiben. So steht der Dativ bei Dichtern sehr häufig, um die Richtung einer Bewegung anzuzeigen, wo man in Prosa *ad* oder *in* setzte, vgl. E. 8, 101. G. II, 306. A. II, 688.
32—33. „Verachte das Landleben mit seinen Freuden nicht, es steht unter dem besonderen Schutze eines eigenen Gottes, der selbst auf die Vergnügungen der Hirten bedacht war."
33. Wie Pan auf die Erfindung der Syrinx kam, erzählt Ovid. Met. I, 689 — 712. — *ovium*. Warum nicht *earum*? s. zu A. VI, 380.
34—35. Mit den Worten *Nec te poeniteat* werden die v. 28—30 ausgesprochenen Wünsche fortgesetzt. — *Amyntas* und *Damoetas*, Na-

Est mihi disparibus septem compacta cicutis
Fistula, Damoetas dono mihi quam dedit olim
Et dixit moriens: Te nunc habet ista secundum.
Dixit Damoetas, invidit stultus Amyntas.
40 Praeterea duo, nec tuta mihi valle reperti,
Capreoli, sparsis etiam nunc pellibus albo;
Bina die siccant ovis ubera; quos tibi servo.
Iam pridem a me illos abducere Thestylis orat;
Et faciet, quoniam sordent tibi munera nostra.
45 Huc ades, o formose puer: tibi lilia plenis
Ecce ferunt Nymphae calathis, tibi candida Nais,
Pallentis violas et summa papavera carpens,
Narcissum et florem iungit bene olentis anethi;
Tum, casia atque aliis intexens suavibus herbis,
50 Mollia luteola pingit vaccinia caltha.
Ipse ego cana legam tenera lanugine mala
Castaneasque nuces, mea quas Amaryllis amabat;

men zweier Hirten, von denen letzterer Meister auf der Syrinx war.

39. *Damoetas* erklärte mich für seinen würdigen Nachfolger und erregte durch dies mir günstige Urtheil den Neid des Amyntas, der trotz all' seines Strebens mir doch im Flöteblasen nachstand. — *Dixit Damoetas.* Die Wiederholung des Namens legt Gewicht auf die Person des Redenden: Damötas sprachs'.

40—44. Der Werth des Geschenkes wird erhöht durch die Gefahr, mit welcher Corydon die Böcklein aus dem Lager der Mutter in einem schroffen Felsthale wegholte.

41. *etiam nunc*, denn die weissen Flecken pflegten sich nach dem ersten Halbjahr zu verdunkeln.

45 — 50. Ein Blumenkörbchen, ein Kranz, gefällig durch Farbenmischung, Geruch, Bildung des Laubes und Fügung, schien kein verächtliches Geschenk in Ländern der Schönheit und Freude, wo der festliche Schmuck des Hirten, des Siegers, des Anbetenden und des Gottes ein Kranz war. — Der einfache Gedanke: „hier kannst du alle diese Blumen pflücken," ist dichterisch, zugleich um den Werth des Geschenkes durch Angabe der Geberinnen zu erhöhen, so ausgedrückt: die Nymphen und die Najaden (*candida*, von blendender Schönheit, $\lambda\alpha\mu\pi\varrho\acute{\alpha}$, vgl. E. 7, 38. A. V, 571. VIII, 138) bringen dir die Blumen.

47. *Pallentis violas* entweder Goldlack oder Nachtviole, denn *pallens* steht sowol von goldgelber (Ovid. Met. XI, 145: *arva rigent auro madidis pallentia glebis*) als von matter gelblich grauer (E. 6, 54) Farbe.

50. *pingit,* sie mischt zarte Vaccinien unter goldgelbe Ringelblumen. Plin. hist. nat. XXI, 3: *postea variari coeptum mixtura versicolori florum, quae invicem odores coloresque accenderet.*

51. *mala,* nämlich cydonische (von der kretischen Stadt Cydon) Quitten, die vorzüglich des Geruchs wegen geliebt und in den Schlafzimmern auf die Köpfe der Bildnisse, die unter den Laren standen, gesetzt wurden.

52. *cerea pruna,* Wachspflaumen wurden zu den edelsten Sorten der

Addam cerea pruna: honos erit huic quoque pomo;
Et vos, o lauri, carpam et te, proxuma myrte:
Sic positae quoniam suavis miscetis odores. 55
Rusticus es, Corydon: nec munera curat Alexis,
Nec, si muneribus certes, concedat Iollas.
Heu heu, quid volui misero mihi? floribus austrum
Perditus et liquidis inmisi fontibus apros.
Quem fugis, ah, demens? habitarunt di quoque silvas 60
Dardaniusque Paris. Pallas, quas condidit arces,
Ipsa colat; nobis placeant ante omnia silvae.
Torva leaena lupum sequitur, lupus ipse capellam,
Florentem cytisum sequitur lasciva capella,
Te Corydon, o Alexi: trahit sua quemque voluptas. 65
Aspice, aratra iugo referunt suspensa iuvenci
Et sol crescentis decedens duplicat umbras:
Me tamen urit amor; quis enim modus adsit amori?
Ah Corydon, Corydon, quae te dementia cepit!
Semiputata tibi frondosa vitis in ulmo est. 70

Pflaumen gezählt. Wegen des Hiatus s. Einl. p. 11.
54. Wie *proxuma* zu verstehen sei, ergiebt sich aus dem folgenden Verse.
57. *concedat*. Iollas würde mich durch Geschenke überbieten. Für *certes* und *concedat* sind andere Lesarten: *certas* und *concedet*.
58—59. Den Gedanken: „ich habe unvorsichtiger Weise eine unglückliche Liebe in mir aufkommen lassen, die mich meiner Seelenruhe und zum Theil auch meines Wohlstandes beraubt," drückt Corydon durch 2 aus dem Hirtenleben entnommene Sprüchwörter so aus: „ich habe durch Vernachlässigung der nöthigen Vorsichtsmaassregeln den Südwind" (der in Italien Pflanzen und Menschen gleich nachtheilig ist) „in die Blumen, und den wühlenden Eber in die klare Quelle gelassen." Dass also der Südwind die Blumen erstickt und der Eber die Quelle getrübt hat, schreibt er sich selbst zur Last, nicht weil er selbst beides veranlasste, sondern weil er beides bei nöthiger Vorsicht hätte verhindern können. Bei der Anlage der Gärten nahm man nämlich auf den *auster* Rücksicht, und die Quellen umfriedigte man.
59. *perditus*, vor Liebe wie verloren, vgl. E. 8, 87.
60—62. „Du bist ein Thor, wenn du mich fliehst, weil ich ein *rusticus* bin; auch Götter lieben das Land." Insofern Pallas Städte baute und sie in ihren besonderen Schutz nahm, hiess sie πολιάς, πολιοῦχος, ἀκραία.
66—69. „Die Stiere kehren von ihrer Arbeit zurück, der Tag hat sein Ende erreicht, aber nicht so meine Liebesqual." In der Stunde des Abspannens, βουλυτός, trugen die Stiere den Pflug, der in den ältesten Zeiten noch keine Räder hatte, hangend (d. h. so, dass er die Erde nicht mehr berührte) am Joche zurück.
70—73. Selbstvorwürfe des Corydon, dass er über seiner Liebe die nothwendigsten Geschäfte versäume.
70. Die Weinreben, welche an den Bäumen, besonders an Ulmen,

Quin tu aliquid saltem potius, quorum indiget usus,
Viminibus mollique paras detexere iunco?
Invenies alium, si te hic fastidit, Alexim.

ECLOGA III.

MENALCAS. DAMOETAS. PALAEMON.

M. Dic mihi, Damoeta, cuium pecus? an Meliboei?
D. Non, verum Aegonis; nuper mihi tradidit Aegon.
M. Infelix o semper, ovis, pecus! ipse Neaeram
Dum fovet ac, ne me sibi praeferat illa, veretur,
5 Hic alienus ovis custos bis mulget in hora,
Et sucus pecori et lac subducitur agnis.
D. Parcius ista viris tamen obicienda memento.
Novimus et qui te transversa tuentibus hircis

gezogen wurden, schneidelte man sammt den Ulmen zweimal des Jahres.

71. *aliquid* (*eorum*), *quorum ind. usus*, eins der nothwendigsten Wirthschaftsgeräthe. *usus*, χρεία, besonders in Verbindung mit *esse*, bezeichnet häufig den nothwendigen Gebrauch, das Bedürfniss, vgl. A. VIII, 441.

Ecl. 3. Auch diese Ekl. ist ganz dem Theokrit (besonders Id. 4 u. 5) nachgebildet. Zwei Hirten, Menalcas und Damoetas, treffen sich: Men. erfährt, dass Aegon dem Dam. seine Heerde auf einige Zeit anvertraut habe, und macht im Argwohne, dass Aegon diese Zeit bei der auch von ihm geliebten Neaera zubringe, seiner Eifersucht durch leidenschaftliche Ausfälle auf den Dam. Luft. Da dieser Gleiches mit Gleichem vergilt, so kommt es endlich zu einem Wettstreit im Gesange,

zu dessen Schiedsrichter der gerade hinzukommende Nachbar Palaemon gewählt wird.

1. *cuium*, ein alterthümliches Adjectivpronomen statt des Genit. des Fragpronomens. Ter. Andr. IV, 4, 24: *cuium puerum hic apposuisti?*

3. *Infelix o semper pecus*, durch die Unachtsamkeit des nur an die Neaera denkenden Aegon und durch die treulose Wartung des Miethlings (*alienus*) Damoetas.

5. Untreue Hirten melkten heimlich und verkauften die Milch.

7—9. Damoetas wirft dem Men. vor, dass er sich Anderen zur Unzucht hingebe: *viris* steht also im gedachten Gegensatz zu *cinaedis*, wie deren einer Men. sei.

8. *transversa tueri*, Zeichen des Neides und der Lüsternheit, aber auch des Hasses, wie Valer. Flac. Argon. II, 154: *quam* (*pellicem*) *iam miseros transversa tuentem*

Et quo — sed faciles Nymphae risere — sacello.
M. Tum, credo, cum me arbustum videre Miconis 10
Atque mala vitis incidere falce novellas.
D. Aut hic ad veteris fagos cum Daphnidis arcum
Fregisti et calamos: quae tu, perverse Menalca,
Et, cum vidisti puero donata, dolebas,
Et, si non aliqua nocuisses, mortuus esses. 15
M. Quid domini faciant, audent cum talia fures?
Non ego te vidi Damonis, pessime, caprum
Excipere insidiis multum latrante Lycisca?
Et cum clamarem: Quo nunc se proripit ille?
Tityre, coge pecus: tu post carecta latebas. 20
D. An mihi cantando victus non redderet ille,
Quem mea carminibus meruisset fistula caprum?
Si nescis, meus ille caper fuit; et mihi Damon
Ipse fatebatur; sed reddere posse negabat.

Letalesque dapes infectaque pocula cerno. — *Novimus, et qui te,* nämlich *corruperit.*

9. *sacellum* ist hier eine den Nymphen geweihte Grotte. Die Nymphen, denen wie allen ländlichen Gottheiten lockere Sitten beigelegt wurden, lachten zu der Entweihung des Heiligthums, die von anderen Gottheiten streng bestraft worden wäre.

10—11. Ironisch erwidert Men.: Ach damals war es, als man sah, dass ich (nicht du) die jungen Ulmen sammt den anrankenden Weinreben (s. zu E. 2, 70) heimtückisch einschnitt. Aus *novellas* ist ein *novellum* zu *arbustum* zu entnehmen, vgl. G. II, 473. u. s. zu A. II, 493.

12—13. Hatte Men. die Person, von der die Handlung der Missgunst ausging, nur errathen lassen, so nennt sie Dam., seinen Vorgänger überbietend, ganz bestimmt: *Fregisti* und *tu, perverse Menalca*. Da *cum* mit dem Ind. verbunden ist, so muss man die Construction so ergänzen: *aut tum fuit, quum — fregisti.* — *perverse,* missgünstig, s. A. VII, 584.

15. Mit dem Gedanken vgl. E. 7, 26.

16. „Was sollen die Herren (die Eigenthümer der Heerden) bei solcher Keckheit der Diebe thun?" d. h. sie können nichts thun. Die andere, dem Sinne fast mehr zusagende, des ὁμοιοτέλευτον wegen von Vergil wahrscheinlich vermiedene Lesart *facient* würde heissen: was werden sie am Ende thun? d. h. bleibt ihnen etwas Anderes übrig, als Lynch-Justiz zu üben? Doch kann dieser Sinn auch in *faciant* liegen, wenngleich weniger scharf hervortretend, indem man als weitere Frage ergänzen kann: etwa etwas Anderes, als dass sie selbst die Abschreckungstheorie ausüben?

20. *Tityrus,* Name von Damon's Hirten.

24. *reddere posse negabat,* entweder weil er sich von dem schönen Thiere nicht trennen konnte, oder weil es ihm ging wie dem Menalcas, s. v. 33. 34. So wurde denn, wenn auch nicht förmlich, doch stillschweigend unter beiden ausgemacht, dass Dam. sich die Ziege mit List aneignen solle.

25 M. Cantando tu illum? aut umquam tibi fistula cera
Iuncta fuit? non tu in triviis, indocte, solebas
Stridenti miserum stipula disperdere carmen?
D. Vis ergo, inter nos, quid possit uterque, vicissim
Experiamur? ego hanc vitulam — ne forte recuses,
30 Bis venit ad mulctram, binos alit ubere fetus —
Depono: tu dic, mecum quo pignore certes.
M. De grege non ausim quicquam deponere tecum:
Est mihi namque domi pater, est iniusta noverca;
Bisque die numerant ambo pecus, alter et haedos.
35 Verum, id quod multo tute ipse fatebere maius, —
Insanire libet quoniam tibi — pocula ponam
Fagina, caelatum divini opus Alcimedontis:
Lenta quibus torno facili superaddita vitis

25—27. Men. spricht dem Dam. sogar die mehrröhrige Syrinx ab und giebt ihm nur eine einröhrige Halmpfeife, die er den schnarrenden (*stridens* hier ganz adjectivisch) Halm nennt. — Die Hirten verehrten die mit der Proserpina identificirte Hecate, weil die Vermehrung oder Verminderung der Heerden von ihr abhing, und besangen an den Dreiwegen den Verlust der Ceres (den Raub ihrer Tochter Proserpina) durch Klagelieder. Solche Klagelieder soll Dam. gesungen und dabei ein glänzendes Fiasco gemacht haben, weil er als ein Dichterling, *indoctus*, seinen Gegenstand nicht würdig zu behandeln verstand, und weil das Zwischenspiel wegen der Schlechtigkeit des Instruments die Ohren zerriss.

29. *vitula*, eigentlich das Rind im ersten Jahre, hier für *iuvenca;* so *puer* öfter vom Jünglinge, *virgo* von der Frau.

30. Die Vorzüge der Kuh erwähnt Dam., damit Men. nicht etwa den Kampf unter dem Vorwande, der Preis sei zu gering, ablehne. — Säugende Kühe zu melken, war alte Sitte in Italien, die Verg. G. III, 176f. abräth.

33. *pater* ist mit Nachdruck gesagt; die Stellung des Vaters zu den Kindern war bei den Römern eine andere, als bei uns.

38—43. Das Becherpaar enthielt auf 2 Feldern Bildnisse 2 berühmter Astronomen, die zu einer Zeit, da die Jahreswechsel und Witterungen an dem Aufgange und Untergange der Himmelszeichen bemerkt wurden, jedem Landmann bekannt waren: des Conon von Samos zwischen 260—220 v. Chr., und — wahrscheinlich — des Eudoxus aus Cnidos um 360 v. Chr. (Cic. de div. II, 42: *Eudoxus — in astrologia doctissimorum hominum iudicio facile princeps*), dessen Φαινόμενα für die Landleute sehr wichtig waren. Geschieden waren die zwei Felder durch einen Weinstock und einen Epheu, und kunstvoll schlangen sich die Weinranken um die Dolden, die überall an dem Epheu hingen, dessen mattes Grün (*pallens*, wie E. 5, 16) einen angenehmen Contrast zu dem frischen Hellgrün des Weinstocks bildete. Das ganze Bildwerk war in erhabener Arbeit geschmackvoll mit dem Grabstichel ausgeführt.

38. Wie sonst öfter *facilis* mit *manus* verbunden von der geschickten Hand gesagt wird, z. B. Prop. II, 1, 10. Tib. I, 1, 8, so ist es hier mit *tornus* zusammengestellt, in-

Diffusos hedera vestit pallente corymbos.
In medio duo signa, Conon, et — quis fuit alter, 40
Descripsit radio totum qui gentibus orbem,
Tempora quae messor, quae curvus arator haberet?
Necdum illis labra admovi, sed condita servo.
D. Et nobis idem Alcimedon duo pocula fecit,
Et molli circum est ansas amplexus acantho, 45
Orpheaque in medio posuit silvasque sequentis;
Necdum illis labra admovi, sed condita servo:
Si ad vitulam spectas, nihil est, quod pocula laudes.
M. Numquam hodie effugies; veniam, quocumque vocaris.
Audiat haec tantum — vel qui venit, ecce, Palaemon. 50
Efficiam, posthac ne quemquam voce lacessas.
D. Quin age, si quid habes; in me mora non erit ulla,
Nec quemquam fugio: tantum, vicine Palaemon,
Sensibus haec imis, res est non parva, reponas.
P. Dicite, quandoquidem in molli consedimus herba. 55
Et nunc omnis ager, nunc omnis parturit arbos,
Nunc frondent silvae, nunc formosissimus annus.
Incipe, Damoeta; tu deinde sequere, Menalca.
Alternis dicetis; amant alterna Camenae.
D. Ab Iove principium Musae; Iovis omnia plena; 60

dem der Grabstichel *facilis* ist, wenn er von geschickter Hand geführt wird.
41. *radius*, ein Messstäbchen, womit die Mathematiker ihre Figuren auf der Erde oder auf einem mit Sand bestreuten Tische zu zeichnen pflegten. Hinsichtlich der Doppelconstruction des *describere* vgl. A. V, 648. Tib. II, 4, 17: *nec refero Solisque vias et qualis versis Luna recurrat equis.*
45. *circum* steht adverbial. — Den betreffenden Mythus von Orpheus erzählen Vergil G. IV, 453 — 527. Ovid. Met. X, 1 — 106. — Warum ist Dam. so kurz in der Beschreibung seiner Becher? und warum wiederholt er den Schlussvers des Men.?
48. *ad vitulam sp.*, vgl. Ovid. Met. I, 628 u. 629: *Constiterat quocunque modo, spectabat ad Io; Ante oculos Io, quamvis aversus,*

habebat. Wie ist *spectare ad aliquid* verschieden von *spectare aliquid?*
49. Men. glaubt, Dam. suche Ausflüchte, sich dem Kampfe zu entziehen, und verachte nur deshalb seine Becher. Um ihn also beim Worte zu halten, erklärt er sich jetzt zur Stellung jedes Kampfpreises bereit.
53. *Nec quemquam fugio* sagt Dam. mit Bezug auf die Worte des Menalcas: *Numquam hodie effugies.*
55. *dicite*, vgl. E. 5, 51. 6, 5. 8, 5. A. VI, 644.
60. Es war Sitte der älteren Dichter, ihre Gesänge mit dem Lobe des Jupiter zu beginnen. So auch Theocrit. XVII, 1: ἐκ Διὸς ἀρχώμεσθα καὶ ἐς Δία λήγετε, Μοῖσαι. — Mit *Iovis o. p.* vgl. Aratus Phaen. 2 s.: μεσταὶ δὲ Διὸς πᾶσαι μὲν ἀγυιαί,

Ille colit terras; illi mea carmina curae.
M. Et me Phoebus amat; Phoebo sua semper apud me
Munera sunt, lauri et suave rubens hyacinthus.
D. Malo me Galatea petit, lasciva puella,
65 Et fugit ad salices et se cupit ante videri.
M. At mihi sese offert ultro, meus ignis, Amyntas,
Notior ut iam sit canibus non Delia nostris.
D. Parta meae Veneri sunt munera: namque notavi
Ipse locum, aeriae quo congessere palumbes.
70 M. Quod potui, puero silvestri ex arbore lecta
Aurea mala decem misi; cras altera mittam.
D. O quotiens et quae nobis Galatea locuta est!
Partem aliquam, venti, divom referatis ad auris!
M. Quid prodest, quod me ipse animo non spernis, Amynta,
75 Si, dum tu sectaris apros, ego retia servo?
D. Phyllida mitte mihi: meus est natalis, Iolla;
Cum faciam vitula pro frugibus, ipse venito.

Πᾶσαι δ' ἀνθρώπων ἀγοραί, μεστὴ δὲ θάλασσα καὶ λιμένες.
62. „Gut, dich schütze Jupiter; mich liebt Phoebus." Lorbeer und Hyacinthe waren Lieblingsblumen des Apollo, denn in jenen war Daphne (Ovid. Met. I, 452—567), in diese Hyacinthus (Ovid. Met. X, 162—219) verwandelt worden.
64—67. Der Apfel war der Venus heilig. Aepfel schenken, mit Aepfeln werfen, Aepfel mit einander essen, war eine Liebesbezeigung; sogar von Aepfeln träumen bedeutete Liebesglück. — *ignis*, s. zu E. I, 58.
68—69. Den Baum, wo die seiner Geliebten zum Geschenk bestimmten Tauben genistet haben (*congessere*, nämlich *nidum*), hat er sich selbst durch ein eingeschnittenes Zeichen gemerkt.
70—71. Was Dam. erst will, hat Men. bereits gethan und dem Knaben geschickt, was in seinen Kräften stand.
72—75. Klagen darüber, dass die Gegenliebe der Liebe nicht entspreche. Doch giebt Galatea dem Geliebten nur gute Worte, während Amyntas seinem Anbeter von Her-

zen zugethan ist und es nur noch nicht eingestehen will.
73. *divom ref. ad a.*, damit die Götter die Erfüllung der Versprechungen veranlassen.
75. *ego retia servo*, auf dein Geheiss.
76—79. Verspottung des Nebenbuhlers Iollas, den Dam. auffordert, ihm zu seinem Geburtstage (an welchem man sich der Liebe hinzugeben pflegte) die Phyllis zu schicken, ihn selbst, den Iollas, aber zum Ambarvalienfeste (bei dem es durchaus keusch und züchtig herging) einladet. Men. überbietet den Dam., indem er einmal die Phyllis, in deren Besitz Dam. sich mit Iollas theilen will, ausschliesslich für sich in Anspruch nimmt, und zweitens die Phyllis ihren eitlen Anbeter Iollas verspotten lässt, während Dam. nur sich selbst über seinen Nebenbuhler lustig gemacht hatte.
77. Ueber das Erntefest (Festus: *Ambarvalis hostia est, quae rei divinae causa circum arva ducitur ab iis, qui pro fugibus faciunt*) s. G. I, 338—350. *facere*, heisst oft, wie ἔρδειν und ῥέζειν,

M. Phyllida amo ante alias; nam me discedere flevit
Et longum Formose, vale, vale, inquit, Iolla.
D. Triste lupus stabulis, maturis frugibus imbres, 80
Arboribus venti, nobis Amaryllidis irae.
M. Dulce satis humor, depulsis arbutus haedis,
Lenta salix feto pecori, mihi solus Amyntas.
D. Pollio amat nostram, quamvis est rustica, Musam:
Pieres, vitulam lectori pascite vestro. 85
M. Pollio et ipse facit nova carmina: pascite taurum,
Iam cornu petat et pedibus qui spargat arenam.
D. Qui te, Pollio, amat, veniat, quo te quoque gaudet;
Mella fluant illi, ferat et rubus asper amomum.
M. Qui Bavium non odit, amet tua carmina, Maevi, 90
Atque idem iungat vulpes et mulgeat hircos.

allein, ohne hinzugefügtes *sacra*, opfern, und wird dann mit dem Accus. oder mit dem Abl. verbunden. Tibull. IV, 6, 14: *ter tibi fit libo, ter, dea casta, mero*.
78. *me discedere flevit*. Der eifersüchtige Men. wollte sich ganz von der Phyllis zurückziehen, wenn Phyllis noch länger dem vermeintlichen Nebenbuhler Hoffnung mache.
79. *longum* steht hier zur Vermeidung des ὁμοιοτέλευτον im Sinne von *longe:* weithin (rufend) sagt sie (damit der weggehende Men. es höre und dadurch zum Umkehren veranlasst werde); so steht *longum* auch Horat. ars poët. 459: *succurrite, longum clamet*. — *vale, inquit*, s. Einl. p. 11.
82. *depulsis*, den entwöhnten. Gewöhnlich freilich wird *ab ubere*, wie G. III, 187, oder *lacte*, wie E. 7, 15, hinzugefügt.
84—87. Für Pollio's (s. Einleit. p. 7.) Erhaltung will Dam. ein Kalb, und ihn überbietend Men. einen jungen muthigen Stier opfern.
85. *Pierides* heissen die Musen nach *Pieria*, einer Landschaft Macedoniens in der Nähe des Olympus, wo sie dem Jupiter von der Mnemosyne geboren wurden. — *pascite*, d. h. gebt Gedeihen dem Kalbe, das ich opfern will.

86. *nova carmina*, ausgezeichnete Gedichte, wie man sie früher noch nicht kannte, Hor. od. I, 26, 10: *hunc fidibus novis — Teque tuasque decet sorores*.
88—91. Aus den Gegenversen des Men. ist der Sinn der etwas dunklen Worte des Dam. zu entnehmen. Beide sprechen Wünsche aus: Dam. wünscht dem Verehrer guter Gedichte alles Gute. Men. dem schlechter alles Schlechte. Sagt nun Men., ein Verehrer schlechter Gedichte möge in seinem Geschmacke immer tiefer sinken, so kann Dam. im Gegensatz dazu nur sagen: ein Verehrer guter Gedichte möge seinen Geschmack immer mehr reinigen, er möge zu der ästhetischen Höhe des Pollio kommen. Sagt Men. ferner, mein Mann möge in seiner Verkehrtheit trotz aller Thätigkeit Nichts vor sich bringen, so kann Dam. nur wünschen, dem seinigen möge ohne eigenes Zuthun Alles von selbst zufallen, d. h. er möge im goldenen Zeitalter leben; denn dass v. 89 Bezeichnung des goldenen Zeitalters ist, ergiebt sich aus E. 4, 25. 30. — *Bavius* und *Maevius* s. Einl. p. 9.
91. Dieser V. enthält zwei griechische Sprichwörter, von denen Suid. Tom. I, p. 125 ed. Kust. das

3*

D. Qui legitis flores et humi nascentia fraga,
Frigidus, o pueri, fugite hinc, latet anguis in herba.
M. Parcite, oves, nimium procedere: non bene ripae
95 Creditur; ipse aries etiam nunc vellera siccat.
D. Tityre, pascentis a flumine reice capellas:
Ipse, ubi tempus erit, omnis in fonte lavabo.
M. Cogite ovis, pueri; si lac praeceperit aestus,
Ut nuper, frustra pressabimus ubera palmis.
100 D. Heu heu, quam pingui macer est mihi taurus in ervo!
Idem amor exitium pecori pecorisque magistro.
M. His certe neque amor caussa est; vix ossibus haerent.
Nescio quis teneros oculus mihi fascinat agnos.
D. Dic, quibus in terris — et eris mihi magnus Apollo —
105 Tris pateat caeli spatium non amplius ulnas.
M. Dic, quibus in terris inscripti nomina regum
Nascantur flores, et Phyllida solus habeto.
P. Non nostrum inter vos tantas conponere lites.
Et vitula tu dignus et hic. — Et quisquis amores

eine anführt: ἀλώπηξ τὸν βοῦν ἐλαύνει, das andere sich bei Luciau findet vit. Dem. § 28: οὐ δοκεῖ ὑμῖν, ὦ φίλοι, ὁ μὲν ἕτερος τούτων τράγον ἀμέλγειν, ὁ δὲ αὐτῷ κόσκινον ὑποτιθέναι; Bei *iungat* hat man also *ad arandum* zu denken.
94. *Parcite* c. Inf., dichterischer Ausdruck des Verbotes, vgl. A. III, 42, entsprechend dem griechischen φείδεσθαι, s. z. A. VI, 399.
95. *ipse aries*, der Widder, und er ist doch der klügste von euch.
98. *Cogite ovis*, treibt die Heerden an einen schattigen Ort zusammen, damit die Hitze nicht die Milch in den Eutern auftrockne. — *praecep.*, verfängt.
102 f. Du kannst dem Uebel doch abhelfen, aber bei meinen Lümmern ist auch Liebe nicht (*nec, οὐδέ*, auch nicht) denkbar, sie müssen bezaubert sein. Es herrschte der Aberglaube, dass manche Menschen, besonders neidische, ein böses Auge hätten.
104 f. Vergil selbst soll, nach der Angabe alter Grammatiker, das hier aufgegebene Räthsel so gelöst haben: *caeli sp.*, des Himmels Raum von 3 Ellen sei das Grab des mantuanischen Verschwenders Caelius (Gen. Caeli), der bei Verkauf seines Grundstückes sich ein Plätzchen zu seinem Begräbnisse vorbehalten habe.
106 f. Auf den Blättern der Hyacinthe wollten die Alten die Buchstaben *AI* oder *Y* erkennen und sahen darin die Anfangsbuchstaben der Namen zweier Königssöhne, des Ajax und des Hyacinthus. In welcher Verbindung beide mit der Blume stehen sollen, ersieht man aus den betreffenden Mythen bei Ovid. Met. XIII, 382—98 und X, 162—219.
109. *Et quisquis*. Pal. zeigt durch diese Reflexion, welche er an seinen Urtelspruch anschliesst, dass ihn der erotische Theil des amöbäischen Liedes vorzugsweise gefesselt hat. — Da bei der hdschr. Ueberlieferung: *et q. am. aut metuet dulcis aut exp. am.*, (wer der Minne Reiz nicht flieht, wird auch ihre Bitterkeit schmecken) *quisquis* die Bed. Jeder haben

Haud temnet dulcis, haud experietur amaros. 110
Claudite iam rivos, pueri: sat prata biberunt.

ECLOGA IV.

Sicelides Musae, paulo maiora canamus!
Non omnis arbusta iuvant humilesque myricae;
Si canimus silvas, silvae sint consule dignae.

müsste, die es hier nicht haben kann, so habe ich die Ribbeck'sche Conjectur in den Text gesetzt, obgleich mir der so gewonnene Sinn für einen Hirten, dem das Schicksal des Damon (s. z. E. V. und VIII) gegenwärtig sein musste, nicht recht passend vorkommen will.

111. Pal. war gekommen, um die Kanäle öffnen zu lassen, und befiehlt jetzt seinen Knechten, diese Kanäle wieder zu verstopfen, denn die Wiesen seien nunmehr hinlänglich bewässert.

Ecl. 4. In den von den Römern so heilig gehaltenen sibyllinischen Büchern befand sich ein Spruch, der mit den Lehren der Akademiker und Stoiker vom Weltjahre zusammentraf. Das aus 10 säcularischen Monaten bestehende Weltjahr nämlich sollte sich nach Ablauf dieser Monate erneuern und in derselben Aufeinanderfolge wieder erscheinen. Da im ersten dieser grossen Monate Saturnus regiert haben sollte, so knüpfte sich daran natürlich die Vorstellung vom goldenen Zeitalter. In Italien nun hatte sich die auch von den Priestern bestätigte Ansicht verbreitet, dass mit dem Tode des Jul. Caesar der 9. Säcularmonat und damit die Herrschaft der Diana geschlossen sei, und dass man den 10. Monat unter dem Regimente des Apollo begonnen habe. Da die Säcularmonate selbst von unbestimmter und ungleicher Länge waren, und die ganze römische Welt das Ende der Unruhen, in welche man durch die Herrschsucht des Octavianus und Antonius gestürzt war, sehnlichst herbeiwünschte, so liess die Sehnsucht nach dieser Ruhe den Vergil in dem 40 v. Chr. geschlossenen brundisinischen Vergleiche das Ende des 10. Monats und den Anfang der besseren Zeit erblicken. Das giebt dem Dichter Veranlassung, seinen Beschützer und Freund, den Pollio, der in diesem Jahre Consul war, in dieser Ekloge zu besingen (s. Einl. p. 8.) und ihn glücklich zu preisen, dass unter seinem Consulate der Anfang zur Rückkehr des goldenen Zeitalters gemacht werden solle. Der Dichter knüpft diese Rückkehr an die Geburt eines Knaben, mit dessen Heranwachsen die Natur und die Menschheit selbst in das goldene Zeitalter hineinwachse, so dass dieses in seiner Blüthe stehe, wenn der Knabe das männliche Alter erreicht habe. Da nun dem Pollio in diesem Jahre ein Sohn, der Asinius Gallus, geboren wurde, so liegt es nahe, Alles was der Dichter von dem *nascens puer* singt, auf diesen Asinius zu beziehen.

3. *silvae* ist nicht minder als *ar-*

Ultima Cumaei venit iam carminis aetas;
5 Magnus ab integro saeclorum nascitur ordo.
Iam redit et Virgo, redeunt Saturnia regna;
Iam nova progenies caelo demittitur alto.
Tu modo nascenti puero, quo ferrea primum
Desinet ac toto surget gens aurea mundo,
10 Casta fave Lucina: tuus iam regnat Apollo.
Teque adeo decus hoc aevi, te consule, inibit,
Pollio, et incipient magni procedere menses;
Te duce, si qua manent sceleris vestigia nostri,
Inrita perpetua solvent formidine terras.
15 Ille deum vitam accipiet divisque videbit
Permixtos heroas et ipse videbitur illis
Pacatumque reget patriis virtutibus orbem.
At tibi prima, puer, nullo munuscula cultu

busta und *myricae* Bezeichnung des Hirtenliedes, doch zeigt *silvae* auf ein Hirtenlied in höherem Tone, *arbusta* und *myricae* auf eins von gewöhnlichem Inhalte hin.

4. *Cumaeum carmen*, die sibyllinischen Bücher. Sibylla sollte in einer Grotte bei Cumae in Unteritalien gewohnt haben, vgl. A. III, 441—52. VI, 9 s.

6. Virgo, die $\Delta i\varkappa\eta$, Tochter des Zeus und der Themis, die im goldenen Zeitalter auf der Erde lebte, im eisernen aber zum Himmel entfloh und als Sternbild den Namen Astraea oder Virgo führte, s. Ovid. Met. I, 149f.: *et Virgo caede madentes Ultima caelestum terras Astraea reliquit*, u. G. II, 473—74.

9. *gens aurea*. Cic. de nat. Deor. II, 63; *ab illo aureo genere, ut poëtae loquuntur. — mundus* gebrauchen die Dichter öfters vom Erdkreise. Hor. od. III, 3, 53: *Quicunque mundo terminus obstitit, Hunc tangat armis.*

10. *Lucina* ward gewöhnlich Juno als *dea pronuba* genannt, doch bisweilen auch, wie hier, Diana. Die Lucina stand nicht nur den Wöchnerinnen bei, sondern schützte auch die neugebornen Kinder, wie aus dieser Stelle und aus Hor. carm. saec. 14—17: *Ilithyia, tuere matres, Sive tu Lucina probas vocari Seu Genitalis. Diva, producas subolem* hervorgeht.

11. *decus hoc aevi*, dies glänzende (goldene) Zeitalter, womit das grosse Weltjahr, die *magni menses* beginnen. — Zu *inibit* ist aus dem folg. inf. *procedere* ein entsprechender Substantivbegriff, wie *cursum*, zu entnehmen.

13. *sceleris vestigia nostri*. Mit den letzten Resten des Bürgerkrieges, die unter Pollio's Consulat schwinden sollen, ist auf den Sextus Pompejus hingewiesen, der noch in den Waffen stand, mit seiner Flotte die Küsten Unteritaliens beunruhigte und die Zufuhr abschnitt.

14. *inr.*, getilgt, d. h. dadurch dass sie getilgt werden.

15. *Ille*, der Sohn des Pollio.

18. Mit *At* ruft sich der Dichter von der Abschweifung zurück zur Beschreibung des allmählig sich entfaltenden goldenen Zeitalters, das jetzt, wo der Uebergang dazu erst angebahnt wird, nur Blumen spenden kann, die indessen doch auch schon ohne Pflege gedeihen, wie denn im goldenen Zeitalter Al-

Errantis hederas passim cum bacchare tellus
Mixtaque ridenti colocasia fundet acantho. 20
Ipsae lacte domum referent distenta capellae
Ubera nec magnos metuent armenta leones.
Ipsa tibi blandos fundent cunabula flores.
Occidet et serpens et fallax herba veneni
Occidet; Assyrium volgo nascetur amomum. 25
At simul heroum laudes et facta parentis
Iam legere et quae sit poteris cognoscere virtus:
Molli paulatim flavescet campus arista·
Incultisque rubens pendebit sentibus uva
Et durae quercus sudabunt roscida mella. 30
Pauca tamen suberunt priscae vestigia fraudis,
Quae temptare Thetim ratibus, quae cingere muris
Oppida, quae iubeant telluri infindere sulcos.
Alter erit tum Tiphys, et altera quae vehat Argo
Delectos heroas; erunt etiam altera bella, 35
Atque iterum ad Troiam magnus mittetur Achilles.
Hinc, ubi iam firmata virum te fecerit aetas,
Cedet et ipse mari vector nec nautica pinus
Mutabit merces, omnis feret omnia tellus.
Non rastros patietur humus, non vinea falcem; 40

les von selbst (*Ipsae* v. 21. *Ipsa* v. 23) entsteht, s. G. I, 127 und die Beschreibung des goldenen Zeitalters bei Ovid. Met. I, 89—112.

25. Das jetzt nur im Morgenlande (denn Assyrien ist dichterische Bezeichnung des Morgenlandes überhaupt) wachsende *amomum*, eine Gewürzstaude, wird bald überall zu finden sein.

26—36. Ist der Knabe zum Jüngling herangereift und kann er die Grösse der Vorfahren ermessen, so wird die Erde nicht mehr blos Blumen, sondern auch Früchte von selbst liefern; aber die Menschen sind noch nicht ganz ins goldene Zeitalter hineingewachsen, es ist das heroische Zeitalter zurückgekehrt und bietet dem Jünglinge Gelegenheit zu Auszeichnung und Ruhm.

28. *Molli arista*, mit glatter Aehre, denn diese bedarf der scharfen Stacheln nicht mehr zum Schutze gegen die unschädlich werdenden Vögel.

30. *roscida mella*. Nach alter Vorstellung war der Honig Thau. Plin. hist. nat. XI, 12: *Venit hoc (mel) ex aëre et maxime siderum exortu, praecipueque ipso Sirio exsplendescente fit. — Itaque ... folia arborum melle roscida inveniuntur.* Senec. ep. 84: *Quibusdam placet, non faciendi mellis scientiam apibus esse, sed colligendi.* Daher nennt Verg. ihn G. IV, 1: *aërii mellis coelestia dona.* Uebrigens vgl. Ovid. Met. I, 112: *Flavaque de viridi stillabant ilice mella.*

34. Der Böotier *Tiphys* war Steuermann der Argo auf dem Argonautenzuge.

Robustus quoque iam tauris iuga solvet arator;
Nec varios discet mentiri lana colores,
Ipse sed in pratis aries iam suave rubenti
Murice, iam croceo mutabit vellera luto;
45 Sponte sua sandyx pascentis vestiet agnos.
Talia saecla, suis dixerunt, currite, fusis
Concordes stabili fatorum numine Parcae.
Adgredere o magnos — aderit iam tempus — honores,
Cara deum suboles, magnum Jovis incrementum!
50 Aspice convexo nutantem pondere mundum
Terrasque tractusque maris caelumque profundum;
Aspice, venturo laetantur ut omnia saeclo.
O mihi tam longae maneat pars ultima vitae,
Spiritus et, quantum sat erit tua dicere facta:
55 Non me carminibus vincet nec Thracius Orpheus,
Nec Linus, huic mater quamvis atque huic pater adsit,

42—45. Die Wolle braucht nicht mehr gefärbt zu werden, weil die Schafe von selbst eine Wolle, die im schönsten Purpur, Hochgelb oder Scharlach (statt der Farben werden die Färbestoffe genannt) prangt, annehmen werden.

46—47. In Eintracht, denn der Wille des Schicksals ist unabänderlich, rufen die Parzen (Klotho, Lachesis und Atropos) ihren Spindeln zu: solche Jahrhunderte durchlauft jetzt (*Thalia*). *currere saecula* ist gesagt, wie *currere aequora* A. III, 191. V, 235 und c. *itor aequore* A. V, 862; vgl. auch Cic. d. off. III, 10, 42: *qui stadium currit.* — *stabili fat. n.* ist als abl. causae zu *Concordes* hinzugefügt, giebt also den Grund der Eintracht an und drückt damit zugleich die Gewissheit aus, dass den Worten der Parzen die Erfüllung folgen werde; vgl. Ciris 124: *regnumque futurum Concordes stabili firmarunt numine Parcae.*

48—49. Bekleide (als Mann) die Ehrenstellen, die im goldenen Zeitalter besonderes Gewicht haben (*magnos*). — *Iovis incr.* θρέμμα Διός, mit Bezug auf v. 7 gesagt. Viersilbige Wörter, die einen Dispondeus enthalten, geben am Ende des Verses der Rede den Charakter feierlicher Würde; vgl. G. I, 221. A. II, 68. VIII, 167.

50—52. Wie die Dichter die Erde beim Erscheinen eines Gottes freudig erzittern lassen, so lässt Vergil hier das Weltall dem kommenden Zeitalter entgegenbeben (*nutare*). — *convexo pondere* wird das Weltall genannt nach der Gestalt des gewölbten Himmels. — *Terrasque. que* ist hier durch die Vershebung verlängert. Verg. beschränkt diese Verlängerung, mit alleiniger Ausnahme des aus dem Homer entlehnten Verses A. IX, 767, auf die Arsis des zweiten Fusses.

54. *Spiritus*, dichterische Begeisterung. Propert. III, 15, 40: *qualis Pindarico spiritus ore sonat.*

55. Hier beginnt der Nachsatz: dann soll u. s. w.

56. *hic* — *hic* dichterisch für *hic* — *ille*, vgl. A. VII, 473. 506. IX, 572. X, 9. — *adsit*. Die Anwesenheit der Götter zeigt sich in kräftigem Beistande, den sie leisten.

Orphei Calliopea, Lino formosus Apollo.
Pan etiam, Arcadia mecum si iudice certet,
Pan etiam Arcadia dicat se iudice victum.
Incipe, parve puer, risu cognoscere matrem: 60
Matri longa decem tulerunt fastidia menses.
Incipe, parve puer: cui non risere parentes,
Nec deus hunc mensa, dea nec dignata cubili est.

ECLOGA V.

MENALCAS. MOPSUS.

ME. Cur non, Mopse, boni quoniam convenimus ambo,

57. *Orphei*, griech. Dat. *Orpheus* und *Linus*, die berühmtesten Sänger der Heroenzeit, jener ein Sohn des thrazischen Stromgottes Oeagrus und der Muse Calliope, dieser ein Sohn des Apollo und der Muse Terpsichore. Des Orpheus Schicksal s. G. IV, 454f.
59. *Arcadia iudice*, vor Arkadiens Richtern.
60—63. Der Sinn der schwierigen Stelle scheint zu sein: Sei schon im ersten Vierteljahre verständig und lächle gleich in den ersten Tagen die Mutter an; du bist das sowohl der Mutter (v. 61), als dir selbst schuldig; denn gewinnst du nicht gleich beim Eintritt in die Welt die Liebe der Eltern, so kannst du die dir bestimmte Rolle nicht spielen. Letzterem Gedanken liegt die schöne Vorstellung zu Grunde, dass nur mit Sorgfalt erzogene Kinder Lieblinge der Götter werden können. Der letzte Vers dieser Ekl. ist mit Bezug auf den Eingang, namentlich auf v. 15—17 beigefügt, wo dem Knaben die Gemeinschaft mit den Göttern versprochen wird; vgl. auch zu G. 1, 31.
62—63. In *Incipe risu cogn. m.* liegt *incipe ridere* und *incipe cogn. m.*, was, wenn man das Erstere als Folge des Letzteren nimmt, den durch den Zusammenhang gebotenen Sinn giebt: zeige durch dein Lächeln, dass du die Mutter erkennst.

Ecl. 5. Wie Theocrit in seiner ersten Idylle den Tod des Daphnis besungen hatte, so behandelt Verg. in dieser Ekloge denselben Gegenstand, verändert ihn aber durch Anwendung der Allegorie dahin, dass er unter dem Namen des Daphniss den 42 v. Chr. von den Triumvirn zum Gott erhobenen Jul. Caesar besingt. In Form eines amöbäischen Liedes beklagt der eine Hirt, Mopsus, den Tod des Caesar, während der andere, Men., in einer gleichen Zahl von Versen über die Vergötterung desselben jubelt, so dass wir hier einen vollständigen Gegensatz haben.
1. *boni — inflare. bonus*, geschickt, kundig (vgl. A. IX, 572), ist mit dem Inf. verbunden, den Dichter allen Adject., die eine nähere Bestimmung erhalten sollen, nach griech. Weise hinzufügen; vgl.

Tu calamos inflare levis, ego dicere versus,
Hic corylis mixtas inter considimus ulmos?
MO.   Tu maior; tibi me est aequum parere, Menalca,
5 Sive sub incertas Zephyris motantibus umbras,
Sive antro potius succedimus.   Aspice, ut antrum
Silvestris raris sparsit labrusca racemis.
ME.   Montibus in nostris solus tibi certat Amyntas.
MO.   Quid, si idem certet Phoebum superare canendo?
10 ME.   Incipe, Mopse, prior, si quos aut Phyllidis ignis,
Aut Alconis habes laudes aut iurgia Codri.
Incipe; pascentis servabit Tityrus haedos.
MO.   Immo haec, in viridi nuper quae cortice fagi
Carmina descripsi et modulans alterna notavi,
15 Experiar.   Tu deinde iubeto ut certet Amyntas.
ME.   Lenta salix quantum pallenti cedit olivae,
Puniceis humilis quantum saliunca rosetis,
Iudicio nostro tantum tibi cedit Amyntas.
MO.   Sed tu desine plura, puer; successimus antro.

Val. Flacc. I, 438: *gladio bonus ire per hostes.*
  2. *calamos inflare levis*, die leichte (ländliche) Flöte zu schwellen. In welcher verschiedenen Bed. steht *calamus levis* bei Phaedr. fab. IV, 2, 1—2: *Iocutari tibi videmur, et sane levi, Dum nihil habemus maius, calamo ludimus,* und warum gebraucht Ph. den Sing., Vergil den Plural von *calamus?*
  5. *mot.* Das poetische *motare,* zeigt die häufige Wiederholung der Bewegung an.
  7. Der Weinstock umschlingt mit zerstreuten Ranken die Grotte.
  8—9. Von Mopsus überbotener Spott des Men. auf den anmassungsvollen Hirten Amyntas.
  8. *certat.* Weis't der Indic. oder der in einigen Codd. stehende Conjunct. *certet* auf ein grösseres Selbstvertrauen des Amyntas hin? — *tibi certat.* Ueber den Dat. bei den Verben des Streitens s. zu A. IV, 38.
  10—11. Singe, mag. der Inhalt deines Liedes Liebe, Lob oder Zank sein. *Phyllis* und *Alcon* sind erdichtete Namen: über *Codrus* s. Einl. p. 12.
  14. *mod. alt. not. Exp.* Mopsus will versuchen, das was er als amöbäisches Lied (*alterna,* vgl. E. 3, 59. 7, 19) singend (vgl. E. 9, 44) in die Baumrinde geritzt hat, als zusammenhängendes Lied vorzutragen. Der Plur. *carmina* steht also zur Bezeichnung der einzelnen Theile des folgenden Gesanges: Trauer um den Tod des Daphnis, Verdienste des Daphnis, Folgen seines Todes, Verehrung des Gestorbenen. Dagegen bez. der Sing. *carmen* in v. 45 diese zu einem Ganzen vereinigten Lieder. In derselben Weise wechseln beide *numeri* unten v. 55 und 81.
  15. *iubere, ut,* vgl. Horat. sat. I, 4, 122: *iubebat, ut facerem quid.* Lucan. IX, 896, *iussit, ut — mixti serpentibus essent.*
  16. *pallenti olivae,* s. zu E. 3, 39. Wegen dieser matten graugrünen Farbe nennt Ovid. Met. VI, 61 die Olive *cānens.*

Exstinctum Nymphae crudeli funere Daphnim 20
Flebant — vos coryli testes et flumina Nymphis —
Cum conplexa sui corpus miserabile nati
Atque deos atque astra vocat crudelia mater.
Non ulli pastos illis egere diebus
Frigida, Daphni, boves ad flumina, nulla nec amnem 25
Libavit quadrupes nec graminis attigit herbam.
Daphni, tuum Poenos etiam ingemuisse leones
Interitum montesque feri silvaeque loquuntur.
Daphnis et Armenias curru subiungere tigris
Instituit, Daphnis thiasos inducere Bacchi 30
Et foliis lentas intexere mollibus hastas.
Vitis ut arboribus decori est, ut vitibus uvae,
Ut gregibus tauri, segetes ut pinguibus arvis:
Tu decus omne tuis. Postquam te fata tulerunt,
Ipsa Pales agros atque ipse reliquit Apollo. 35
Grandia saepe quibus mandavimus hordea sulcis,
Infelix lolium et steriles nascuntur avenae;
Pro molli viola, pro purpureo narcisso
Carduus et spinis surgit paliurus acutis.
Spargite humum foliis, inducite fontibus umbras, 40

23. *Atque — atque.* Seltene und nur dichterische Verbindung, durch die in ihr liegende emphatische Steigerung verschieden von *et — et*, vgl. Sil. Ital. I, 93. Tib. II, 5, 73. Anderer Art sind die Stellen G. III, 257. IV, 343. — *crudelia*, weil die Gestirne nach alter Vorstellung grossen Einfluss auf das Geschick der Menschen hatten. — *mater*, Venus, denn von Julus, dem Sohne des Aeneas, leitete das Julische Geschlecht seinen Ursprung ab.
26. *graminis herba*, die jungen Sprossen des Grases, wie G. I, 134: *frumenti herba*.
29—31. Hauptverdienst des Daphnis: er suchte als Diener des Bacchus, dessen Dienst er einführte, die Hirtenflur durch Anbau zu veredeln. Zum Bacchusdienst gehörten der von gezähmten Tigern gezogene Wagen (auf welchem Bacchus im Triumphe aus dem bezwungenen Indien zurückgekehrt sein sollte), die Reihentänze (*thiasi*) der Bacchanten und deren Thyrsusstäbe (schwanke, *lentae*, mit Epheu und Weinlaub, *foliis*, umwundene Stäbe, *hastae*).
34. *fata tulerunt.* Hom. Il. II, 302: οὓς μὴ κῆρες ἔβαν θανάτοιο φέρουσαι.
35. *Pales* und *Apollo* Hirtengötter. Der Pales zu Ehren wurde das von Ovid. Fast. IV, 721—862 beschriebene Palilienfest am 21. Apr., dem Gründungstage Roms, gefeiert; Apollo wurde seit der Zeit, dass er dem Admet die Heerden gehütet, als Hirtengott mit dem Beinamen *Νόμιος* verehrt.
36. In den Furchen, denen grosskörnige (*Grandia*, zur Saat auserlesene, G. I, 195) Gerste anvertraut war, wächst jetzt (nach der Entfernung des Apollo und der Pales) unfruchtbarer (*Infelix*, s. G. II, 239. 314) Lolch und wilder Hafer.
40. Landleute bestatteten ihre

Pastores; mandat fieri sibi talia Daphnis;
Et tumulum facite et tumulo superaddite carmen:
Daphnis ego in silvis, hinc usque ad sidera notus,
Formosi pecoris custos, formosior ipse.
45   ME. Tale tuum carmen nobis, divine poeta,
Quale sopor fessis in gramine, quale per aestum
Dulcis aquae saliente sitim restinguere rivo.
Nec calamis solum aequiparas, sed voce magistrum.
Fortunate puer, tu nunc eris alter ab illo.
50 Nos tamen haec quocumque modo tibi nostra vicissim
Dicemus Daphnimque tuum tollemus ad astra,
Daphnin ad astra feremus: amavit nos quoque Daphnis.
MO. An quicquam nobis tali sit munere maius?
Et puer ipse fuit cantari dignus et ista
55 Iam pridem Stimicon laudavit carmina nobis.
    ME. Candidus insuetum miratur limen Olympi
Sub pedibusque videt nubes et sidera Daphnis.
Ergo alacris silvas et cetera rura voluptas
Panaque pastoresque tenet Dryadasque puellas.
60 Nec lupus insidias pecori nec retia cervis
Ulla dolum meditantur: amat bonus otia Daphnis.
Ipsi laetitia voces ad sidera iactant
Intonsi montes; ipsae iam carmina rupes,
Ipsa sonant arbusta: deus, deus ille, Menalca!
65 Sis bonus o felixque tuis! en quattuor aras:
Ecce duas tibi, Daphni, duas altaria Phoebo.

Lieben gern an besuchten Quellen und pflanzten schattige Bäume umher.
47. *restinguere*. Der Inf. steht substantivisch. Wie hier und G. III, 180. A. VII, 421 vom Substantiv (*sopor*) zum Infin. übergegangen wird, so umgekehrt vom Infin. zum Substant. G. I, 25.
49. *alter ab illo*. Hor. Sat. II. 3, 193: *Aiax heros ab Achille secundus*.
52. *Daphnin* schrieb Vergil hier des Metrums wegen, denn sonst gebraucht er von griech. Eigennamen auf *is* nur die Accusativsform *im*.
54. Als Hirte wird Daphnis *puer* genannt, wie Menalcas v. 19 und Mopsus v. 49.
56. *Candidus*, Epitheton der Götter und der zu Göttern verklärten Menschen; so von der Maja A. VIII, 138, vom Sol Ovid. Met. XV, 30, vom Bacchus Tib. III, 6, 1. Vgl. z. E. 2, 46.
58. *alacris voluptas*, sich lebhaft äussernde Freude.
59. *Dryades*, Baumnymphen, auch *Hamadryades* genannt E. 10, 62.
61. *bonus*, gütig, vgl. v. 65. A. XII, 647.
63. *Intonsi*, waldig. A. IX, 681.
65—66. Cäsar's Geburtstag soll jährlich gefeiert werden; da dieser Tag (der 12. Juli) in die Zeit der zu Ehren des Apollo gefeierten *ludi*

Pocula bina novo spumantia lacte quot annis
Craterasque duos statuam tibi pinguis olivi,
Et multo in primis hilarans convivia Baccho,
Ante focum, si frigus erit, si messis, in umbra, 70
Vina novum fundam calathis Ariusia nectar.
Cantabunt mihi Damoetas et Lyctius Aegon,
Saltantis Satyros imitabitur Alphesiboeus.
Haec tibi semper erunt, et cum sollemnia vota
Reddemus Nymphis et cum lustrabimus agros. 75
Dum iuga montis aper, fluvios dum piscis amabit,
Dumque thymo pascentur apes, dum rore cicadae,
Semper honos nomenque tuum laudesque manebunt.
Ut Baccho Cererique, tibi sic vota quot annis
Agricolae facient; damnabis tu quoque votis. 80
   MO. Quae tibi, quae tali reddam pro carmine dona?
Nam neque me tantum venientis sibilus austri
Nec percussa iuvant fluctu tam litora nec quae
Saxosas inter decurrunt flumina valles.
ME. Hac te nos fragili donabimus ante cicuta. 85
Haec nos, Formosum Corydon ardebat Alexim,
Haec eadem docuit, Cuium pecus? an Meliboei?
   MO. At tu sume pedum, quod, me cum saepe rogaret,

Apollinares fiel, so werden auch dem Phoebus Altäre errichtet. — *altaria*, nähere Bestimmung zu *duas* (*aras*), waren Aufsätze auf den *aris*, zu blutigen Opfern bestimmt, während auf den einfachen *aris* nur unblutige Opfer gebracht wurden.

67. *Pocula bina*, auf jeden Altar zwei, dagegen *crat. duos*, auf jeden einen.

69. Bei allen Festen, sie mögen im Winter oder im Sommer gefeiert werden (v. 70), soll ihm nach vollendetem Opfer beim Opferschmause (*convivia*) ein Trankopfer gebracht werden von dem köstlichen ariusischen (Chier) Weine, den die Landleute noch gar nicht kennen (*novum nectar*). Die Einführung ausländischer Weine wurde in Italien erst seit 54 v. Chr. allgemeiner.

70. Steht *si* in den Worten *si frigus erit, si messis* im Sinne des temporalen *quum?*

72. *Lyctius*, aus Lyctos, einer Stadt Creta's.

74. *Haec tibi* etc., so sollst du immer geehrt werden, sowol am Erndtedankfeste, den Vinalien (die Nymphen gehören auch zum Gefolge des Bacchus), als auch beim Feste der Feldweihe, den Ambarvalien (s. zu G. I, 339—45).

77. *rore cicadae.* Die Cicaden saugen den Saft der Blätter u. Blüthen, nach der Meinung der Alten aber nur den Thau ein.

80. *damnabis t. q. v.*, durch die Gewährung ihrer Bitten wirst du die Landleute zur Erfüllung ihrer Gelübde veranlassen.

85—87. Die Rohrpfeife, welche Men. dem Mopsus verehrt, ist dieselbe, auf welcher Vergil die zweite und dritte Ekloge componirt hat.

88. *pedum*, s. Einl. p. 18.

Non tulit Antigenes — et erat tum dignus amari —
90 Formosum paribus nodis atque acre, Menalca.

ECLOGA VI.

Prima Syracosio dignata est ludere versu
Nostra neque erubuit silvas habitare Thalia.
Cum canerem reges et proelia, Cynthius aurem
Vellit et admonuit: Pastorem, Tityre, pinguis
5 Pascere oportet ovis, deductum dicere carmen.
Nunc ego — namque super tibi erunt, qui dicere laudes,
Vare, tuas cupiant et tristia condere bella —
Agrestem tenui meditabor arundine Musam.
Non iniussa cano. Si quis tamen haec quoque, si quis
10 Captus amore leget: te nostrae, Vare, myricae,
Te nemus omne canet; nec Phoebo gratior ulla est,
Quam sibi quae Vari praescripsit pagina nomen.

Ecl. 6. Varus, dem diese Ekl. dedicirt ist (s. Einl. p. 8.), scheint den Vergil zu einem Epos aufgefordert zu haben, da bukolische Lieder ein für sein Talent unwürdiger Gegenstand seien. Vielleicht sah Verg. In dieser Aufforderung die versteckte Andeutung, er solle die Bürgerkriege (*tristia bella* v. 7) besingen und dabei der Thaten des Varus würdig gedenken: dieser Zumuthung entzieht er sich auf eine feine Weise, indem er sagt, Apollo (*Cynthius* v. 3 nach seinem Geburtsberge Cynthus auf Delos genannt) habe ihn, als er wirklich Hand an ein episches Gedicht legen wollte, zurückgezogen und ihn auf den Hirtengesang, als sein Element, gewiesen. Indem er dieser Weisung folgt, erfreut er den Varus durch den Bericht über ein Lied des Silen, das die Ansichten der Epikureer, mit denen Vergil und Varus durch ihren Lehrer Syron bekannt gemacht waren, über die Entstehung der Welt, sowie mancherlei Mythen aus dem heroischen Zeitalter zum Inhalte hat.

1—2. Bezeichnung des Hirtengesanges, der durch den Theocrit aus Syracus (daher E. 4, 1: *Sicelides musae*) ausgebildet war.

3. *aurem Vellit*, als freundliche Erinnerung an Dinge, die man vergessen hat, denn das Ohr galt als Sitz des Gedächtnisses.

5. *deductum carmen*, ein herabgestimmtes Lied, vgl. Propert. II, 33, 38: *deducta voce*, mit gedämpfter Stimme, im Gegensatz zu der *vox elata*, die sich für das heroische Lied eignet.

12. *pagina*, Gedicht, wie *charta* bei Hor. Ep. II, 1, 161.

Pergite, Pierides. Chromis et Mnasylos in antro
Silenum pueri somno videre iacentem,
Inflatum hesterno venas, ut semper, Iaccho; 15
Serta procul, tantum capiti delapsa, iacebant
Et gravis attrita pendebat cantharus ansa.
Adgressi — nam saepe senex spe carminis ambo
Luserat — iniciunt ipsis ex vincula sertis.
Addit se sociam timidisque supervenit Aegle, 20
Aegle, Naiadum pulcherrima, iamque videnti
Sanguineis frontem moris et tempora pingit.
Ille dolum ridens, Quo vincula nectitis? inquit.
Solvite me, pueri; satis est potuisse videri.
Carmina, quae voltis, cognoscite; carmina vobis, 25
Huic aliud mercedis erit. Simul incipit ipse.
Tum vero in numerum Faunosque ferasque videres
Ludere, tum rigidas motare cacumina quercus;
Nec tantum Phoebo gaudet Parnasia rupes,
Nec tantum Rhodope miratur et Ismarus Orphea. 30
Namque canebat, uti magnum per inane coacta
Semina terrarumque animaeque marisque fuissent

13—30. *Silenus*, der Lehrer und Begleiter des Bacchus, war beim Zechen (*Iaccho*, besonders in Mysterien üblicher Name des Bacchus) eingeschlafen, und der Kranz, den man sich bei Gelagen stets aufzusetzen pflegte, war ihm allmählig vom Haupte geglitten (*tantum* ist zu *cap. del.* hinzugefügt, um die Vorstellung des jähen Falles zu verhüten, daher ist auch *procul* nur von einer geringen Entfernung zu verstehen, wie auch G. IV, 424. A. VI, 10. X, 835); doch hielt er noch den schweren, vielgebrauchten (daher *attrita ansa*) Becher in der Hand, aber der Druck der Hand hatte bereits so nachgelassen, dass der Becher nur noch in seiner Hand schwebte. So treffen ihn zwei Faunen oder Satyrn, *Chromis* u. *Mnasylos*, verfertigen Fesseln aus dem Kranze, den er eben noch getragen hatte, und wenden das Mittel an, wodurch man nach altem Volksglauben Götter und Priester zum Weissagen und Singen zwingen konnte: sie banden ihn. So singt denn Silen, und sein Gesang begeistert seine ganze Umgebung vielleicht in noch höherem Grade als die Gesänge des Phoebus den Parnass in Phocis und die des Orpheus die thracischen Berge Rhodope und Ismarus.

13. *Pergite*, in der Aufforderung: Wohlan! — *Pierides*, s. zu E. 3, 85.

21. *videnti*, dem Erwachten.

26. *Huic*, der *Aegle*.

27. *in numerum Ludere*, nach dem Takte des Gesanges tanzen, s. G. IV, 175.

31—40. Epicur's Ansicht von der Entstehung der Welt. Anfangs gab es nur einen unermesslichen leeren Raum (*magnum inane*), und in ihm die noch ungeschiedenen Urstoffe (*coacta Semina*) oder Atome, nämlich Erde, Luft (*anima*), Wasser und Feuer (aus den feinsten Atomen bestehend, daher *liquidus* genannt). Aus diesen ersten Stoffen (*his pri-*

Et liquidi simul ignis; ut his exordia primis
Omnia et ipse tener mundi concreverit orbis;
35 Tum durare solum et discludere Nerea ponto
Coeperit et rerum paulatim sumere formas;
Iamque novum terrae stupeant lucescere solem,
Altius atque cadant submotis nubibus imbres,
Incipiant silvae cum primum surgere, cumque
40 Rara per ignaros errent animalia montis.
Hinc lapides Pyrrhae iactos, Saturnia regna,
Caucasiasque refert volucres furtumque Promethei.
His adiungit, Hylan nautae quo fonte relictum
Clamassent, ut litus, Hyla, Hyla, omne sonaret;
45 Et fortunatam, si numquam armenta fuissent,
Pasiphaen nivei solatur amore iuvenci.
Ah, virgo infelix, quae te dementia cepit!
Proetides inplerunt falsis mugitibus agros:

mis) entwickelte sich Alles, selbst der Himmel (*mundi orbis*). Dann ward die Erde allmälig fest (hart), schloss die von sich abgesonderten Gewässer (*Nereus*, Sohn des *Pontus* und der *Terra*, Gemahl der *Doris* und Vater der 50 Nereïden, nach dem Neptun der wichtigste Meergott) im Meere ein und entwickelte dann selbst die einzelnen Gegenstände der Erdoberfläche.

38. *atque*. Der Partikel *atque* die zweite Stelle im Satze anzuweisen hat sich Verg. in den Georg. und der Aen. nicht mehr erlaubt und auch in den Bucol. findet sich ausser dieser Stelle kein weiteres Beispiel; andere Dichter waren darin weniger bedenklich; wie Hor. epod. 8, 11. 17, 4. sat. I, 5, 4. 6, 131. 7, 12.

39. *cum pr.*, während zuerst.

40. *ignaros*, weil die Berge früher noch keine Thiere gesehen hatten.

41 f. Den Mythus von der Erneuerung des Menschengeschlechtes durch die von Deucalion und Pyrrha geworfenen Steine erzählt Ovid. Met. I, 348—415, der auch I, 89 — 112 vom goldenen Zeitalter unter der Herrschaft des Saturn berichtet. Der Titane Prometheus hatte dem Jupiter das Feuer entwendet und es den Menschen gebracht, wofür er zur Strafe an einen Felsen des Caucasus geschmiedet wurde, wo ein Adler (*volucres*) ihm die während der Nacht stets wieder wachsende Leber aushackte. — *Caucasiasque*. Bei der Aufzählung von drei Begriffen reiht Verg. bisweilen erst das dritte Substantiv durch *que* an, vgl. G. I, 138. A. IX, 270.

43 f. Aus der Argonautenfahrt wird des Hercules Trauer um seinen von den Nymphen in Mysien ihm geraubten Liebling *Hylas* herausgegriffen.

45—60. Silen besingt ferner das Schicksal der *Pasiphaë*, der Tochter des Sol und Gattin des Minos, welche auf Anstiften des auf den Minos erzürnten Neptun von Liebe zu einem von ihm geschaffenen weissen Stier erfüllt wurde und also unglücklicher war, als selbst die Töchter des tirynthischen Königs *Proetus*, die sich im Wahnsinne für Kühe hielten.

At non tam turpis pecudum tamen ulla secuta est
Concubitus, quamvis collo timuisset aratrum   50
Et saepe in levi quaesisset cornua fronte.
Ah, virgo infelix, tu nunc in montibus erras:
Ille latus niveum molli fultus hyacintho
Ilice sub nigra pallentis ruminat herbas
Aut aliquam in magno sequitur grege. Claudite, Nymphae, 55
Dictaeae Nymphae, nemorum iam claudite saltus,
Si qua forte ferant oculis sese obvia nostris
Errabunda bovis vestigia; forsitan illum
Aut herba captum viridi aut armenta secutum
Perducant aliquae stabula ad Gortynia vaccae.   60
Tum canit Hesperidum miratam mala puellam;
Tum Phaethontiadas musco circumdat amarae
Corticis atque solo proceras erigit alnos.
Tum canit, errantem Permessi ad flumina Gallum
Aonas in montis ut duxerit una sororum   65
Utque viro Phoebi chorus adsurrexerit omnis;
Ut Linus haec illi divino carmine pastor
Floribus atque apio crinis ornatus amaro
Dixerit: Hos tibi dant calamos, en accipe, Musae,
Ascraeo quos ante seni, quibus ille solebat   70

52. *virgo* (v. 47 u. 52) s. zu E. 3, 29.
53. *fultus*, s. Einl. p. 11.
54. *pallentis*, s. E. 2, 47.
56. Die kretischen (*Dicte*, ein Gebirge Kreta's) Nymphen werden von der Pasiphaë aufgefordert, ihr behülflich zu sein bei der Einfangung des verfolgten Stieres.
60. *Gortynia*, von Gortyna, einer Stadt auf Kreta.
61. Den Mythus von der Atalanta, der Tochter des Schoeneus, und ihrem Wettlauf mit dem Hippomenes s. Ovid. Met. X, 560 — 707.
62. *Phaethontiades*, die Töchter des Helios (der auch nach seinem cognomen φαέθων Phaethon genannt wird, s. A. V, 105), wurden bei der Trauer um den Tod ihres Bruders, der gleichfalls *Phaethon* hiess, in Erlen verwandelt, s. Ovid. Met. II, 340 — 366. Die Verwandlung wird dem Silen selbst wegen seiner lebhaften Beschreibung derselben beigelegt, vgl. v. 46 *solatur*.
64 — 73. Um den Corn. Gallus s. zu E. 10. Einl.), ausgezeichnet zu ehren, lässt Verg. mit Benutzung einer Fiction Hesiods (Theog. 22 u. 23. 29 — 34) den Silen singen: Einer auf den aonischen Höhen des Helikon in Böotien wohnenden Musen traf den Gallus am Ufer des auf dem Helikon entspringenden und sich in den copaischen See mündenden *Permessus* und führte ihn in die Musenversammlung. Achtungsvoll erhoben sich Alle vor dem Dichter, der festlich geschmückte *Linus* (s. zu E. 4, 57) reichte ihm die Syrinx, welche die Musen früher dem sangeskundigen Hesiodus aus Ascra in Böotien verehrt hatten, und fordert ihn auf, den mit einem Tempel des Apollo versehenen Hain bei der

Vergil I. 3. Aufl.   4

Cantando rigidas deducere montibus ornos.
His tibi Grynei nemoris dicatur origo,
Ne quis sit lucus, quo se plus iactet Apollo.
Quid loquar, aut Scyllam Nisi, quam fama secuta est
75 Candida succinctam latrantibus inguina monstris
Dulichias vexasse rates et gurgite in alto
Ah! timidos nautas canibus lacerasse marinis;
Aut ut mutatos Terei narraverit artus,
Quas illi Philomela dapes, quae dona pararit,
80 Quo cursu deserta petiverit et quibus ante
Infelix sua tecta supervolitaverit alis?
Omnia, quae Phoebo quondam meditante beatus
Audiit Eurotas iussitque ediscere laurus,
Ille canit — pulsae referunt ad sidera valles —
85 Cogere donec ovis stabulis numerumque referri
Iussit et invito processit Vesper Olympo.

Stadt *Grynium* an der Küste Aeoliens in Kleinasien zu besingen; thue er dies, so werde kein Ort dem Apollo lieber sein, als dieser. Wirklich hatte Gallus in seiner Nachbildung der Gedichte des Euphorion (s. zu E. 10, 50) den gryneischen Hain besungen.
74—77. Zum Schlusse eilend (*Quid loquar*) berichtet der Dichter noch, dass Silen auch von der schrecklichen, aus Ovid. Met. XIV, 1—67, und Hom. Od. XII, 235—60 (vgl. auch A. III, 420—28) bekannten *Scylla* gesungen habe; doch verwechselt Vergil hier, wie auch andere römische Dichter diese Tochter des Phorcys mit der gleichnamigen Tochter des *Nisus*, Königs von Megara. Vgl. über letzteren z. G. I, 404 u. Ovid. Met. VIII, 1—150.
74. Zu *Scyllam* ist aus dem zweiten Gliede zu ergänzen *ut mutatam narraverit*.
76. *Dulichium*, eine Insel in der Nähe Ithaka's, zur Herrschaft des Odysseus gehörig.
78—81. Den Mythus von *Tereus*, der *Philomela* und *Procne* s. Ovid. Met. VI, 412—676; vgl. auch G.

IV, 15. 511.
80. *quo cursu*, mit welchem, ihr bis dahin noch unbekannten Fluge. — *ante*, vor ihrem Fluge in einsame Gegenden. Es wird der Philomela also schwer, sich von ihrem bisherigen Aufenthaltsorte zu trennen und sich in ihre Nachtigallennatur zu finden. Aehnlich heisst es in der *Ciris* (s. Einl. p. 7.) von der in einen Vogel verwandelten Scylla: *ut tenui conscendens aethera penna Caeruleis sua tecta supervolitaverit alis*.
82—86. *Phoebus* hatte häufig am *Eurotas* seinem Lieblinge, dem Spartaner Hyacinthus (s. zu E. 3, 63) dergleichen Mythen vorgesungen (*meditari*).
83. *laurus*. Obgleich Vergil dies Wort sonst durchaus nach der 2. Dekl. abwandelt, so giebt er doch für den Accus. plur. der Form nach der 4. Dekl. den ausschliesslichen Vorzug.
85. *Cogere Iussit*, uns Hirten nämlich.
86. *invito*, weil der Olymp noch gerne länger dem Silen gelauscht hätte.

ECLOGA VII.

MELIBOEUS. CORYDON. THYRSIS.

M. Forte sub arguta consederat ilice Daphnis,
Compulerantque greges Corydon et Thyrsis in unum,
Thyrsis ovis, Corydon distentas lacte capellas,
Ambo florentes aetatibus, Arcades ambo,
Et cantare pares et respondere parati. 5
Huc mihi, dum teneras defendo a frigore myrtos,
Vir gregis ipse caper deerraverat, atque ego Daphnim
Aspicio. Ille ubi me contra videt: Ocius, inquit,
Huc ades, o Meliboee! caper tibi salvus et haedi;
Et, si quid cessare potes, requiesce sub umbra. 10
Huc ipsi potum venient per prata iuvenci,
Hic viridis tenera praetexit arundine ripas
Mincius eque sacra resonant examina quercu.
Quid facerem? neque ego Alcippen nec Phyllida habebam,

Ecl. 7. In dieser Ekl. schliesst sich Vergil wieder enger an Theocr. (namentlich dessen 6. Idylle) an und bleibt dem Charakter der Idylle treuer, als in der vorhergehenden Ekloge. — Der Kuhhirte (v. 11) Meliboeus erzählt, wie unter dem Vorsitze des Hirten Daphnis zwei Hirten, Thyrsis und Corydon, auf der Gemeindewiese des Dorfes Andes sich in einen Wettgesang einliessen, in welchem Thyrsis unterlag.

1. *argutus*, von sanftem Winde bewegt, säuselnd; dagegen wird E. S, 22 ein Hain *argutum* genannt, weil er stets von den Liedern der sich in ihm aufhaltenden Hirten wiederhallt.

4. *Arcades* steht als Appellativbegriff: wahre Arkadier, vgl. E. 10, 32.

5. Ueber den Inf. bei *par* und *paratus* s. zu E. 5, 1.

6—8. Während Meliboeus damit beschäftigt ist, die zarten Gewächse durch Umwickelung mit Stroh gegen den im Frühjahr auch in Gallia cisalpina sich noch einstellenden Nachtfrost zu schützen, verläuft sich seine Heerde zu dem v. 1 beschriebenen Platze. Melib. geht ihr nach, und siehe, da erblickt er den Daphnis. — *atque* dient als ein accentuirtes und häufig dazu, die unmittelbare Zeitverbindung zweier Handlungen zu bezeichnen; ist die zweite Handlung eine unerwartete so kann es durch: und siehe, da, und sogleich übersetzt werden, vgl. A. IV, 261; VII, 29; X, 219. *deerraverat*, s. Einl. p. 11.

11. *ipsi*, s. zu E. 4, 21.

13. *sacra — quercu*, die Eiche war dem Jupiter heilig, s. G. III, 332.

14. *Alcippe* und *Phyllis* besorgten die häuslichen Geschäfte für den Corydon und Thyrsis.

15 Depulsos a lacte domi quae clauderet agnos;
Et certamen erat Corydon cum Thyrside magnum.
Posthabui tamen illorum mea seria ludo.
Alternis igitur contendere versibus ambo
Coepere, alternos Musae meminisse volebant.
20 Hos Corydon, illos referebat in ordine Thyrsis.
    c. Nymphae, noster amor, Libethrides, aut mihi carmen,
Quale meo Codro, concedite — proxuma Phoebi
Versibus ille facit — aut, si non possumus omnes,
Hic arguta sacra pendebit fistula pinu.
25 T. Pastores, hedera nascentem ornate poetam,
Arcades, invidia rumpantur ut ilia Codro;
Aut, si ultra placitum laudarit, bacchare frontem
Cingite, ne vati noceat mala lingua futuro.
    c. Saetosi caput hoc apri tibi, Delia, parvus
30 Et ramosa Micon vivacis cornua cervi.
Si proprium hoc fuerit, levi de marmore tota
Puniceo stabis suras evincta cothurno.

19. Die Musen wollten, dass die beiden Wettsänger (über die Auslassung des Subjectsaccusativs in der Constr. des Acc. c. Inf. s. zu A. II, 25) sich der von ihnen (den Musen) gelehrten Kunst des Wechselgesanges erinnerten: und so trugen denn beide ihre Lieder in der ihnen gezeigten Aufeinanderfolge vor.

20. *in ordine* auch A. VIII, 629; *ordine* würde heissen: in gehöriger Weise, Ovid. Met. V, 335: *vestrumque mihi refer ordine carmen; ex ordine*, der Reihe nach, so dass Corydon sich erst aussang, ehe Thyrsis begann.

21. Libethrides von *Libethrus*, einer den Musen heiligen Grotte mit einer Quelle am Helikon.

24. *sacra pinu*, dem Pan nämlich. — Wer seine Kunst aufgab, weihte das Werkzeug, dessen er sich bis dahin bedient hatte, dem Gotte, unter dessen Schutze seine Kunst stand. Ueber *Codrus* s. Einleit. p. 12.

25. *hedera*, der bacchische Ehrenkranz, der nur den ausgezeichnetsten Dichtern zuertheilt wurde, vgl. E. 8, 13.

27. *ultra placitum*, über Gebühr, gegen seine Ueberzeugung, um durch übertriebenes Lob nach dem Glauben der Alten die Strafe der Götter auf den Gelobten herabzubeschwören. Man entkräftete dergleichen Zauber unter anderen Mitteln auch dadurch, dass man sich zauberzerstörende Kräuter, zu denen das *bacchar* gehörte, umband.

29—32. Ein junger Jäger weiht der Diana (*Delia*) die Erstlinge der Jagd und gelobt ihr, wenn sie ihm stets (*proprium* von dem Bleibenden, s. A. 1, 73) gute Jagd (*hoc*) gebe, ein marmornes Standbild.

30. *vivax*, weil man dem Hirsche ein sehr langes Leben zuschrieb.

31. *tota*, im Gegensatze zum Brustbilde.

32. *cothurnus*, die Jagdschuhe, die bis zur Mitte des Beins reichten und mit Riemen fest zugeschnürt wurden. Die purpurnen Riemen des Kothurns (A. 1, 337) wurden auf dem Marmor mit Farbe nachgeahmt.

т. Sinum lactis et haec te liba, Priape, quot annis
Exspectare sat est: custos es pauperis horti.
Nunc te marmoreum pro tempore fecimus; at tu, 35
Si fetura gregem suppleverit, aureus esto.
  c. Nerine Galatea, thymo mihi dulcior Hyblae,
Candidior cycnis, hedera formosior alba,
Cum primum pasti repetent praesepia tauri,
Si qua tui Corydonis habet te cura, venito. 40
т. Immo ego Sardoniis videar tibi amarior herbis,
Horridior rusco, proiecta vilior alga,
Si mihi non haec lux toto iam longior anno est.
Ite domum pasti, si quis pudor, ite iuvenci.
  c. Muscosi fontes et somno mollior herba 45
Et quae vos rara viridis tegit arbutus umbra,
Solstitium pecori defendite; iam venit aestas
Torrida, iam laeto turgent in palmite gemmae.
т. Hic focus et taedae pingues, hic plurimus ignis
Semper et adsidua postes fuligine nigri; 50
Hic tantum Boreae curamus frigora, quantum
Aut numerum lupus aut torrentia flumina ripas.

33—36. In lächerlicher Uebertreibung gelobt Thyrsis, um den Corydon zu überbieten, dem Feldgotte Priapus, einem Sohne der Venus und des Bacchus, Geschenke, welche ein Hirte nicht aufbringen kann.

35. *te marm. fec.* Horat. sat. II, 3, 183: *ut in circo spatiere et aeneus ut stes.* — *pro tempore,* ἐκ τῶν παρόντων, nach meinen jetzigen Umständen.

37. *Nerine = Nereis*, eine Tochter des Meergottes Nereus. — *thymo Hyblae*, s. z. E. I, 55.

38. *alba.* Es gab zwei Arten von Epheu, einen helleren und einen dunkleren.

41. *Sardon. herb.*, eine in Sardinien einheimische Art Ranunkel von sehr bitterem Geschmack. Der Genuss dieses Krautes sollte den Mund krampfhaft zum Lachen verziehen.

44. *Ite domum,* denn die Geliebte wartet; *si quis pudor,* wegen eurer Zudringlichkeit.

45. *somno mollior,* sanfter als der Schlaf, ein aus dem Theokrit entlehntes Bild.

46. *Et quae vos* cet. für *et arbute, quae fontes et herbam legis,* wie die Dichter in der Anrede öfter den Nom. statt des Voc. setzen, vgl. A. VIII, 77, XI, 464. — *rara.* Da der immergrüne Erdbeerbaum sein Laub zur Zeit der Sonnenwende wechselt, so ist es dann noch nicht so dicht, um vollständig gegen die Sonne zu schützen.

47. *pecori*, dat. commodi, den jedoch nur die Dichter zu *defendere, arcere* und *pellere* hinzufügen; vgl. G. III, 155.

50. *postes fuligine nigri.* Wahrscheinlich hatten die Alten keine Rauchfänge, sondern liessen den Rauch durch Oeffnungen in der Decke und durch die Fenster und Thüren ziehen.

  c. Stant et iuniperi et castaneae hirsutae,
Strata iacent passim sua quaeque sub arbore poma,
55 Omnia nunc rident: at si formosus Alexis
Montibus his abeat, videas et flumina sicca.
  T. Aret ager; vitio moriens sitit aeris herba;
Liber pampineas invidit collibus umbras:
Phyllidis adventu nostrae nemus omne virebit,
60 Iuppiter et laeto descendet plurimus imbri.
  c. Populus Alcidae gratissima, vitis Iaccho,
Formosae myrtus Veneri, sua laurea Phoebo:
Phyllis amat corylos; illas dum Phyllis amabit,
Nec myrtus vincet corylos nec laurea Phoebi.
65 T. Fraxinus in silvis pulcherrima, pinus in hortis,
Populus in fluviis, abies in montibus altis:
Saepius at si me, Lycida formose, revisas,
Fraxinus in silvis cedat tibi, pinus in hortis.
  M. Haec memini, et victum frustra contendere Thyrsim.
70 Ex illo Corydon Corydon est tempore nobis.

ECLOGA VIII.

DAMON. ALPHESIBOEUS.

Pastorum Musam Damonis et Alphesiboei,

53. *Stant*, kräftig stehen da, es prangen. — Die Kastanienbäume sind rauh von der Menge der Früchte in stachlichten Schalen.
54. *sua quaeque*. Cic. de orat. III, 57, 216: *quas tamen inter omnes est suo quoque in genere mediocris.* d. finn. V, 17, 46: *cuiusque partis sua quaeque vis.*
58. Den Gedanken: „der Weinstock verdorrt" drückt Thyrsis geziert und nicht schmeichelhaft für den Bacchus aus.
60. *Iuppiter*, vgl. G. I, 418. II, 419.
61. *Alcides*, Herkules, s. z. A. VI, 123. — *Iacchus*, s. zu E. 6, 15.

65. Die in Gärten gezogene *pinus* ist der Pinien- oder Zirbelbaum.
70. Seit der Zeit ist Corydon mir ein Corydon, d. h. der Name Corydon selbst ist Ehrentitel geworden und bezeichnet κατ' ἐξοχὴν den trefflichsten Dichter. Aehnl. Quinct. IX, 3, 68: *hunc hominem hominem iudicabimus,* und X, 1, 112: *Cicero apud posteros id consecutus est, ut — iam non hominis nomen, sed eloquentiae habeatur.*

Ecl. 8. In dieser Ekloge, welche den Wettstreit des Damon und Alphesiboeus enthält, besingt Damon nach dem Vorgange Theocrits (id. I) die Verzweiflung eines Hirten

Inmemor herbarum quos est mirata iuvenca
Certantis, quorum stupefactae carmine lynces,
Et mutata suos requierunt flumina cursus,
Damonis Musam dicemus et Alphesiboei. 5
Tu mihi, seu magni superas iam saxa Timavi,
Sive oram Illyrici legis aequoris, — en erit umquam
Ille dies, mihi cum liceat tua dicere facta?
En erit, ut liceat totum mihi ferre per orbem
Sola Sophocleo tua carmina digna cothurno? 10
A te principium, tibi desinet. Accipe iussis
Carmina coepta tuis atque hanc sine tempora circum
Inter victricis hederam tibi serpere laurus.
Frigida vix caelo noctis decesserat umbra,
Cum ros in tenera pecori gratissimus herba, 15
Incumbens tereti Damon sic coepit olivae.
  D. Nascere praeque diem veniens age, Lucifer, almum, *Str.a.*
Coniugis indigno Nisae deceptus amore
Dum queror et divos, quamquam nil testibus illis
Profeci, extrema moriens tamen adloquor hora. 20

über die Untreue seiner Geliebten; Alph. ebenfalls nach dem Vorgange Theocr. (id. II) die Zaubermittel, die ein Landmädchen anwendet, um den ungetreuen Liebhaber zu sich zurückzuführen. Uebrigens s. Einl. p. 9 und 19.

1—5. Gleichen Sinn für den Gesang zeigen Thiere und leblose Naturgegenstände E. 6, 27—29.

4. Der Acc. *suos cursus* hängt nicht von *requierunt* ab, sondern ist als sogenannter griech. Accus. zu *mutata* hinzugefügt. Der Sinn also: nachdem die Flüsse ihren natürlichen Lauf geändert haben, stehen sie still und lauschen dem Gesange.

6—13. Herzliche Freude (ausgedrückt durch den Dat. ethicus *mihi*, der weder mit *superas* noch mit *Accipe* v. 11 zu verbinden ist) über den siegreich zurückkehrenden und entweder noch an der illyrischen Küste oder schon an dem unweit von Aquileja sich ins adriatische Meer ergiessenden *Timavus* vorbeisegelnden Pollio. Der Gedanke an den befreundeten und im Felde wie als Dichter gleich grossen Mann reisst den entzückten Verg. zu einer Abschweifung fort, von der er erst mit *accipe* in v. 11 zurückkehrt.

7. *en unquam*, s. zu E. 1, 67.

11. *A te princ.*, Hom. Il. IX, 97: ἐν σοὶ μὲν λήξω, σέο δ' ἄρξομαι, vgl. E. 3, 60. — *iussis carm. c. tuis.* Wahrscheinlich sind unter *carmina* die beiden ersten Idyllen des Theocrit zu verstehen, deren Bearbeitung Pollio dem Verg. empfohlen hatte, s. Einl. p. 7.

13. Ueber den Epheu s. zu E. 7, 25.

15. *est* ist hinter *herba* ausgelassen, weil der Dichter zum Nachsatze eilt, vgl. G. III, 326. A. VII, 374.

16. *tereti olivae*, der aus Olivenholz verfertigte Hirtenstab.

17—20. Der unglückliche Liebhaber, dessen Klagen Damon singt, hat die Nacht durchwacht und sieht jetzt den Morgenstern den Tag verkündigen, der seine Geliebte (*coniux*, wie dasselbe Wort v. 66 den

Incipe Maenalios mecum, mea tibia, versus.
b. Maenalus argutumque nemus pinosque loquentis
Semper habet; semper pastorum ille audit amores
Panaque, qui primus calamos non passus inertis.
25   Incipe Maenalios mecum, mea tibia, versus.
c. Mopso Nisa datur: quid non speremus amantes?
Iungentur iam grypes equis, aevoque sequenti
Cum canibus timidi venient ad pocula dammae.
Mopse, novas incide faces: tibi ducitur uxor;
30 Sparge, marite, nuces: tibi deserit Hesperus Oetam.
   Incipe Maenalios mecum, mea tibia, versus.
d. O digno coniuncta viro, dum despicis omnis
Dumque tibi est odio mea fistula dumque capellae
Hirsutumque supercilium promissaque barba,
35 Nec curare deum credis mortalia quemquam.

Geliebten bezeichnet); die ihm so oft bei den Göttern Treue geschworen hatte, aber seiner Liebe nicht werth war, mit dem glücklichen Nebenbuhler Mopsus verbinden soll.

21. *Maenalus*, ein Berg Arkadiens.

22. Die Fichten heissen aus demselben Grunde *loquentes* (vgl. A. XI, 458. XII, 475), aus welchem der Hain *argutum* genannt wird, s. zu E. 7, 1.

24. Ueber Pan s. zu E. 2, 33.

26—30. Da einem Mopsus sich die reizende Nisa verbindet, so kann man ebenso unnatürliche Verbindungen in der Liebe erwarten, als wenn die Greife einträchtig mit den Pferden am Joche zögen, oder furchtsame Damhirsche mit den Hunden zur Tränke kämen.

27. Die Greife *(grypes)*, ein Fabelthier des Alterthums, welches, an Grösse einem Löwen gleich, mit Flügeln und dem krummen Schnabel eines Raubvogels versehen sein sollte, lebte in fortwährendem Kampfe mit den stets berittenen Arimaspen, einer Völkerschaft im äussersten Nordosten, s. Herod. III, 116. IV, 13. 72, daher ihre Feindschaft mit den Pferden.

28. *timidi*. Verg. giebt den W. *damma* und *talpa* (vielleicht zur Vermeidung des ὁμοιοτέλευτον) das *genus mascul.*, s. G. I, 183. III, 539.

29—30. Das dem Mopsus bevorstehende Glück sich ausmalend bezeichnet der unglückliche Nebenbuhler die Hauptmomente des heutigen Tages: die Abführung der Braut aus dem elterlichen Hause unter Fackelbegleitung; den Hochzeitsschmaus, während dessen der Bräutigam unter die auf der Strasse versammelte Jugend Nüsse auswarf; das Betreten des *cubile* zur Zeit, wo der bei Sonnenuntergang über dem thessalischen *Oeta* erscheinende Abendstern dies Gebirge bereits verlassen hat. — *novas inc. faces*. Da *novus* das Neue, was früher noch nicht existirte, bezeichnet, so bringt es oft in den Satz den Begriff des Anfangs einer Thätigkeit; so hier: fange an, Fackeln (aus Kienspänen) zu schneiden, vgl. A. VII, 554. VIII, 695.

32—35. Die früher so wählerische Nisa heirathet den Mopsus! So strafen die Götter den Uebermuth.

Incipe Maenalios mecum, mea tibia, versus.
Saepibus in nostris parvam te roscida mala — e.
Dux ego vester eram — vidi cum matre legentem.
Alter ab undecimo tum me iam acceperat annus;
Iam fragilis poteram ab terra contingere ramos. 40
Ut vidi, ut perii! ut me malus abstulit error!
    Incipe Maenalios mecum, mea tibia, versus.
Nunc scio, quid sit Amor; duris in cotibus illum f.
Aut Tmaros aut Rhodope aut extremi Garamantes
Nec generis nostri puerum nec sanguinis edunt. 45
    Incipe Maenalios mecum, mea tibia, versus.
Saevus Amor docuit natorum sanguine matrem g.
Commaculare manus; puer, ah, puer inprobus ille.
Inprobus ille puer; crudelis tu quoque, mater.
    Incipe Maenalios mecum, mea tibia, versus. 50
Nunc et ovis ultro fugiat lupus, aurea durae h.

37. *in saepibus*, in dem umhegten Garten, so *in dumis* G. IV, 130.
38. *legentem*, vom Baume pflücken, vgl. E. 2, 51; 3, 70. 92.
39. *Alter ab und.*, d. h. er war eben aus dem 11. in das andere oder nächste Jahr getreten, vgl. E. 5, 49.
41. *Ut vidi, ut perii!* wie ich dich sah, wie entbrannte ich von Liebe! — *malus error*, Liebeswahn.
43—45. Vgl. A. IV, 365—67.
44. *Tmarus*, ein Gebirge in Epirus. — *Rhodope*, s. zu E. 6, 30. — *extremi Garamantes*, weil die Garamanten, ein Volk Afrika's oberhalb Gätuliens (des heutigen Fezzan) den entlegensten Theil der damals bekannten Erde bewohnten, vgl. A. VI, 794.
45. *edunt*. Die Dichter gebrauchen häufig nach griechischer Weise das Praes. von einer schon abgeschlossenen, aber durch ihre Wirkungen in die Gegenwart reichenden Handlung; so hier *edunt*, τίκτουσι, sie haben ihn erzeugt und sind seine Eltern. Vgl. A. VIII, 141. 294. IX, 266. X, 518.
47—49. Medea ermordete von Eifersucht und Rachgier getrieben, ihre beiden Kinder, als Iason sich mit Glauce, der Tochter des korinthischen Fürsten Creon, vermählte, vgl. Ovid. Met. VII, 350—97. — Gewöhnlich lautet der Text hier so: *Commaculare manus. crudelis tu quoque, mater; Crudelis mater magis, an puer inprobus ille? Inprobus ille puer; crudelis tu quoque, mater*. — Die Frage, wer sich grössere Schlechtigkeit habe zu Schulden kommen lassen, Medea oder Amor, ist nicht nur völlig überflüssig, sondern auch ganz ungehörig, denn es ist hier nur die Rede von der Grausamkeit des Amor, der unter Anderem die Medea zum Morde ihrer Kinder getrieben habe. Bei der Unsicherheit, wie zu lesen sei, habe ich die schöne Verbesserung G. Hermann's zu Bion p. 46—47 aufgenommen, bei der aber freilich die letzten W. *crudelis tu quoque, mater* einen nicht recht passenden Zusatz enthalten. Uebrigens entsprechen jetzt die Strophen *g* und *h* an Zahl der Verse, ihren Gegenstrophen, vgl. Vorw. p. 19.
51—55. In seiner Verzweiflung wünscht der Hirte, eine verkehrte

Mala ferant quercus, narcisso floreat alnus,
Pinguia corticibus sudent electra myricae,
Certent et cycnis ululae, sit Tityrus Orpheus,
55 Orpheus in silvis, inter delphinas Arion.
    Incipe Maenalios mecum, mea tibia, versus.
i. Omnia vel medium fiant mare. Vivite, silvae:
. . . .
Praeceps aerii specula de montis in undas
60 Deferar; extremum hoc munus morientis habeto.
    Desine Maenalios, iam desine, tibia, versus.
Haec Damon; vos, quae responderit Alphesiboeus,
Dicite, Pierides; non omnia possumus omnes.
Antistr. a. A. Effer aquam et molli cinge haec altaria vitta
65 Verbenasque adole pinguis et mascula tura,
Coniugis ut magicis sanos avertere sacris
Experiar sensus; nihil hic nisi carmina desunt.

Welt zu sehen. — *aurea Mala*, Quitten, wie E. 3, 71.
53. Den Bernstein schwitzten nach der Fabel (vgl. Ovid. Met. II, 364f.) die Erlen oder Pappeln des Eridanus aus, nicht aber niedrige Gesträuche, wie die Tamarisken (*myricae*).
54. Ueber den Schwanengesang Cic. Tusc. I, 30, 73: *Itaque commemorat, ut cygni, qui non sine causa Apollini dicati sint, sed quod ab eo divinationem habere videantur, qua providentes, quid in morte boni sit, cum cantu et voluptate moriantur; sic ... esse faciendum.* — Ueber die Construction von *certare* s. zu E. 5, 8. — Der schlichte Hirtensänger Tityrus gelte für einen Orpheus (s. zu E. 3, 46) und für einen Arion (s. Ovid. Fast. II, 79—118).
57. *Omnia — mare*, Ausdruck der völligsten Gleichgültigkeit gegen die Welt, mit der der Sänger abgeschlossen hat.
58. Da in dieser Strophe, wie die Gegenstrophe zeigt, ein Vers ausgefallen ist, so hat die Vermuthung G. Hermann's viel für sich, dass der in *Vivite, silvae* ausgesprochene

Gedanke durch einen verloren gegangenen Vers weiter ausgeführt wurde.
60. *hoc munus*, sein Tod.
61. *Desine*, transitiv, wie E. 5, 19.
62—63. Den höheren Gesang des Alphes. sollen die Musen selbst (s. zu E. 3, 85) vortragen, weil er, der Dichter, dazu nicht im Stande sei. So erkennt Vergil dem folgenden Gesange den Preis zu.
64—67. Die Zauberin steht bei einem auf dem Hofe aufgerichteten Altare und fordert ihre Gehilfin Amaryllis auf, die Vorbereitungen zur magischen Feier zu treffen: nämlich Weihwassser (aus dem Hause) zu bringen, den Altar mit einer wollenen Binde zu umwinden und von Gift strotzende Zauberkräuter und männlichen (der für den vorzüglichsten galt) Weihrauch zu verbrennen. Vgl. mit diesem und den folgenden Versen A. IV, 504—514.
66. *Coniugis*, s. zu v. 18. — *avertere*, vom rechten Wege abwenden, also verwirren. Hom. Od. XIV, 178: βλάπτειν φρένας ἐΐσας.
67. *carm.*, Zauberformeln, vgl. A. IV, 487.

Ducite ab urbe domum, mea carmina, ducite Daphnim.
Carmina vel caelo possunt deducere Lunam, b.
Carminibus Circe socios mutavit Ulixi, 70
Frigidus in pratis cantando rumpitur anguis.
Ducite ab urbe domum, mea carmina, ducite Daphnim.
Terna tibi haec primum triplici diversa colore c.
Licia circumdo, terque haec altaria circum
Effigiem duco; numero deus inpare gaudet. 75
Necte tribus nodis ternos, Amarylli, colores;
Necte, Amarylli, modo et Veneris, dic, vincula necto.
Ducite ab urbe domum, mea carmina, ducite Daphnim.
Limus ut hic durescit, et haec ut cera liquescit d.
Uno eodemque igni: sic nostro Daphnis amore. 80
Sparge molam et fragilis incende bitumine laurus.
Daphnis me malus urit, ego hanc in Daphnide laurum.
Ducite ab urbe domum, mea carmina, ducite Daphnim.

69—71. Die Zauberinnen, besonders die thessalischen, rühmten sich der Kunst, den Mond durch ihre Zaubereien vom Himmel herunterziehen zu können, vgl. Hor. ep. 5, 45: *Quae sidera excantata voce Thessala Lunamque coelo deripit.* Ovid. Met. XII, 263: *quam deduxisse canendo Saepe reluctanti constabat cornua Lunae.*
70. Ueber die von der *Circe* verwandelten Gefährten des Ulysses s. Hom. Od. X, 203—43.
71. Schlangen (die hier wie E. 3, 93 wegen ihrer natürlichen Kälte *frigidi* genannt werden) wollten die Zauberer durch Bannsprüche (*canendo*) so ängstigen können, dass ihnen der Leib oder Hals platzte; so sagt Medea, indem sie ihre Zaubermacht beschreibt, Ovid. Met. VII, 199—209 auch: *Vipereas rumpo verbis et carmine fauces.*
73—77. Während die Zauberin selbst ein Bildniss des Daphnis mit drei dreifarbigen Fäden umwickelt und um den Altar trägt, muss Amaryllis ebenfalls drei dreifarbige Fäden unter einer Zauberformel in Liebesknoten schlingen, um das Herz des Geliebten zu fesseln.
73. *Terna*, drei auf Ein Mal, vgl. E. 3, 30. G. I, 232. A. V, 85. 560.
77. *Necte modo*, lebhafte Aufforderung zur Eile.
79—82. Die Zauberin hat zwei Bildnisse des Daphnis gefertigt, das eine aus Thon (*Limus*), das andere aus Wachs; beide legt sie jetzt in das Feuer auf dem Altare, um symbolisch den Wunsch auszudrücken, das Herz des Daphnis möge sich gegen andere Mädchen ebenso verhärten, wie es gegen sie in Zärtlichkeit zerfliessen soll. Dann muss Amaryllis Schrot mit untermischtem Salz (*mola*, womit man beim Opfer die Stirne des Thieres und die Altäre bestreute) und dünne, mit Erdpech bestrichene Lorbeerreiser (deren Knistern bei Opfern und Beschwörungen guten Erfolg andeuten sollte) auf die Bildnisse werfen, damit auch des Daphnis Herz von der Liebesgluth der Zauberin angesteckt werde. — *durescit — liquescit.* In Bannsprüchen wurden die Reime geliebt.
82. *in Daphnide*, ganz eigentlich auf den Bildnissen des Daphnis.

e. Talis amor Daphnim, qualis cum fessa iuvencum
85 Per nemora atque altos quaerendo bucula lucos
Propter aquae rivum viridi procumbit in ulva,
Perdita, nec serae meminit decedere nocti,
Talis amor teneat, nec sit mihi cura mederi.
    Ducite ab urbe domum, mea carmina, ducite Daphnim.
90f. Has olim exuvias mihi perfidus ille reliquit,
Pignora cara sui, quae nunc ego limine in ipso,
Terra, tibi mando; debent haec pignora Daphnim.
    Ducite ab urbe domum, mea carmina, ducite Daphnim.
g. Has herbas atque haec Ponto mihi lecta venena
95 Ipse dedit Moeris — nascuntur plurima Ponto —
His ego saepe lupum fieri et se condere silvis
Moerim, saepe animas imis excire sepulchris
Atque satas alio vidi traducere messis.
    Ducite ab urbe domum, mea carmina, ducite Daphnim.
100 h. Fer cineres, Amarylli, foras rivoque fluenti
Transque caput iace, nec respexeris. His ego Daphnim
Adgrediar; nihil ille deos, nil carmina curat.
    Ducite ab urbe domum, mea carmina, ducite Daphnim.

84. *Talis amor — qualis cum fessa* für *talis amor Daphnim teneat, qualis amor est, cum bucula* cet.

87. *Perdita*, s. zu E. 2, 59. — *serae decedere nocti*, der nächtlichen Kälte ausweichen; vgl. G. III, 467. IV, 23.

88. *mederi*, von seiner Liebe, sei es durch lösenden Zauber, oder durch Gegenliebe.

90—92. Die Zauberin vergräbt einige von Daphnis bei ihr zurückgelassene Sachen (*exuviae*, s. zu A. IV, 496) an der von ihm so oft übertretenen Schwelle in der sichern Erwartung, dass die *exuviae* ihr nun mit Hülfe der Erde, als Mitwalterin des Zaubers, den Daphnis zurückführen werden, da sie hierzu als Unterpfänder und gleichsam als Bürgen seiner Liebe verpflichtet sind und bisher nur aus Mangel an Kraft ihrer Verbindlichkeit nicht nachkommen konnten. — *debent*, nämlich *mihi*.

94—98. Da die bisher angewandten Mittel ohne Erfolg geblieben sind, so greift die Zauberin jetzt zu Zauberkräutern (*herbas atque — venena*), die *Moeris*, der selbst auch ein mächtiger Zauberer war, sich aus dem Lande der Medea, aus *Pontus*, verschafft und von deren Zauberkraft sie selbst Proben gesehn hat.

98. Das *fruges excantare*, d. h. die Saaten auf anderen Boden zu hexen, war in den 12 Tafelgesetzen förmlich verboten.

100—102. Amaryllis soll, als letztes Mittel, die Asche vom Altar wegnehmen und rückwärts und ohne sich umzusehen (damit nicht die wunderwirkende Macht durch menschliche Augen entweiht und gestört werde) in den fliessenden Bach werfen.

101. *Transque*. *que* deutet an, dass eine nachträgliche Bestimmung noch hinzugefügt wird.

Aspice, corripuit tremulis altaria flammis
Sponte sua, dum ferre moror, cinis ipse. Bonum sit! 105
Nescio quid certe est, et Hylax in limine latrat.
Credimus? an, qui amant, ipsi sibi somnia fingunt?
   Parcite, ab urbe venit, iam parcite, carmina, Daphnis.

ECLOGA IX.

LYCIDAS. MOERIS.

L.   Quo te, Moeri, pedes? an, quo via ducit, in urbem?
M.   O Lycida, vivi pervenimus, advena nostri,
Quod numquam veriti sumus, ut possessor agelli
Diceret: Haec mea sunt; veteres migrate coloni.
Nunc victi, tristes, quoniam Fors omnia versat, 5
Hos illi — quod nec vertat bene — mittimus haedos.
L.   Certe equidem audieram, qua se subducere colles

104—108. Während die Asche weggenommen werden soll, schlägt plötzlich eine Flamme von selbst aus der reinen Asche hervor, was die Zauberin als günstiges Zeichen dem allgemeinen Glauben gemäss (vgl. G. IV, 385) aufnimmt.
106. *Nescio quid c. est*, es ist etwas, ich weiss aber noch nicht, was?
Ecl. 9. Durch die Veteranen von seinem Gute vertrieben, beklagt Vergil in dieser Ekloge sein trauriges Schicksal (s. Einl. p. 7f.) und sucht den Varus und Octav. durch die versteckte Andeutung, dass er bei wiedergewonnener Ruhe noch viele neue Gedichte verfertigen und auch beide besingen werde, zu bewegen, ihm sein Gut wieder zu verschaffen. Die Form eines bukol. Gedichtes erhält die Ekl. dadurch, dass Verg. sein Schicksal durch den Verwalter seines Gutes, den Moeris, der seinem neuen Herrn Ziegen nach der Stadt (Mantua) treibt, dem

Lycidas, einem jungen Hirten und starken Verehrer der ländlichen Muse Vergil's, erzählen lässt und ihm auf sein Verlangen Bruchstücke mehrerer Lieder seines Herrn (meist freie Uebersetzungen einzelner Stellen des Theokr.) vorträgt.
2. *vivi perv.*, wir haben es erleben müssen, *dass*. Ungewöhnlich ist die Auslassung von *eo*, doch gerechtfertigt durch Urgirung des Begriffes der Präp. *per*, wonach in *pervenire* schon der Begriff des erreichten Zieles liegt, weshalb es Lukrez und Liv. auch öfter in der Bedeutung anlangen ohne Angabe des erreichten Zieles gebrauchen. *Vivus*, u. stärker noch *vivus vidensque* öfter hinzugefügt, um auf selbsterlebte schreckliche Ereignisse hinzudeuten, Cic. pro Quint. 15, 50: *huic acerbissimum vivo videntique funus ducitur*.
6. In *nec vertat bene* steht *nec* alterthümlich als verstärktes *non*.
7—10. *qua se subd. . . . fagos*

Incipiunt mollique iugum demittere clivo,
Usque ad aquam et veteris, iam fracta cacumina, fagos
10 Omnia carminibus vestrum servasse Menalcan.
   M. Audieras, et fama fuit; sed carmina tantum
Nostra valent, Lycida, tela inter Martia, quantum
Chaonias dicunt aquila veniente columbas.
Quod nisi me quacumque novas incidere lites
15 Ante sinistra cava monuisset ab ilice cornix,
Nec tuus hic Moeris nec viveret ipse Menalcas.
   L. Heu, cadit in quemquam tantum scelus? heu, tua nobis
Paene simul tecum solatia rapta, Menalca?
Quis caneret Nymphas? quis humum florentibus herbis
20 Spargeret aut viridi fontis induceret umbra?
Vel quae sublegi tacitus tibi carmina nuper,
Cum te ad delicias ferres, Amaryllida, nostras?
„Tityre, dum redeo — brevis est via — pasce capellas,
„Et potum pastas age, Tityre, et inter agendum
25 „Occursare capro — cornu ferit ille — caveto."
   M. Immo haec, quae Varo, necdum perfecta, canebat:
„Vare, tuum nomen, superet modo Mantua nobis,

ist Bezeichnung der Felder Vergil's (der unter dem Namen *Menalcas* zu verstehen ist), bei *aqua* ist also an den Mincius zu denken. — *se subd.*, sich in die Ebene verlieren.

9. *iam fracta cac.*, s. z. E. 2, 3.

11. *Audieras, et f. f.*; freilich hattest du es wohl gehört, denn es ging die Sage. So verbindet *et* öfter, besonders bei Dichtern, zwei grammatisch coordinirte Sätze, von denen der zweite dem ersten logisch subordinirt ist, vgl. A. III, 365.

13. *Chaoniae*. Bei Dodona in Epirus, dem Sitze der alten Chaonier, galten die Tauben als prophetische Vögel. Darum werden diese hier als die berühmtesten Tauben genannt, ebenso wie E. 1, 55 hybläische Bienen erwähnt wurden.

15. *sinistra cornix*. Krähengeschrei von links kommend bedeutete Glück oder Unglück, hier Unglück, weil die Krähe auf einem hohlen Baume sass. Durch dies *augurium* also gewarnt, vermied er auf alle Weise, sich in einen neuen Streit mit den Veteranen einzulassen.

18. *solatia* mit Bezug auf die 5. E. gesagt, worin Vergil die Trauer der Nymphen um den Tod des Caesar besingt; auch die beiden folgenden Verse sind zu beziehen auf E. 5, 20. 21. u. 40.

19. *Quis caneret*, nämlich wenn *Menalcas* getödtet wäre.

20. *umbra* steht metonymisch für das (Schatten bietende) Laub, vgl. G. I, 157.

21—25. Oder wer sänge uns so artige Hirtenlieder, wie jenes, das ich neulich dir abhorchte? — *Amaryllis*, ein im Theokr. häufig vorkommender Name einer Hirtin, die hier als Repräsentantin aller liebenswürdigen Hirtinnen *deliciae nostrae* heisst.

26—29. s. Einl. p. 7f. Nach der dichterischen Anschauungsweise, welche die belebte und die unbelebte Natur an Allem, was das menschliche Herz in Bewegung setzt,

„Mantua vae miserae nimium vicina Cremonae,
„Cantantes sublime ferent ad sidera cycni."
L.   Sic tua Cyrneas fugiant examina taxos, 30
Sic cytiso pastae distendant ubera vaccae:
Incipe, si quid habes. Et me fecere poetam
Pierides, sunt et mihi carmina, me quoque dicunt
Vatem pastores; sed non ego credulus illis.
Nam neque adhuc Vario videor nec dicere Cinna 35
Digna, sed argutos inter strepere anser olores.
M.   Id quidem ago et tacitus, Lycida, mecum ipse voluto,
Si valeam meminisse; neque est ignobile carmen.
„Huc ades, o Galatea; quis est nam ludus in undis?
„Hic ver purpureum, varios hic flumina circum 40
„Fundit humus flores, hic candida populus antro
„Imminet et lentae texunt umbracula vites;
„Huc ades; insani feriant sine litora fluctus."
L.   Quid, quae te pura solum sub nocte canentem
Audieram? numeros memini, si verba tenerem. 45
M.   „Daphni, quid antiquos signorum suspicis ortus?

regen Antheil nehmen lässt, sollen hier die gesangliebenden (s. zu E. 8, 54) Schwäne, deren es in der Gegend um Mantua viele gab (s. G. II, 198 f.), das Lob des Varus verkünden, wenn er das mantuanische Gebiet frei hält von den gewaltsamen Eingriffen der Veteranen.

30—36. So wahr ich wünschte, dass deines Herrn Wirthschaft, deren Aufseher du bist, mit Bösem verschont, mit Gutem gesegnet sein soll: so sehr wünsche ich auch, noch mehr von den Liedern des Men. zu hören.

30. Die den Bienen nachtheiligen Taxusbäume (s. G. II, 257. IV, 47) heissen cyrneische oder korsische (von *Κύρνος*, dem griech. Namen Corsika's), weil sie den Honig dem korsischen an Bitterkeit gleich machen würden.

31. *cytiso*, s. E. 1, 78.

35. Der bescheidene Dichter wagt es noch nicht, sich schon jetzt, wo er seinen ganzen Dichterruhm erst dem *deductum carmen* (E. 6, 5) verdankt, den gepriesensten Dichtern seiner Zeit, einem Varius und Cinna an die Seite zu stellen, doch zeigt das *adhuc*, dass Verg. die Hoffnung hegt, dies später wagen zu dürfen. — *anser ol.*, vgl. Lucret. III, 6—7: *quid enim contendat hirundo cycnis?* Wenn Verg. statt der Schwalbe die Gans nennt, so geschieht das wol nur, um 2 Vögel zu nennen, die derselben Gattung angehören.

39—43. Eine Stelle aus den Liebesklagen des Polyphem an die Nereide *Galatea* bei Theokr. — *purpureum* bezeichnet bei den Dichtern häufig ohne alle Beziehung auf die Farbe alles Strahlende, Glänzende; so nennt Hor. Od. IV, 1, 10 die Schwäne *purpurei*, so spricht Valer. Fl. III, 178 von *oculis purpureis;* vgl. auch A. I, 591. VI, 641. — *cand. pop.*, die Silberpappel.

44—45. *numeros mem.* Der Melodie erinnere ich mich; wenn ich nur auch den Text noch wüsste!

46. Für *antiquos signorum ortus*

„Ecce Dionaei processit Caesaris astrum,
„Astrum, quo segetes gauderent frugibus et quo
„Duceret apricis in collibus uva colorem.
50 „Insere, Daphni, piros; carpent tua poma nepotes."
Omnia fert aetas, animum quoque; saepe ego longos
Cantando puerum memini me condere soles:
Nunc oblita mihi tot carmina; vox quoque Moerim
Iam fugit ipsa; lupi Moerim videre priores.
55 Sed tamen ista satis referet tibi saepe Menalcas.
L.   Caussando nostros in longum ducis amores.
Et nunc omne tibi stratum silet aequor et omnes,
Aspice, ventosi ceciderunt murmuris aurae.
Hinc adeo media est nobis via; namque sepulchrum
60 Incipit adparere Bianoris: hic, ubi densas
Agricolae stringunt frondes, hic, Moeri, canamus;
Illic haedos depone, tamen veniemus in urbem.
Aut si, nox pluviam ne colligat ante, veremur,
Cantantes licet usque — minus via laedit — eamus;

erwarten wir Deutsche nach unserer Darstellungsweise: *antiquorum signorum ortus;* werden aber im Lat. 2 Substantiva, von denen das eine von dem andern abhängig im genet. steht, zu einem Begriffe verbunden, wie hier *signorum ortus,* so gilt es dem Lateiner gleich, zu welchem der beiden Substantiva ein Adject., das einem derselben angehört, hinzugefügt wird. Die alten Gestirne sind die Gestirne, welche seit der Bildung der Welt leuchten, im Gegensatz zu dem neu entstandenen Cometen, der bald nach Caesars Ermordung erschien und vom Volke für dessen vergötterte Seele gehalten wurde, s. Sueton Caesar 88. Nach diesem Cometen, nicht mehr, wie bisher, nach den andern Sternbildern, sollen die Landleute sich jetzt richten, denn er ist erschienen, um hinfort den Werken des Landmannes Gedeihen zu bringen; darum sollen die Landleute auch jetzt unter dem Einflusse eines so gütigen Gestirnes die Obstbäume pfropfen, denn dann werden noch ihre Enkel sich an den Früchten dieser Bäume laben können.

47. *Dione* war als Mutter der Venus die Ahnherrin des julischen Geschlechts, s. zu E. 5, 23.

51—52. Da das Alter dem Moeris auch das Gedächtniss (*animus*) geraubt hat, so vermag er das Lied nicht weiter fortzusetzen, und doch konnte er in seiner Jugend lange Sommertage hindurch gehörte Lieder singen.

52. *condere,* zu Ende, zu Grabe bringen, vgl. G. I, 458. Hor. od. IV, 5, 29: *Condit quisque diem collibus in suis.*

54. *lupi.* Plin. hist. nat. VIII, 34: *In Italia quoque creditur luporum visus esse noxius: vocemque homini, quem priores contemplentur, adimere ad praesens.* Daher das Sprichwort: *Lupus in fabula,* weil die plötzliche Ankunft dessen, von dem wir reden, uns verstummen macht.

56. *nostros amores,* mein Verlangen nach dem Gesange.

59. *Hinc adeo,* von hier gerade.

60. *Bianor,* einer der Erbauer Mantua's.

Cantantes ut eamus, ego hoc te fasce levabo.
м. Desine plura, puer, et, quod nunc instat, agamus;
Carmina tum melius, cum venerit ipse, canemus.

ECLOGA X.

Extremum hunc, Arethusa, mihi concede laborem:
Pauca meo Gallo, sed quae legat ipsa Lycoris,
Carmina sunt dicenda: neget quis carmina Gallo?
Sic tibi, cum fluctus subterlabere Sicanos,
Doris amara suam non intermisceat undam: 5
Incipe; sollicitos Galli dicamus amores,
Dum tenera attondent simae virgulta capellae.
Non canimus surdis, respondent omnia silvae.
    Quae nemora aut qui vos saltus habuere, puellae
Naides, indigno cum Gallus amore peribat?   10

---

65. *hoc fasce*, die Böckchen, s. v. 62.

Ecl. 10. Während der berühmte Elegiendichter Corn. Gallus von Rom abwesend war, um wahrscheinlich die Küsten Italiens gegen den Sextus Pompejus zu vertheidigen, ward ihm seine vielfach besungene Geliebte Lycoris untreu und begleitete ihren neuen Liebhaber auf seinem unter Agrippa angetretenen Feldzuge gegen die Gallier. In seinem Schmerze hatte Gallus den Vergil um ein Hirtenlied gebeten, das die treulose Lycoris vielleicht wieder dem Gallus zuführe. Dieser Umstand veranlasst den Vergil zu der Fiction, dass Gallus sich zu den Hirten Arkadiens geflüchtet habe. Im Gedicht selbst ahmt Vergil, jedoch in ganz freier Weise, die erste Idylle Theokrit's nach. Ueber die Zeit der Abfassung dieser Ecl. s. Einl. p. 9.

1—5. *Arethusa*, eine Quellnymphe, die vom elischen Flussgott Alpheus geliebt und verfolgt unter dem Meere (hier nach der Mutter der Nereiden *Doris* genannt, wie es E. 4, 32 Thetis heisst) nach Sicilien strömte (cf. G. IV, 344. A. III, 694 —96. Ovid. Met. V, 572—641) und, wie viele Quellnymphen, den Hirten für eine begeisternde Göttin galt, vgl. E. 7, 21. — *Sic.*, vgl. E. 9, 30.

8. *respondent*, vgl. E. 1, 5.

9—15. Nach der Vorstellung, dass Oerter, an denen ein Götterliebling Leiden erduldete, von den Göttern verlassen seien, fingirt hier Vergil, dass die Dichterberge des zweigipfligen Parnass und des Pindus, sowie die aonische (d. i. böotische, s. E. 6, 65) Quelle des Helikon von den Musen gerade verlassen seien, als der für gewöhnlich hier weilende (s. E. 6, 64 s.) Gallus sich wegen der Treulosigkeit der Lycoris abhärmte.

10. *indigno am.*, s. E. 8, 18. — *peribat.* Andere Lesart *periret*.

Vergil I. 3. Aufl.

Nam neque Parnasi vobis iuga, nam neque Pindi
Ulla moram fecere, neque Aonie Aganippe.
Illum etiam lauri, etiam flevere myricae,
Pinifer illum etiam sola sub rupe iacentem
15 Maenalus et gelidi fleverunt saxa Lycaei.
Stant et oves circum; — nostri nec poenitet illas,
Nec te poeniteat pecoris, divine poeta:
Et formosus ovis ad flumina pavit Adonis —
Venit et upilio, tardi venere bubulci,
20 Uvidus hiberna venit de glande Menalcas.
Omnes „Unde amor iste, rogant, tibi?" Venit Apollo:
Galle, quid insanis? inquit; tua cura Lycoris
Perque nives alium perque horrida castra secuta est.
Venit et agresti capitis Silvanus honore
25 Florentis ferulas et grandia lilia quassans.
Pan deus Arcadiae venit, quem vidimus ipsi
Sanguineis ebuli bacis minioque rubentem.
Ecquis erit modus? inquit; Amor non talia curat;
Nec lacrimis crudelis Amor nec gramina rivis
30 Nec cytiso saturantur apes nec fronde capellae.
Tristis at ille: Tamen cantabitis, Arcades, inquit,
Montibus haec vestris, soli cantare periti
Arcades. O mihi tum quam molliter ossa quiescant,

13. *etiam.* Gallus war so unglücklich, dass ihn auch Lorbeern und Tamarisken, ja die Berge Arkadiens beweinten.
16—20. Nach den Bäumen und Bergen bezeigen auch die zutraulichen Schaafe, die Hirten und endlich selbst die Götter dem G. ihre Theilnahme.
16. *nostri nec poen. ill.*, wie wir den Schaafen nicht missfallen (d. h. wie die Schaafe unsere Nähe nicht meiden), so meide auch du die Schaafe nicht; vgl. Cic. Phil. I, 13, 33: *num huiusce te gloriae poenitebat?*
18. Ueber *Adonis*, den schönen Liebling der Venus, s. Ovid. Met. X, 503—739.
20. Der Sauhirt *Menalcas* kam mit feuchtem Gewande von seiner Heerde aus dem Eichenwald (vgl.

G. II, 520), wo Frühlingsregen und Thau im dichten Schatten sich länger hielt. — *hiberna,* weil die Eicheln ungesammelt den Winter hindurch gelegen hatten.
21—30. *Apollo* stellt dem Gallus vor, dass Lycor. seiner Liebe unwürdig sei. Auch der altitalische Feldgott *Silvanus* erscheint, um seinen Landsmann zu trösten, und trägt einen Kranz von Ferulstauden und Lilien auf dem Haupte. Sogar *Pan*, der sich nur selten den Sterblichen zeigte, erschien und zwar roth geschminkt, wie die Bildnisse der ländlichen Gottheiten überhaupt roth gefärbt zu werden pflegten.
31—34. Zwar muss Gallus die Richtigkeit der Bemerkung des Pan zugeben, dennoch aber wünscht er von den arkadischen Hirten besun-

Vestra meos olim si fistula dicat amores!
Atque utinam ex vobis unus vestrique fuissem 35
Aut custos gregis aut maturae vinitor uvae!
Certe sive mihi Phyllis sive esset Amyntas
Seu quicumque furor, — quid tum, si fuscus Amyntas?
Et nigrae violae sunt et vaccinia nigra —
Mecum inter salices lenta sub vite iaceret; 40
Serta mihi Phyllis legeret, cantaret Amyntas.
Hic gelidi fontes, hic mollia prata, Lycori,
Hic nemus; hic ipso tecum consumerer aevo.
Nunc insanus amor duri me Martis in armis
Tela inter media atque adversos detinet hostis: 45
Tu procul a patria — nec sit mihi credere tantum!
Alpinas ah, dura, nives et frigora Rheni
Me sine sola vides. Ah, te ne frigora laedant!
Ah, tibi ne teneras glacies secet aspera plantas!
Ibo et Chalcidico quae sunt mihi condita versu 50
Carmina pastoris Siculi modulabor avena.
Certum est in silvis, inter spelaea ferarum
Malle pati tenerisque meos incidere amores
Arboribus; crescent illae, crescetis, amores.
Interea mixtis lustrabo Maenala Nymphis 55
Aut acris venabor apros. Non me ulla vetabunt

gen zu werden, indem er Trost in dem Gedanken findet, dasse seine Liebe einst (nach seinem Tode) ebenso wie die des Daphnis ein stehendes Thema der Hirten sein werde. So steht *tamen* öfter elliptisch, s. zu A. IV, 329.

38. *furor*, s. zu E. 1, 58. — *fuscus*, von der Sonne gebräunt.

40. *inter salices*, wenn er ein Hirt; *lenta sub vite*, wenn er ein Winzer wäre.

44. *Nunc* leitet oft einen Satz ein, der die rauhe Wirklichkeit ersehnten oder geträumten Verhältnissen entgegensetzt, vgl. A. X, 630.

46. *nec sit mihi cr. t.* O dass ich so Schreckliches nicht glauben dürfte! So verbinden die Dichter in Nachahmung des griech. Sprachgebrauchs öfter *sit* mit einem Infin.

zur Bezeichnung eines Wunsches, vgl. Sil. Ital. VI, 484: *mihi sit Stygios ante intravisse penates Talia quam videam.* Prop. I, 20, 13: *nec mihi sit duros montes et frigida saxa Adire.*

50. Gallus bildete die Gedichte des griechischen Dichters Euphorion aus Chalcis, der gegen 220 v. Chr. lebte und vorzüglich mythisch-historische Stoffe bearbeitet zu haben scheint, nach.

52—59. Entschluss des Gallus, seine Liebe zur Lycoris zu unterdrücken, und zwar entweder durch die Tändeleien des Hirtenlebens oder durch die Strapazen des Jägerlebens.

53. *Malle pati*, vgl. Ovid. Met. X, 25: *posse pati volui, nec me tentasse negabo. Vicit Amor.*

55. *mixtis Nymphis.* Vgl. A. II, 609. III, 99. V, 470.

Frigora Parthenios canibus circumdare saltus.
Iam mihi per rupes videor lucosque sonantis
Ire; libet Partho torquere Cydonia cornu
60 Spicula. — Tamquam haec sit nostri medicina furoris,
Aut deus ille malis hominum mitescere discat!
Iam neque Hamadryades rursus nec carmina nobis
Ipsa placent; ipsae rursus concedite silvae.
Non illum nostri possunt mutare labores,
65 Nec si frigoribus mediis Hebrumque bibamus,
Sithoniasque nives hiemis subeamus aquosae,
Nec si, cum moriens alta liber aret in ulmo,
Aethiopum versemus ovis sub sidere Cancri.
Omnia vincit Amor; et nos cedamus Amori.
70   Haec sat erit, divae, vestrum cecinisse poetam,
Dum sedet et gracili fiscellam texit hibisco,
Pierides; vos haec facietis maxima Gallo,
Gallo, cuius amor tantum mihi crescit in horas,
Quantum vere novo viridis se subicit alnus.
75 Surgamus: solet esse gravis cantantibus umbra,
Iuniperi gravis umbra, nocent et frugibus umbrae.
Ite domum saturae, venit Hesperus, ite capellae.

57—60. *Parthenius*, ein Berg Arkadiens an der Grenze von Argolis. Der Trefflichkeit wegen heisst der Bogen (*cornu*, denn Dichter nennen häufig den Stoff statt der daraus bereiteten Dinge, vgl. A. VII, 497. G. III, 509) ein *parthischer*, und die Pfeile (*spiculum* ist die Spitze des Bogens, wie auch des Pfeiles, daher öfter zur Bezeichnung der Pfeile, vgl. A. V, 307) *cydonische* von Cydonia, einer Stadt auf Creta, s. A. XII, 858.
61. *deus ille*, Amor.
62. *Hamadryades*, s. z. E. 5, 59.
63. *concedite*, ein verstärktes *cedite*, vgl. A. II, 91.
64. *illum*, den Amor. — *labores*, die äussersten Mühseligkeiten, wie die Erduldung des nördlichsten Winterfrostes (*frigoribus*, vgl. E. 2, 22. 5, 70) und der Sonnenhitze des äussersten Südens.

65—68. Thracien (bez. durch den Fluss *Hebrus* und die Landschaft *Sithonia*) dachte man sich zu Vergil's Zeiten viel zu nördlich, während die nomadischen *Aethiopen* am äussersten Bogen des südlichen Oceans wohnen sollten. — Der Winter heisst *aquosa*, weil er sich in Italien so zeigte.
69. *et nos ced. Am.* ist Ausdruck der Resignation.
72. *maxima*, lieb und angenehm.
74. *se subicit*, sich aufschwingt, fast sichtbar wächst, vgl. G. II, 19. IV, 385.
75. *gravis umbra.* Die Alten hielten den Schatten mancher Bäume für schädlich, vgl. Lucret. VI, 783 —85: *Arboribus primum certis gravis umbra tributa, Usque adeo, capitis faciant ut saepe dolores, Si quis eas subter iacuit prostratus in herbis.*

P. VERGILI MARONIS

GEORGICON

LIBER PRIMUS.

Quid faciat laetas segetes, quo sidere terram
Vertere, Maecenas, ulmisque adiungere vitis
Conveniat, quae cura boum, qui cultus habendo
Sit pecori, apibus quanta experientia parcis,
Hinc canere incipiam. Vos, o clarissima mundi   5

Der Ackerbau.

Einleitung, v. 1—42.

Lib. I. 1—5. Angabe des vierfachen Gegenstandes, den der Dichter in diesem Lehrgedicht behandelt. — Die Anrede an eine bestimmte Person, wie hier an Mäcenas, ist dem didaktischen Gedichte eigenthümlich, ohne Zweifel weil die mitgetheilte Lehre durch die Beziehung auf eine bestimmte Person an Milde des Tones und an Gemütblichkeit gewinnt. Was veranlasste den Vergil, sich hier gerade an den Mäcenas zu wenden?

1. *quo sidere*, wann; die Jahreszeiten wurden nach dem Auf- und Untergange der Gestirne gemessen.

2. *ulm. adi. vit.*, s. z. E. 2, 70.

3. *qui cult. hab. Sit pec.*, welche Sorgfalt die Pflege des Viehs erfordere. Ueber *esse* c. dat. gerund. vgl. G. II, 178.

4. Wegen des Hiatus in d. V. s. Einl. p. 11. — Zu *apibus q. exp. parcis* ist aus dem Vorhergeh. zu ergänzen: *sit habendis*. *parcus*, sparsam, haushälterisch, Plin. hist. nat. XI, 21: *apes praeparcae et quae alioqui prodigas atque edaces non secus ac pigras atque ignavas proturbent*.

5. *Hinc*, von hier (τῶν ἀμόθεν, Hom. Od. I, 10) von dem eben angegebenen Inhalt des Werkes. — *mundi Lumina*, die strahlenden Weltlichter sind *Sol* und *Luna*. Lucret. V, 1436: *Sol et Luna suo ... lumine ... Perdocuere homines, annorum tempora vorti*.

5—23. Anrufung der ländlichen Gottheiten.

Lumina, labentem caelo quae ducitis annum,
Liber et alma Ceres, vestro si munere tellus
Chaoniam pingui glandem mutavit arista,
Poculaque inventis Acheloia miscuit uvis;
10 Et vos, agrestum praesentia numina, Fauni,
Ferte simul Faunique pedem Dryadesque puellae:
Munera vestra cano. Tuque o, cui prima frementem
Fudit equum magno tellus percussa tridenti,
Neptune; et cultor nemorum, cui pinguia Ceae
15 Ter centum nivei tondent dumeta iuvenci;
Ipse nemus linquens patrium saltusque Lycaei,
Pan, ovium custos, tua si tibi Maenala curae,
Adsis, o Tegeaee, favens, oleaeque Minerva
Inventrix, uncique puer monstrator aratri,
20 Et teneram ab radice ferens, Silvane, cupressum,
Dique deaeque omnes, studium quibus arva tueri,
Quique novas alitis non ullo semine fruges,
Quique satis largum caelo demittitis imbrem;

8. *Chaoniam.* Vor dem Anbau des Getreides lebten die Menschen von Baumfrüchten, besonders von Eicheln (daher βαλανηφάγοι genannt), Ovid. Met. I, 106. Die von Chaoniern bewohnte Gegend um Dodona in Epirus war durch ihre heiligen Eichenhaine berühmt.

9. *Poc. Achel.* Der Achelous, Grenzfluss zwischen Aetolien und Akarnanien, wird genannt, weil Aetolien sich der ersten Mittheilung des Weinstocks rühmte, indem der König Oeneus, wie Apollod. I, 8, 1 sagt: παρὰ Διονύσου φυτὸν ἀμπέλου πρῶτος ἔλαβε. Uebrigens war es allgemeine Sitte der Alten, den Wein mit Wasser gemischt zu trinken, da, wie Plutarch sagt: ἀφαιρεῖ ἡ κρᾶσις τοῦ οἴνου τὸ βλάπτον οὐ συναιροῦσα τὸ χρήσιμον.

11. *Faunique Dryadesque p.* Warum auch diese Waldgottheiten angerufen werden, zu erscheinen (*Ferte pedem*), ergiebt sich aus der Anm. zu E. 1, 2.

12. Die Erde brachte zuerst nach dem Willen des Neptun das Pferd hervor, hernach pflanzte dieses sich selbst fort. Neptunus liess in Thessalien durch einen Schlag mit dem Dreizack das erste Pferd aus einem Felsen hervorspringen und biess als Schöpfer des Pferdes ἵππιος.

14. *cultor nemorum.* Aristaeus, Sohn des Apollo und der Nymphe Cyrene, ward besonders zu *Cea*, einer Insel des ägäischen Meeres, als Apollo νόμιος verehrt, s. G. IV, 315—558.

16. *Lycaeus* und *Maenalus*, s. zu E. 10, 15.

18. *Tegeaeus* von Tegea, einer Stadt Arkadiens.

19. *puer monstrator ar.* ist Triptolemus, Sohn des eleusinischen Königs Celeus, den die Ceres den Gebrauch des Pfluges lehrte, s. Ovid. Met. V, 642—61.

20. Ueber *Silvanus* s. zu E. 10, 24. — *ab radice*, von der Wurzel an, d. i. sammt der Wurzel, vgl. G. I, 319. Sall. Cat. 10, 1: *Carthago ab stirpe interiit.*

Tuque adeo, quem mox quae sint habitura deorum
Concilia, incertum est, urbisne invisere, Caesar, 25
Terrarumque velis curam et te maximus orbis
Auctorem frugum tempestatumque potentem
Accipiat, cingens materna tempora myrto,
An deus immensi venias maris ac tua nautae
Numina sola colant, tibi serviat ultima Thule 30
Teque sibi generum Tethys emat omnibus undis,
Anne novum tardis sidus te mensibus addas,
Qua locus Erigonen inter Chelasque sequentis
Panditur — ipse tibi iam bracchia contrahit ardens
Scorpios et caeli iusta plus parte relinquit — 35
Quidquid eris, — nam te nec sperant Tartara regem

24—42. Anrufung des Octavian, den Rom nach seinem Tode als Gott verehren werde. — Zur Beantwortung der Frage, durch welche Züge Vergil hier seine enthusiastische Verehrung des Octav. ausgesprochen habe, ist besonders auf *velis* in v. 26, *cingens mat. t. m.* in v. 28, auf v. 31, 34—35 und 36—37 zu achten. — *mox*, weil das Menschenleben kurz ist.

25. *invisere.* Wie E. 5, 46 die Construction vom Subst. zum substantivirten Infin. überging, so findet hier das umgekehrte Verhältniss statt, indem *invisere* und *curam* gleichmässig von *velis* abhängig sind. Man hüte sich *urbis* für den Gen. zu halten und die Stelle so zu fassen: ob du die Aufsicht über die Stadt Rom wählen willst. Als früherer Römer musste der vergötterte Octav. ohne alles Bedenken sich für diese Aufsicht entscheiden, und Verg. hätte selbst kein Nationalgefühl gehabt oder es dem Octav. gänzlich absprechen wollen, wenn er die Entscheidung des Octav. als zweifelhaft hingestellt hätte.

27. *tempestatumque pot.*, Gebieter der Witterung, vgl. A. I, 80. III, 528.

28. Der Erdkreis bekränzt den Octav. mit der, der Venus heiligen (s. E. 7, 62) Myrte, d. h. die Menschen bekränzen die Bildsäule des zum Gott erhobenen Octav.

30. Das fabelhafte *Thule* bezeichnet des Meeres äusserste Grenze.

31. *Tethys* ($T\eta\vartheta\acute{u}s$), des Oceanus Gemahlin, sucht nach der Sitte des heroischen Zeitalters durch reichliche Mitgift den Octavianus zum Schwiegersohn zu gewinnen. Die in den Olymp erhobenen Heroen pflegten hier Verbindungen mit Göttinnen einzugehen.

32. Sollte Octav. eine Stelle im Zodiacus wünschen, wie sie Jul. Caesar eingenommen hatte (E. 9, 47), so weis't ihm der Dichter einen Platz zwischen dem Skorpion und der Jungfrau (bald *Erigone*, bald *Astraea* genannt, E. 4, 6. G. II, 474) an, wohin man später die Wage setzte. Schon zieht der Skorpion die Scheeren, *Chelas*, ehrfurchtsvoll zurück. — *tardi menses* sind die erschlaffenden Monate (des Sommers), vgl. Manil. II, 202: *quum sol adversa per astra Aestivum tardis attollat mensibus annum.*

35. *iusta plus parte*, d. h. mehr als den zwölften Theil des Thierkreises.

36. *sperant.* Andere LA. *sperant.*

Nec tibi regnandi veniat tam dira cupido,
Quamvis Elysios miretur Graecia campos
Nec repetita sequi curet Proserpina matrem —
40 Da facilem cursum atque audacibus adnue coeptis
Ignarosque viae mecum miseratus agrestis
Ingredere et votis iam nunc adsuesce vocari.
  Vere novo, gelidus canis cum montibus humor
Liquitur et Zephyro putris se glaeba resolvit,
45 Depresso incipiat iam tum mihi taurus aratro
Ingemere et sulco attritus splendescere vomer.
Illa seges demum votis respondet avari
Agricolae, bis quae solem, bis frigora sensit;
Illius inmensae ruperunt horrea messes.
50 At prius ignotum ferro quam scindimus aequor,
Ventos et varium caeli praediscere morem
Cura sit ac patrios cultusque habitusque locorum
Et quid quaeque ferat regio et quid quaeque recuset.

39. Den betreffenden Mythus über den Raub der Proserpina erzählt Ovid. Met. V, 385—571, von dem Vergil hier darin abweicht, dass er das als freiwilligen Entschluss der Göttin hinstellt, wozu sie nach Ovid. durch den Spruch des Jupiter gezwungen war.
41. *Ignaros viae*, s. Einl. p. 17.
42. *Ingredere*, wandle voraus, sei aus Mitleid mit dem Landmann mein begleitender Schutzgott.

I. Geschäfte vor dem Säen, v. 43—99.
1. Zeit des Pflügens, v. 43—70.
43. *canis*. Beim Schmelzen des Schnees (*gelidus humor*) nehmen die Gebirge eine aschgraue, schmutzig-graue Farbe an.
43. *bis quae solem*. In der Regel pflügten die Römer dreimal des Jahres; doch schwereres Land ward, wenn es den Sommer brach liegen sollte, auch viermal aufgebrochen: im Herbste des vorigen Jahres, in dem darauf folgenden Frühling, im Sommer und zuletzt wieder im Herbste, so dass der Acker zweimal dem Frost und zweimal der Sommerhitze geöffnet war.

49. *Illius* bezieht sich auf *seges*. — *ruperunt*, füllen bis zum Brechen. Der bei den Dichtern häufige Gebrauch des Perf. in Erfahrungssätzen (vgl. G. I, 136, 330. 375. cet.) ist durch das Streben der Dichter zu individualisiren veranlasst.
50. *At*. Der Dichter macht sich selbst den Einwurf, dass sich in Betreff des Pflügens nicht so allgemeine Vorschriften, wie er sie in den letzten Versen ausgesprochen hatte, geben lassen.
52. *cultus*, die Bearbeitung, *habitus*, die natürliche Beschaffenheit. Da von einem angekauften Acker (*ignotum aequor*) die Rede ist, so darf man *patrios cultus locorum* nicht in dem Sinne von *cultus patriorum locorum* nehmen (s. z. E. 9, 46), sondern der Alles belebende Dichter schreibt auch dem Acker seinen Stammbaum zu: *patrii cultus* sind also die Bearbeitungen, welche bereits die Vorfahren des jetzigen Ackers erfahren haben.

Hic segetes, illic veniunt felicius uvae,
Arborei fetus alibi, atque iniussa virescunt   55
Gramina. Nonne vides, croceos ut Tmolus odores,
India mittit ebur, molles sua tura Sabaei,
At Chalybes nudi ferrum, virosaque Pontus
Castorea, Eliadum palmas Epiros equarum?
Continuo has leges aeternaque foedera certis   60
Inposuit natura locis, quo tempore primum
Deucalion vacuum lapides iactavit in orbem,
Unde homines nati, durum genus. Ergo age, terrae
Pingue solum primis extemplo a mensibus anni
Fortes invertant tauri glaebasque iacentis   65
Pulverulenta coquat maturis solibus aestas;
At si non fuerit tellus fecunda, sub ipsum
Arcturum tenui sat erit suspendere sulco:
Illic, officiant laetis ne frugibus herbae,
Hic, sterilem exiguus ne deserat humor arenam.   70
    Alternis idem tonsas cessare novales
Et segnem patiere situ durescere campum;

---

56. *Tmolus*, ein Berg in Lydien, berühmt durch seinen wohlriechenden Safran.

57. Von den Sabäern in Arabien, die, wie alle Morgenländer, weichlich sind, kam das Harz des Weihrauchbaumes.

58. Die Chalyber an der Südostküste des schwarzen Meeres lieferten das beste Eisen und werden als Schmiede *nudi* genannt. — Der *Pontus* sandte sein starkriechendes Bibergeil, ein krampfstillendes Heilmittel, das der Biber in einer besonderen Blase neben den Zeugungstheilen trägt.

59. *Epiros* liefert zu den olympischen Spielen siegreiche Rennpferde, vgl. G. III, 121. — *equarum*, die Stuten wurden von den Alten den Hengsten in Betreff der Schnelligkeit und Ausdauer sowol im Kriege als im Wettrennen vorgezogen.

60. *Continuo* ist eng mit den Worten *quo temp. pr.* zu verbinden.

66. *maturis sol.*, mit vollen Sonnengluten, vgl. A. X, 257.

68. Der *Arcturus* ging in der ersten Hälfte des Septembers auf. — *suspendere* ist Gegensatz von *deprimere* (v. 45).

2. Stärkung des Bodens, v. 71—93.

71—83. Bei grösserem Landbesitz pflegten die Landwirthe einen Theil ihres Ackers abwechselnd ein Jahr brach liegen zu lassen, damit er durch die Ruhe (*situ*) neue Kraft gewinne (*durescere*); bei kleineren Gütern wechselte man mit Hülsenfrucht und Getreide. Hülsenfrucht war jedenfalls besser, als Lein, Hafer und Mohn; denn diese zehren das Land mehr aus; jedoch kann man auch diese nehmen, da bei jeder Abwechselung der Saat dem Acker die Arbeit erleichtert wird, nur muss man alsdann die Kräfte durch Dünger ersetzen.

71. *tonsas nov.*, das Brachfeld nach gewonnener Erndte.

Aut ibi flava seres mutato sidere farra,
Unde prius laetum siliqua quassante legumen
75 Aut tenuis fetus viciae tristisque lupini
Sustuleris fragilis calamos silvamque sonantem.
Urit enim lini campum seges, urit avenae,
Urunt Lethaeo perfusa papavera somno:
Sed tamen alternis facilis labor, arida tantum
80 Ne saturare fimo pingui pudeat sola neve
Effetos cinerem inmundum iactare per agros.
Sic quoque mutatis requiescunt fetibus arva;
Nec nulla interea est inaratae gratia terrae.
Saepe etiam sterilis incendere profuit agros
85 Atque levem stipulam crepitantibus urere flammis:
Sive inde occultas viris et pabula terrae
Pinguia concipiunt, sive illis omne per ignem
Excoquitur vitium atque exsudat inutilis humor,
Seu pluris calor ille vias et caeca relaxat
90 Spiramenta, novas veniat qua sucus in herbas,
Seu durat magis et venas adstringit hiantis,
Ne tenues pluviae rapidive potentia solis
Acrior aut Boreae penetrabile frigus adurat.

73. *mut. sid.*, zu einer andern Jahreszeit, denn die (in den beiden nächsten Versen erwähnten) Hülsenfrüchte erfordern eine andere Saatzeit.
74. *siliqua quass.*, in rasselnder Schale.
75. *tristisque lupini*, die herbe Lupine.
76. *silva*, auch v. 152 von dichtstehenden Pflanzen.
78. Lethaeo, s. G. IV, 545.
81. *cinerem*. Plin. hist. nat. XVII, 5: *Transpadanis cineris usus adeo placet, ut anteponant fimo iumentorum.*
83. *Nec nulla.* „Ohne dass du den Zins der müssigen Brache verlierst"; denn *nec* gehört nicht eng zu *nulla*, sondern verneint den ganzen Satz.
84—93. Zur Verbesserung und Abhärtung des Ackers gegen übermässige Feuchtigkeit und Dürre verbrannte man auch wol die Stoppel (*stipula*) welche der Römer oft bis zur Mitte des Halms, oft bis dicht an die Aehre stehen liess, v. 289. Dadurch gewann der magere Boden Nahrungssaft, der sumpfige verlor die überflüssige Nässe, der zähe öffnete sich mehr und der lockere zog sich zusammen.
90. *Spiramenta*, Luftzüge.
92. *tenues pl.*, rieselnder Regen, der zwar nicht so rasch und sichtlich, als Sonnengluth und starker Winterfrost schadet, aber doch in die feinsten Gänge dringt, und also auch nachtheilig wirkt (denn aus *adurat* ist zu *pluviae* dieser allgemeine Begriff zu entnehmen).
93. *penetrabile* hat hier und A. X, 481, wie viele Adj. auf *bilis*, active Bedeutung und ist s. v. a. *penetrans*.

Multum adeo, rastris glaebas qui frangit inertis
Vimineasque trahit cratis, iuvat arva, neque illum 95
Flava Ceres alto nequiquam spectat Olympo;
Et qui, proscisso quae suscitat aequore terga,
Rursus in obliquum verso perrumpit aratro,
Exercetque frequens tellurem atque imperat arvis.
Humida solstitia atque hiemes orate serenas, 100
Agricolae; hiberno laetissima pulvere farra,
Laetus ager: nullo tantum se Mysia cultu
Iactat et ipsa suas mirantur Gargara messis.
Quid dicam, iacto qui semine comminus arva
Insequitur cumulosque ruit male pinguis arenae, 105
Deinde satis fluvium inducit rivosque sequentis

3. Sorgfältige Auflockerung des Bodens.
94—99. Die grossen Erdschollen wurden mit einer mehrzahnigen Hacke (*rastrum*, Plur. *rastri*) zerklopft und dann mit einer zahnigen Flechte (*crates*), einer Art Egge, geebnet. Man pflügte zuerst gradaus, dann querüber, um die aufgerissene Erde zwischen den Furchen (*quae suscitat terga*) zu zermalmen und die Zahl der grossen Erdschollen zu vermindern.

II. Bedingungen für das Gedeihen der Saat, v. 100—59.
1. Dienliche Witterung, v. 100—3.
Die Aufforderung, um diese günstige Witterung zu beten, ist veranlasst durch die nunmehr beendete Saat, s. v. 104.
100—103. Mehr als die sorgfältigste Pflege trägt günstige Witterung, d. h. ein nicht zu nasser Winter und ein nicht zu trockner Sommer (*solstitia*), zum Gedeihen der Saaten bei; auch die ihrer Fruchtbarkeit wegen sprichwörtlich gewordene Gegend um *Gargara* (die oberste Spitze des quellreichen Ida) in Mysien (einer Landschaft Kleinasiens am Hellespont) gewinnt ihren Kornreichthum fast ohne Pflege (*nullo cultu*, vgl. E. 4, 18) durch die den Saaten so zusagende Witterung.

103. *tantum*, so sehr, als es dies thut.

2. Zermalmung der Erdschollen, v. 104—5.
104—5. Nachdem gesagt ist, dass die Felder bei günstiger Witterung herrlich gedeihen, ja dass fruchtbare Gegenden alsdann *nullo cultu* üppige Saatfelder erzeugen, fährt der Dichter steigernd fort: Was soll ich aber erst von dem Landmann sagen, d. h. welche Ernte hat dann (bei dienlicher Witterung) der Landmann zu erwarten, der mit eigner Hand (*comminus*) d. h. mit dem Karst in der Hand auf dem Felde umhergeht und die grösseren, allzutrocknen Erdschollen zerschlägt, der also keine Mühe und Arbeit scheut, um das Gedeihen der Saat zu fördern. male ping., vgl. A. II, 23. 735. IV, 8.

3. Wässerung des dürren Bodens, v. 106—10.
107—10. Auch wird der Landmann für Bewässerung seiner Felder sorgen, indem er von der Anhöhe (*supercilio* das griech. ὀφρύς) eines Hügels den Bergquell gleich einem Pfade von der Anhöhe herableitet und den Damm öffnet, wenn die Felder vor Hitze verschmachten wollen.

106. *satis* ist nicht das Adv.

Et, cum exustus ager morientibus aestuat herbis,
Ecce supercilio clivosi tramitis undam
Elicit? illa cadens raucum per levia murmur
110 Saxa ciet, scatebrisque arentia temperat arva.
Quid qui, ne gravidis procumbat culmus aristis,
Luxuriem segetum tenera depascit in herba,
Cum primum sulcos aequant sata? quique paludis
Collectum humorem bibula deducit arena?
115 Praesertim incertis si mensibus amnis abundans
Exit et obducto late tenet omnia limo,
Unde cavae tepido sudant humore lacunae.
      Nec tamen, haec cum sint hominumque boumque labores
Versando terram experti, nihil inprobus anser
120 Strymoniaeque grues et amaris intiba fibris
Officiunt aut umbra nocet. Pater ipse colendi
Haud facilem esse viam voluit, primusque per artem
Movit agros curis acuens mortalia corda
Nec torpere gravi passus sua regna veterno.
125 Ante Iovem nulli subigebant arva coloni;
Ne signare quidem aut partiri limite campum

4. Abweiden der Saat, v. 111—13.

111—113. Man liess die junge Saat abweiden, wenn sie so hoch gewachsen war, dass sie die Erde (*sulcos*) vollständig verbarg.

5. Ableitung der zu grossen Feuchtigkeit, v. 114—17.

114—17. Auch zog man Furchen, um die auf dem Felde entstandene Lache auf sandige Stellen zu leiten.

115. *inc. mens.*, die veränderlichen Frühlings- u. Herbstmonate.

117. *sudant*, dünsten, A. II, 582.

6. Schutzmittel gegen die Plagen der Saat, v. 118—21. u. 155—59.

118. Die wilden Gänse schadeten den Saaten sowol durch ihre Gefrässigkeit (deshalb *inprobus*), indem sie die Gewächse mit der Wurzel ausrissen, als auch durch ihren brennenden Mist.

120. Die Kraniche verliessen im Herbste den thracischen Fluss Strymon und verwüsteten auf ihrem Zuge nach wärmeren Gegenden die Saatfelder. — *am. int. f.*, die Cichorie mit bitteren Wurzelfasern.

121. *umbra*. Die Fichten, Ulmen, Eschen etc., mit denen die Aecker gewöhnlich eingeschlossen waren, mussten häufig beschnitten werden, damit sie nicht durch ihren Schatten das Gedeihen der Saaten hinderten; s. v. 155 f.

Episode I.: Vielfache Noth und dadurch geweckter Erfindungssinn der Menschen seit dem Regierungsantritt Jupiters, v. 121—54.

122. *per art. Mov. agros*, er setzte die Aecker durch (menschliche) Kunst in Bewegung, d. h. er zwang sie, die Mühe der künstlichen Bestellung zu belohnen.

125—28. Vor der Herrschaft Jupiters war das goldene Zeitalter unter Saturn, s. A. VIII, 324, die Beschreibung desselben E. 4.

126. Besitzungen durch Grenz-

Fas erat: in medium quaerebant ipsaque tellus
Omnia liberius nullo poscente ferebat.
Ille malum virus serpentibus addidit atris
Praedarique lupos iussit pontumque moveri 130
Mellaque decussit foliis ignemque removit
Et passim rivis currentia vina repressit,
Ut varias usus meditando extunderet artis
Paulatim et sulcis frumenti quaereret herbam,
Ut silicis venis abstrusum excuderet ignem. 135
Tunc alnos primum fluvii sensere cavatas;
Navita tum stellis numeros et nomina fecit,
Pleiadas, Hyadas, claramque Lycaonis Arcton;
Tum laqueis captare feras et fallere visco
Inventum et magnos canibus circumdare saltus; 140
Atque alius latum funda iam verberat amnem
Alta petens, pelagoque alius trahit humida lina;
Tum ferri rigor atque argutae lamina serrae, —
Nam primi cuneis scindebant fissile lignum —
Tum variae venere artes. Labor omnia vicit 145

steine und andere Mahle zu bezeichnen, *signare*, oder durch Grenzwege, *limites*, zu scheiden, galt für Unrecht, weil Alles Gemeingut war.

127. *in med. q.*, vgl. G. IV, 157. A. XI, 335. — *ipsaque t.*, s. zu E. 4, 21.

128. *liberius*, williger (als es seit dem Regierungsantritte Jupiter's geschah).

131. *Mellaque*, s. zu E. 4, 30. — *ignemque rem.*, das Feuer ward aus dem täglichen Gebrauch entrückt und im Kiesel verborgen.

134. Warum machte Jupiter dem goldenen Zeitalter ein Ende und erschwerte den Menschen das Leben?

135. Dieser Vers ist wohl mit Ribbeck für das Machwerk eines Interpolators, der ihn aus A. I, 174. VI, 7. zusammensetzte, anzusehen.

137. Um die Gestirne zu unterscheiden, merkte man die Zahl der Sterne, aus denen sie bestanden, und gab ihnen Namen. — *nom. f. Pl.*, s. z. A. III, 18.

138. *Arcton*, als Gestirn der grosse Bär. Callisto, die Tochter des arkadischen Königs Lycaon, wurde nach Ovid. Met. II, 409—532 von der Juno in eine Bärin verwandelt, dann aber von Jupiter unter die Sterne versetzt.

141. *funda*. Das trichterförmige Wurfnetz, das unten an dem breiten Rande umher mit Bleikugeln beschwert war (*funda*, βόλος) wurde klatschend ins Wasser gelassen (daher *verberat*).

142. *lina*, das grössere Zuggarn, die Wate, σαγήνη. Der *latus amnis*, dem man sich jetzt zuerst anvertraute, kam dem Schiffer wie das Meer vor, daher hier der Ausdruck *Alta petens*.

144. *primi*, sie als die ersten, welche sich solcher Arbeit zuwandten.

145. *Tum var. ven. art.* Der Erfindung dieser Werkzeuge folgten mannigfaltige Künste. — *labor Improbus*, ungewöhnlich angestrengter, rastloser Fleiss.

Inprobus et duris urguens in rebus egestas.
Prima Ceres ferro mortalis vertere terram
Instituit, cum iam glandes atque arbuta sacrae
Deficerent silvae et victum Dodona negaret.
150 Mox et frumentis labor additus, ut mala culmos
Esset robigo segnisque horreret in arvis
Carduus; intereunt segetes, subit aspera silva,
Lappaeque triboliquc, interque nitentia culta
Infelix lolium et steriles dominantur avenae.
155 Quod nisi et adsiduis herbam insectabere rastris,
Et sonitu terrebis aves et ruris opaci
Falce premes umbram votisque vocaveris imbrem,
Heu magnum alterius frustra spectabis acervum,
Concussaque famem in silvis solabere quercu.
160   Dicendum et, quae sint duris agrestibus arma,
Quis sine nec potuere seri nec surgere messes:
Vomis et inflexi primum grave robur aratri
Tardaque Eleusinae matris volventia plaustra
Tribulaque traheaeque et iniquo pondere rastri;
165 Virgea praeterea Celei vilisque supellex,
Arbuteae crates et mystica vannus Iacchi.
Omnia quae multo ante memor provisa repones,
Si te digna manet divini gloria ruris.

148. *sacrae silvae*, dem Eichenhaine zu Dodona, s. oben zu v. 8.
151. *Esset*, anfrass.
154. *ster. av.*, s. E. 5, 37.
155. *Quod nisi*, vgl. E. 9, 14.
157. *umbram*, s. z. E. 9, 20.

III. Vorschriften und Erfordernisse für die Geschäfte vor und nach der Saat, v. 160—203.

1. Ackergeräthschaften, v. 160—75.

162. *grave rob. ar.* Zur Bearbeitung des fetten Bodens waren schwere Ackergeräthe in Italien erforderlich.
163. *Tardaque volv. pl.*, die langsam sich herumdrehenden Wagen, vgl. G. II, 377. III, 28. IV, 19. A. V, 764. — Ceres wurde besonders zu Eleusis in Attika verehrt.

164. *Tribulum* war ein Wagen, dessen niedrige Räder sägenartig mit Eisen gezackt waren; *trahea*, die Schleife, eine mit Stein oder Eisen gezackte Bohle ohne Räder. Beide wurden von Lastthieren über die Aehren gezogen, um das reine Korn zu gewinnen.

165. *Celei*. Ceres hatte den *Cëleus*, den Vater des Triptolemus, in der Kunst, verschiedene Wirthschaftsgeräthe aus Ruthen zu flechten, unterrichtet.

166. *mystica v. I.* Die aus Ruthen geflochtene Futterschwinge, *vannus*, um das Korn von der Spreu zu sondern, ward am eleusinischen Feste bei dem feierlichen Aufzuge des Bacchus (Iacchus, s. E. 6, 15) als Sinnbild der Reinigung mit Erstlingsfrüchten vorausgetragen.

Continuo in silvis magna vi flexa domatur
In burim et curvi formam accipit ulmus aratri. 170
Huic ab stirpe pedes temo protentus in octo,
Binae aures, duplici aptantur dentalia dorso
Stivaque, quae currus a tergo torqueat imos.
Caeditur et tilia ante iugo levis altaque fagus,
Et suspensa focis explorat robora fumus. 175
 Possum multa tibi veterum praecepta referre,
Ni refugis tenuisque piget cognoscere curas.
Area cum primis ingenti aequanda cylindro
Et vertenda manu et creta solidanda tenaci,
Ne subeant herbae neu pulvere victa fatiscat, 180
Tum variae inludant pestes: saepe exiguus mus

169—75. Haupttheile des hier beschriebenen Pfluges sind: das Krummholz, *buris;* die Deichsel, *temo;* der Scharbaum oder Hakenschuh, *dentalia,* mit den Seitenbrettern, *aures;* und die Sterze, *stiva*. Zum Krummholz soll man eine junge Ulme im Walde aufsuchen und sie sogleich, *Continuo*, d. h. während sie noch jung und geschmeidig ist, biegen, dass sie krumm wachse. An den gekrümmten Stamm dieser Ulme (*Huic ab stirpe*) wird dann oberhalb die 8füssige Deichsel gefügt, unten daran hängt der Scharbaum, der unterste Theil des Pfluges. Dieser Scharbaum bestand aus zwei Schenkeln oder Sohlhölzern, die spitz in die Pflugschar, *vomer,* zusammenliefen und nach hinten auseinanderstanden. Zu beiden Seiten des Scharbaums waren zwei aufrecht stehende Bretter befestigt, von der Aehnlichkeit πτερά oder *aures* genannt, um den Acker in hohe Beete aufzufurchen. Am hintern Ende des Scharbaums erhebt sich die Sterze zum Lenken, Heben und Niederdrücken; vorn an der Deichsel befanden sich zwei niedrige Räder (*currus imi*), indem die Deichsel, aus welcher der Joch- oder Zugbaum (*iugum*) hervorging, auf der Axe eines kleinen zweirädrigen Wagens ruhte. Bei *aptantur* ist *aratro* zu ergänzen, denn *duplici dorso* ist Abl. der Eigenschaft zu *dentalia.*

175. *explorat.* Der Rauch über dem Heerde prüft die Festigkeit des Holzes, welches beim Austrocknen Risse bekommt, wenn es nicht gut und tüchtig ist.

2. Die Tenne, v. 176—86.

178—81. Die Dreschtenne, *Area,* war ein etwas erhöhter, luftiger Platz auf freiem Felde, auf dem man die mit der Hälfte des Halms abgeschnittenen Aehren mittelst der *tribula* und *traheae* (s. v. 164) von dem Stroh und der Spreu sonderte. Zu dieser Tenne wählte man am liebsten einen Platz mit Thonerde, *creta*, tränkte diesen mit Oelschaum, *amurga*, liess sie aufreissen und wohl durcharbeiten, und dann mit schweren Walzen, *cylindri*, ebnen, damit weder Regen noch Hitze sie auflöse und dem Grase und Ungeziefer gewehrt würde.

178. *cum primis* s. v. a. *in primis*.

181. *inludant*, die Arbeit vereitle. — *exiguus mus.* Da durch Cäsur im letzten Fusse des Hexameters die ganze Aufmerksamkeit des Hörers auf das einsylbige Schlusswort des Verses gelenkt wird, so bedienen sich die Dichter

Sub terris posuitque domos atque horrea fecit,
Aut oculis capti fodere cubilia talpae,
Inventusque cavis bufo et quae plurima terrae
185 Monstra ferunt, populatque ingentem farris acervum
Curculio atque inopi metuens formica senectae.
Contemplator item, cum se nux plurima silvis
Induet in florem et ramos curvabit olentis.
Si superant fetus, pariter frumenta sequentur
190 Magnaque cum magno veniet tritura calore;
At si luxuria foliorum exuberat umbra,
Nequiquam pinguis palea teret area culmos.
Semina vidi equidem multos medicare serentis
Et nitro prius et nigra perfundere amurga,
195 Grandior ut fetus siliquis fallacibus esset,
Et, quamvis igni exiguo, properata maderent.
Vidi lecta diu et multo spectata labore
Degenerare tamen, ni vis humana quot annis
Maxima quaeque manu legeret. Sic omnia fatis
200 In peius ruere ac retro sublapsa referri,
Non aliter, quam qui adverso vix flumine lembum

dieser Cäsur nur dann, wenn der mit Spannung erwartete Begriff den Hörer irgendwie überraschen soll; vgl. zu A. V, 481.

183. Der Maulwurf ward seiner kleinen bedeckten Augen wegen für blind gehalten.

3. Anzeichen einer reichlichen oder dürftigen Ernte, v, 187—92.

187—92. Die Landleute prophezeihten aus der Blüthe des Mandelbaums, *nux*, den Ertrag der Felder.

190. *cum m. calore*, mit vielem Schweisse.

191. *si lux.*, wenn durch Ueppigkeit des Laubes der Schatten verwuchert, d. h. wenn das Laub dichter schattet.

4. Einweichung und jährliche Auswahl des Samens, v. 193—203.

193—203. Zwei Lehren: 1) man weiche den Samen der Hülsenfrüchte in einer Sode von Salpeter, *nitrum*, und Oelschaum, *amurga*, ein, damit die Körner in den Schoten, die sonst durch leere Behältnisse täuschen, theils grösser werden, theils schneller gar kochen, *madescere*. 2) Man lese jährlich von neuem die grössten Aehren und Körner zum Säen aus, sonst verschlechtert sich jede Frucht.

200. *ruere* und *referri*. Der Gebrauch des Infin. absol. ist ein Zeichen, dass der Stoff, der mitzutheilende Gedanke den Schriftsteller für den Augenblick so überwältigt hat, dass er darüber die Form ausser Acht lässt. Daher wird der Infin. absol. besonders dann gebraucht, wenn eine grossartige Erscheinung oder eine Masse von gleichzeitig sich dem Auge bietenden Gegenständen dem Schriftsteller plötzlich entgegentritt. Hier fesselt für den Augenblick der Gedanke an das ewige Naturgesetz, dass alles Irdische der Vergänglichkeit verfällt, den Dichter und mit ihm den Leser.

Remigiis subigit, si bracchia forte remisit,
Atque illum in praeceps prono rapit alveus amni.
Praeterea tam sunt Arcturi sidera nobis
Haedorumque dies servandi et lucidus Anguis, 205
Quam quibus in patriam ventosa per aequora vectis
Pontus et ostriferi fauces temptantur Abydi.
Libra die somnique pares ubi fecerit horas
Et medium luci atque umbris iam dividit orbem,
Exercete, viri, tauros, serite hordea campis, 210
Usque sub extremum brumae intractabilis imbrem;
Nec non et lini segetem et Cereale papaver
Tempus humo tegere et iamdudum incumbere aratris,
Dum sicca tellure licet, dum nubila pendent.
Vere fabis satio; tum te quoque, Medica, putres 215
Accipiunt sulci et milio venit annua cura,
Candidus auratis aperit cum cornibus annum
Taurus et adverso cedens Canis occidit astro.

202. *subigit.* Liv. XXVI, 7, 9: *naves in flumine conprehensas subigi ad id castellum iussit.*
203. *Atque illum.* Die einfache Construction wäre gewesen: *non aliter quam is qui lembum remigiis subigit retro refertur atque ab alveo in praeceps ruitur;* doch da hier aus der eingeleiteten passiven Construction in die active übergegangen wird, so steht das Pron. *ille,* um den vorher angedeuteten Begriff des Subjectes wieder aufzunehmen; ebenso G. II, 435. III, 217. A. IV, 227.

IV. Eintheilung der Arbeit nach bestimmten Zeiten, v. 204—310.
1. Saatzeit, v. 204—30.

205. Die Böcklein, zwei Sterne am Arme des Fuhrmanns, galten für ein rauhes Gestirn; die Schlange, ein Gestirn am Nordpol, windet sich durch den grossen und kleinen Bär, s. v. 214—45. Von den Schiffern, welche diese Gestirne zu beachten haben, werden die genannt, welche bei ihrer Rückkehr aus Asien aus dem schwarzen Meere durch den Hellespont, an dem das durch seine Austern berühmte Abydus lag, zurückschifften.
206. *vectis,* s. zu A. VI, 335.
208—14. Von der Herbstgleiche (24. Sept.), da die Sonne in der Wage, gleich weit von beiden Polen entfernt, Tag und Nacht in 12 gleiche Stunden theilt, bis gegen den kürzesten Tag, *bruma,* im Steinbock, muss Gerste, Lein und der der Ceres geweihte Mohn gesäet werden. — *die,* alte Genetivform.
211. *Usque s. extr. br. imbr.,* bis zum letzten Regen des eintretenden Winters, d. h. bis zum Eintreten des strengen Winters.
213. *iamdudum,* doch endlich, s. zu A. II, 103.
215—18. Der Stier, in den die Sonne Mitte April trat, öffnet das Jahr mit goldstrahlenden Hörnern, die er von 2 hellen Sternen bestrahlt führte, und schreckt, indem er rückwärts geht, mit zugewandtem Haupte den nachfolgenden Hund (Hundsstern, Sirius, der in den letzten Tagen des April in den westlichen Sonnenstrahlen versteckt un-

Vergil I. 3. Aufl. G

At si triticeam in messem robustaque farra
220 Exercebis humum solisque instabis aristis,
Ante tibi Eoae Atlantides abscondantur
Gnosiaque ardentis decedat stella Coronae,
Debita quam sulcis committas semina quamque
Invitae properes anni spem credere terrae.
225 Multi ante occasum Maiae coepere; sed illos
Exspectata seges vanis elusit avenis.
Si vero viciamque seres vilemque phaselum
Nec Pelusiacae curam aspernabere lentis,
Haud obscura cadens mittet tibi signa Bootes:
230 Incipe et ad medias sementem extende pruinas.
   Idcirco certis dimensum partibus orbem
Per duodena regit mundi Sol aureus astra.
Quinque tenent caelum zonae; quarum una corusco
Semper sole rubens et torrida semper ab igni;
235 Quam circum extremae dextra laevaque trahuntur

terging), dass er, seitwärts ausweichend, in die Strahlen der Abendsonne, und bald unter den Horizont sich verliert.

219—26. Getreidearten, welche Aehren tragen (im Gegensatz zu den v. 227—30 erwähnten Hülsenfrüchten), wie Weizen und der gegen alle Witterung abgehärtete Dinkel, sollen nicht vor der ersten Hälfte oder noch besser erst in den letzten Tagen des November gesäet werden. Die erste Zeit wird bestimmt durch den Untergang der Plejaden (*Eoae*, weil sie des Morgens untergingen), der Töchter des Atlas, zu denen auch Maja gehörte; die zweite durch den Untergang der von Bacchus unter die Sterne versetzten Krone der Ariadne, der Tochter des in Gnosus residirenden Königs Minos.

226. *avenis. avena*, nach Plin. hist. nat. XVIII, 17, 44: *primum omnis frumenti vitium*, dient zur Bezeichnung der Unfruchtbarkeit, vgl. E. 5, 37. G. I, 154.

227—30. Die besten Linsen wachsen in Aegypten, welches hier durch die Stadt Pelusium am Nile bezeichnet wird. Der Bootes, von seinem hellsten Sterne oben v. 204 Arcturus genannt, ging Ende October unter.

2. Bestimmung der Geschäfte des Landmanns nach dem jährlichen Sonnenlauf, v. 231—56.

231—39. Um die Geschäfte des Landbaues zu bestimmen, lenkt die Sonne jährlich durch den Eintritt in die 12 Zeichen des Himmels (des Thierkreises) den in bestimmte Abschnitte (Tage, Monate) gemessenen Kreislauf des Jahres. Ueber die 5 von den Wende- und Polarkreisen begrenzten Zonen, denen 5 darunter gestreckte Erdgürtel entsprechen, vgl. Ovid. Met. I, 45—51. Die Ekliptik oder Sonnenbahn innerhalb des Thierkreises, dessen 12 Zeichen die Sonne in 12 Monaten durchläuft, dreht sich schräg durch die heisse Zone, zwischen den beiden gemässigten hin (*per ambas*), wovon sie die nördliche mit dem Krebse, und die südliche mit dem Steinbock berührt.

Caeruleae, glacie concretae atque imbribus atris;
Has inter mediamque duae mortalibus aegris
Munere concessae divom, et via secta per ambas,
Obliquus qua se signorum verteret ordo.
Mundus, ut ad Scythiam Rhipaeasque arduus arces   240
Consurgit, premitur Libyae devexus in austros.
Hic vertex nobis semper sublimis; at illum
Sub pedibus Styx atra videt Manesque profundi.
Maxumus hic flexu sinuoso elabitur Anguis
Circum perque duas in morem fluminis Arctos,   245
Arctos Oceani metuentis aequore tingui.
Illic, ut perhibent, aut intempesta silet nox,
Semper et obtenta densantur nocte tenebrae,
Aut redit a nobis Aurora diemque reducit;
Nosque ubi primus equis Oriens adflavit anhelis,   250
Illic sera rubens accendit lumina Vesper.
Hinc tempestates dubio praediscere caelo
Possumus, hinc messisque diem tempusque serendi,
Et quando infidum remis inpellere marmor
Conveniat, quando armatas deducere classis,   255
Aut tempestivam silvis evertere pinum.

236. *caeruleae,* wegen der den grössten Theil des Jahres dort herrschenden Finsterniss, vgl. A. III, 194. VI, 410 (verglichen mit 303). VIII, 622. Ciris 214: *caeruleae umbrae.*

240—41. Die Gegenden des Nordpols werden bezeichnet durch Scythien, den Gesammtnamen aller nördlichen Länder Europa's und Asiens, und durch die Kuppen (*arces,* vgl. G. IV, 461. Ovid. Met. I, 467: *Parnasi arx*) des den Nordrand Europa's einschliessenden Rhipäischen Gebirges; die Gegenden des Südpols durch Afrika.

242. *Hic vert. n. s. subl.,* der Nordpol liegt über uns, der Südpol unter uns. Die W. *Sub pedibus* gehören also zu *illum.*

244. *Anguis,* s. oben zu v. 205.

245. Der grosse und der kleine Bär gehen nie unter, weshalb ihn Ovid. Met. XIII, 727 *Arctos aequoris expers* nennt.

247. *intempesta nox,* die todte Stille der Nacht, wo alle Geschäfte ruhen.

250. *adflavit anhel.* Dem Athem der schnaubenden Sonnenrosse werden poetisch die Morgenlüfte, die vor dem Aufgang der Sonne wehen, zugeschrieben.

252—56. Aus der Annäherung und Entfernung der Sonne im Thierkreise können wir die kommende Witterung vorhersehen und die passendste Zeit für die einzelnen Beschäftigungen ermessen.

255. *deducere.* Die Fahrzeuge standen im Winter auf Balken erhöht an den Ufern, Hor. Od. I, 4, 1—2: *Solvitur acris hiems grata vice veris et Favoni, Trahuntque siccas machinae carinas.*

256. *pinum,* allgemein Bauholz; *tempestivam,* eine für uns adverbielle Bestimmung.

Nec frustra signorum obitus speculamur et ortus,
Temporibusque parem diversis quattuor annum.
Frigidus agricolam si quando continet imber,
260 Multa, forent quae mox caelo properanda sereno,
Maturare datur: durum procudit arator
Vomeris obtunsi dentem, cavat arbore lintres,
Aut pecori signum aut numeros inpressit acervis.
Exacuunt alii vallos furcasque bicornis
265 Atque Amerina parant lentae retinacula viti.
Nunc facilis rubea texatur fiscina virga,
Nunc torrete igni fruges, nunc frangite saxo.
Quippe etiam festis quaedam exercere diebus
Fas et iura sinunt; rivos deducere nulla
270 Religio vetuit, segeti praetendere saepem,
Insidias avibus moliri, incendere vepres,
Balantumque gregem fluvio mersare salubri.
Saepe oleo tardi costas agitator aselli
Vilibus aut onerat pomis, lapidemque revertens

257. Vergil empfiehlt dem Landmanne nicht Beobachtung der Sterne selbst, sondern Benutzung der Sterntafeln des Eudoxus (s. E. 3, 40) und Anderer, worin der Auf- und Untergang der Sterne nebst den eintreffenden Witterungen verzeichnet war, oder wenigstens Benutzung der aus diesen Sterntafeln gezogenen Hauskalender.
258. *parem*, sofern es in 4 gleiche Jahreszeiten getheilt ist.

3. Geschäfte, wenn es regnet, v. 259—67.
260. *properare*, mit Hast, *Maturare*, mit Sorgfalt beschaffen.
261. *procudit*, er schärft durch Hämmern, vgl. Lucret. V, 1264—65: *quamvis in acuta ac tenuia posse Mucronum duci fastigia procudendo.*
262. *lintres*, hölzerne Geräthe, wie Mulden, Tröge.
263. *signum*, s. G. III, 158. — *numeros inpr. ac.*, er versieht die abgesonderten Getreidehaufen auf dem Kornboden mit Täfelchen, auf denen die Zahl der Maasse angegeben ist. — *inpressit*, s. oben zu v. 49.
264. *alii vallos*. Die Winzer spitzen Pfähle und Gaffeln, die Reben zu stützen, s. G. II, 359.
265. Bei *Ameria*, einer Stadt in Umbrien, wuchsen Weiden mit schwanken und röthlichen Ruthen.
267. Das Getreide dörrte man, um es leichter auf der Mühle zu zermalmen, s. A. I, 179.

4. Geschäfte an Festtagen, v. 268—75.
268—75. Nur alle Beschäftigungen, die des reinen Gewinnes wegen unternommen wurden, waren an Festtagen verboten. Die näheren Bestimmungen darüber enthielten die *libri pontificum*.
272. *salubri*. Die Schafe durfte man auch an Festtagen schwemmen, aber nicht zur Reinigung der Wolle, sondern blos aus Rücksicht auf ihre Gesundheit, um Räude zu verbüten, s. G. III, 440s.
274. *lapidem Inc.*, den geschärften Stein für die Handmühle.

Incusum aut atrae massam picis urbe reportat. 275
   Ipsa dies alios alio dedit ordine Luna
Felicis operum. Quintam fuge: pallidus Orcus
Eumenidesque satae; tum partu Terra nefando
Coeumque Iapetumque creat saevumque Typhoea
Et coniuratos caelum rescindere fratres. 280
Ter sunt conati inponere Pelio Ossam
Scilicet, atque Ossae frondosum involvere Olympum;
Ter pater exstructos disiecit fulmine montis.
Septima post decimam felix et ponere vitem
Et prensos domitare boves et licia telae 285
Addere; nona fugae melior, contraria furtis.
   Multa adeo gelida melius se nocte dedere,
Aut cum sole novo terras inrorat Eous.
Nocte leves melius stipulae, nocte arida prata
Tondentur, noctes lentus non deficit humor. 290

---

275. *massam p.*, Pech zum Verpichen der Gefässe und den gährenden Most zu würzen, s. G. II, 438.

5. Geschäfte an bestimmten Tagen des Monats, v. 276—86.

276—86. Nach altem Aberglauben, dem aber selbst noch Octavian anhing, (s. Suet. Oct. 92), eigneten sich einige Tage jedes Monats für besondere Geschäfte, andere galten überhaupt für Unglückstage.

276. Warum steht der Gleichförmigkeit wegen nicht *dies alias*?

277. *Felicis operum*, zur Verrichtung der Feldarbeit. So steht *opera* auch G. II, 472, *felix* c. gen. auch A. VII, 725.

279. Die Titanen *Coeus* u. *Iapetus* waren Söhne des Himmels und der Erde, das Ungeheuer *Typhoeus* mit 100 Drachenköpfen ein Sohn der Erde und des Tartarus. Was sollen die vielen Spondeen in diesem und der doppelte Hiatus im folgenden Verse ausdrücken?

280. Ueber die Aloiden s. Hom. Od. XI, 305—320. Ovid. Met. I, 151—160.

282. *Scilicet* spricht, häufig mit ironischer Färbung, Verwunderung über das Gesagte aus: ei sieh doch! o Wunder! vgl. G. I, 493. II, 245. 534.

284. *felix* mit folg. Infin. s. zu E. 5, 1.

285. *prensos*, s. G. III, 207. *domitare*, s. G. III, 163—176.

286. *nona.* Der neunte begünstigt, da der Mond schon leuchtet, den auf Flucht bedachten Sklaven.

6. Geschäfte zur Nachtzeit, v. 287—296.

287—96. Manches wird vortheilhafter bei Nacht gethan, sowol im Sommer, v. 290—291, als im Winter, v. 292—296. — *dedere*, s. oben zu v. 49. — *Eous*, der Morgenstern.

289. Die Stoppeln, *stipulae*, und die Wiesen, die man nicht wässern kann, werden am besten des Nachts gemäht, weil dann der Thau die Stoppel und das Gras geschmeidig und biegsam macht, so dass sie nicht durch Sprödigkeit der Sense ausweichen.

290. *lentus* wird die Feuchtigkeit genannt, weil sie alle mit ihr behafteten Gegenstände schwank

Et quidam seros hiberni ad luminis ignis
Pervigilat ferroque faces inspicat acuto;
Interea longum cantu solata laborem
Arguto coniunx percurrit pectine telas,
295 Aut dulcis musti Volcano decoquit humorem
Et foliis undam trepidi despumat aeni.
At rubicunda Ceres medio succiditur aestu
Et medio tostas aestu terit area fruges.
Nudus ara, sere nudus; hiems ignava colono.
300 Frigoribus parto agricolae plerumque fruuntur
Mutuaque inter se laeti convivia curant.
Invitat genialis hiems curasque resolvit,
Ceu pressae cum iam portum tetigere carinae,
Puppibus et laeti nautae inposuere coronas.
305 Sed tamen et quernas glandes tum stringere tempus
Et lauri bacas oleamque cruentaque myrta,
Tum gruibus pedicas et retia ponere cervis
Auritosque sequi lepores, tum figere dammas,
Stuppea torquentem Balearis verbera fundae,

und biegsam macht, vgl. unten zu v. 331.

291. Der Kienfackeln bediente man sich ausser bei feierlichen Gelegenheiten (s. zu E. 8, 29) des Nachts ausser dem Hause; die Landleute gebrauchten sie auch zur Beleuchtung im Hause, s. E. 7, 49.

293. *solata*, s. zu v. 206.

295. *Volcano*, Feuer, vgl. A. II, 311; ebenso *Ceres* v. 297 Feldfrüchte; *Bacchus* v. 344 Wein. — Den überzähligen Vers (*versus hypermeter*) gebrauchte Vergil nur so, dass die Sylbe vor der elidirten Schlusssylbe lang ist, vgl. G. II, 344. 443. A. I, 332.

296. *foliis*. Zum Abschäumen des im Kessel siedenden Mostes (*und. tr. aen.*) nahm man nicht Holz, weil sonst der Most nach Rauch schmecken sollte, sondern Blätter.

7. Geschäfte bei Tage,
v. 297—310.

297. Das Korn ward unter der Aehre abgeschnitten, dass die hohe Stoppel zum Nachmähen (s. v. 289) oder zum Anzünden (v. 298) zurückblieb.

302. *genialis*, den Genien willkommen; im Winter nach vollendeter Jahresarbeit, that jeder seinem Genius oder Geburtsgott, vorzüglich an den Saturnalien (17. December), etwas zu Gute.

304. *coronas*. Die heimkehrenden Schiffe (*pressae*, befrachtet) waren am Steuerende mit Kränzen geschmückt.

305. *quernae*. Es gab auch *iligneae* und *cerreae glandes*.

306. Mit Lorbeern und rothen, im Winter gepflückten Beeren der wilden Myrte würzte man Wein und Oel.

307. Der Kranich ward für eine leckere Speise gehalten. Plin. hist. nat. X, 30: *Cornelius Nepos cum scriberet, turdos paulo ante coeptos saginari, addidit, ciconias magis placere quam grues, cum haec nunc ales inter primas expetatur, illam nemo velit attigisse.*

309. Die Bewohner der baleari-

Cum nix alta iacet, glaciem cum flumina trudunt. 310
Quid tempestates autumni et sidera dicam,
Atque, ubi iam breviorque dies et mollior aestas,
Quae vigilanda viris? vel cum ruit imbriferum ver,
Spicea iam campis cum messis inhorruit et cum
Frumenta in viridi stipula lactentia turgent? 315
Saepe ego, cum flavis messorem induceret arvis
Agricola et fragili iam stringeret hordea culmo,
Omnia ventorum concurrere proelia vidi,
Quae gravidam late segetem ab radicibus imis
Sublimem expulsam eruerent; ita turbine nigro 320
Ferret hiems culmumque levem stipulasque volantis.
Saepe etiam inmensum caelo venit agmen aquarum
Et foedam glomerant tempestatem imbribus atris
Collectae ex alto nubes; ruit arduus aether
Et pluvia ingenti sata laeta boumque labores 325
Diluit; inplentur fossae et cava flumina crescunt

schen Inseln waren treffliche Schleuderer.
310. *gl. c. fl. trud.*, Bezeichnung des Eisgangs.
312. *mollior aestas*, der Spätsommer, wo die *aestas* nicht mehr *ignea* ist.

V. Ungewitter und Sicherheitsmittel dagegen,
v. 311—463.
1. Beschreibung der Ungewitter,
v. 311—34.
314. *inhorruit. horrere* mit seinen compositis von allen Dingen, die eine rauhe oder spitze Aussenseite haben, das griech. φρίσσειν, so hier von dem reifen Aehrenfelde, vgl. auch oben v. 151.
319. *ab radicibus*, vgl. v. 20.
320. *expulsam*, proleptisch als Folge des *eruere*, also = *eruendo expellerent*. Dieser proleptische Gebrauch der Partic. kommt bei Dichtern fast ebenso häufig vor, wie der der Adj.: vgl. G. I, 400. IV, 546. A. 1, 69. II, 736. — In *sublimem* liegt eine für uns adverbiale Bestimmung des *expulsam*, vgl. A. I, 352. III, 70. V, 764.

321. Der Satz *ita turbine — volantis* ist hinzugefügt als Urtheil des Beobachters eines solchen Wirbelwindes, wie er eben beschrieben ist, um das Ungestüm der Windsbraut zu bezeichnen. Indem der Dichter sich also lebhaft einen Sommerorkan vorstellt, ruft er aus: Das ist ja nicht anders, als wenn im Winter ein Wirbel leichtes Stroh von der Dreschtenne und fliegende Stoppeln, die vom Stoppelmähen zurückgeblieben sind, umhertriebe! Also *ita Ferret:* so würde der Wirbel im Winter (wenn wir jetzt Winter hätten) das Stroh cet.
322. *caelo venit*, zieht am Himmel herauf.
323. *foedum glom. temp.*, ballen ein grausiges Unwetter aus schwarzen Regenwolken zusammen.
324. *Collectae ex alto nubes.* Die aus dem Meere (nicht: in der Luft, vgl. A. I, 143) gesammelten, sich aufthürmenden Wolken. — *ruit aether*, in Strömen ergiesst sich der Himmel.
326. *fossae*, s. v. 114. — *cava flum.* sind seichte Flüsse, eigentlich Flüsse mit hohem Uferrande, die

Cum sonitu fervetque fretis spirantibus aequor.
Ipse Pater media nimborum in nocte corusca
Fulmina molitur dextra; quo maxima motu
330 Terra tremit; fugere ferae et mortalia corda
Per gentis humilis stravit pavor; ille flagranti
Aut Athon aut Rhodopen aut alta Ceraunia telo
Deicit; ingeminant austri et densissimus imber;
Nunc nemora ingenti vento, nunc litora plangunt.
335 Hoc metuens caeli menses et sidera serva,
Frigida Saturni sese quo stella receptet,
Quos ignis caeli Cyllenius erret in orbis.
In primis venerare deos atque annua magnae
Sacra refer Cereri laetis operatus in herbis
340 Extremae sub casum hiemis, iam vere sereno.
Tum pingues agni et tum mollissima vina,
Tum somni dulces densaeque in montibus umbrae.
Cuncta tibi Cererem pubes agrestis adoret;
Cui tu lacte favos et miti dilue Baccho,

ihr Bett nicht ausfüllen, vgl. G. IV, 427.

327. *fervet*, „es braust in schäumenden Wogen die Meerfluth."

328. *corusca dextra*. Dieselbe Verbindung bei Senec. Hippol. 155: *vibrans corusca fulmen Aetnacum manu*.

331. *humilis*. Die Furcht wird nach ihrer Wirkung selbst *humilis* genannt.

332. Der *Athos* in Macedonien, *Rhodope* in Thracien und die *Ceraunia* in Epirus stehen hier als würdige Repräsentanten der Berge.

334. *plangunt = plangorem edunt*, brausen; vgl. Soph. Ant. 593: στόνῳ βρέμουσι δ' ἀντιπλῆγες ἀκταί. — Wohl zu achten ist auf das Malende des Rhythmus und der Wortfügung dieser Stelle.

2. Sicherheitsmittel gegen die Ungewitter, v. 335—350.

335—37. Von den Planeten werden nur Saturn und Merkur genannt: jener hat die grösste, dieser die kleinste Bahn zu durchlaufen. Der Saturn bringt im Steinbock Platzregen, im Skorpion Hagel. Der Merkur heisst *ignis Cyll.* mit Beziehung theils auf sein glänzend weisses Licht, theils auf seinen Geburtsort, den Berg Cyllene in Arkadien, s. A. VII, 138—139.

339. *operatus*, s. zu v. 206. — Das Ambarvalienfest (s. zu E. 3, 78) war kein öffentliches Fest, daher hing die Zeit seiner Feier von der Bestimmung jedes Landmannes ab; nur musste es im Frühlinge gefeiert werden. Man verehrte dabei alle Götter, besonders aber die ländlichen; die feiernde Landjugend führte das heilbringende (*felix*) Sühnopfer, *hostia*, (Reiche nahmen dazu ein Kalb, Lamm und ein Ferkel, Aermere eins von diesen) dreimal um die jungen Feldfrüchte, indem sie jubelnd und hüpfend die Feldgötter um das Gedeihen der Feldfrüchte anflehte und in ihre Wohnungen einlud, und brachte an dem errichteten Feldaltar ein Trankopfer von Milch, Honig und Wein.

341. Ueber den Hiatus in *agni et* s. Einl. p. 11.

Terque novas circum felix eat hostia fruges, 345
Omnis quam chorus et socii comitentur ovantes,
Et Cererem clamore vocent in tecta; neque ante
Falcem maturis quisquam supponat aristis,
Quam Cereri torta redimitus tempora quercu
Det motus incompositos et carmina dicat. 350
  Atque haec ut certis possemus discere signis,
Aestusque pluviasque et agentis frigora ventos,
Ipse Pater statuit, quid menstrua Luna moneret,
Quo signo caderent austri, quid saepe videntes
Agricolae propius stabulis armenta tenerent. 355
Continuo ventis surgentibus aut freta ponti
Incipiunt agitata tumescere et aridus altis
Montibus audiri fragor aut resonantia longe
Litora misceri et nemorum increbrescere murmur.
Iam sibi tum a curvis male temperat unda carinis, 360
Cum medio celeres revolant ex aequore mergi
Clamoremque ferunt ad litora, cumque marinae
In sicco ludunt fulicae notasque paludis
Deserit atque altam supra volat ardea nubem.
Saepe etiam stellas vento inpendente videbis 365
Praecipitis caelo labi noctisque per umbram
Flammarum longos a tergo albescere tractus;
Saepe levem paleam et frondes volitare caducas
Aut summa nantis in aqua colludere plumas.
At Boreae de parte trucis cum fulminat et cum 370

348. Ein anderes Fest ward kurz vor der Erndte gehalten; dann trugen die Landleute zum Andenken der früheren Eichelkost (s. oben v. 8) Kränze von Eichenlaub (*torta red. quercu*) und sangen während des Opfermahles Erndtelieder mit rohem Geberdentanz (*motus incompositos*).

3. Wetterzeichen, v. 351—463.

a) Anzeichen stürmischen Wetters, v. 351—92.

351. *haec*, diese Veränderungen der Witterung. — *possemus*. Andere LA. *possimus*. — *cert. sign.*, sichere Naturzeichen.

354. *quid saepe vid.*, durch welches Anzeichen gewarnt. Für *quid* andere LA. *quod:* dies würde den Gedanken geben, dass dasselbe Anzeichen (*signum*) gutes Wetter und kommendes Unwetter verkünde.

356. *Continuo*, s. oben v. 60.

357. *aridus fragor*, das Knacken von trockenem Holze. Hom. Il. XIII, 441: αὗον ἄυσεν.

360. *male*, kaum noch, vgl. A. II, 23.

368. *paleam*. Wind verkünden nach Plin. hist. nat. XVIII, 86 die ohne merkliche Luft spielenden Blätter, die herumfliegende Flocke von Pappeln oder Dorn, und die Feder, die auf dem Wasser schwimmt.

370—71. Als Vorbote des Regens wird zuerst genannt das Blitzen in allen vier Himmelsgegenden.

Eurique Zephyrique tonat domus: omnia plenis
Rura natant fossis atque omnis navita ponto
Humida vela legit. Numquam inprudentibus imber
Obfuit: aut illum surgentem vallibus imis
375 Aeriae fugere grues, aut bucula caelum
Suspiciens patulis captavit naribus auras,
Aut arguta lacus circumvolitavit hirundo
Et veterem in limo ranae cecinere querellam.
Saepius et tectis penetralibus extulit ova
380 Angustum formica terens iter et bibit ingens
Arcus et e pastu decedens agmine magno
Corvorum increpuit densis exercitus alis.
Iam variae pelagi volucres et quae Asia circum
Dulcibus in stagnis rimantur prata Caystri,
385 Certatim largos humeris infundere rores,
Nunc caput obiectare fretis, nunc currere in undas
Et studio incassum videas gestire lavandi.
Tum cornix plena pluviam vocat inproba voce
Et sola in sicca secum spatiatur arena.
390 Ne nocturna quidem carpentes pensa puellae
Nescivere hiemem, testa cum ardente viderent
Scintillare oleum et putris concrescere fungos.

373. *inprudentibus* steht proleptisch: nie schadet der Regen, so dass Einer ungewarnt wäre, d. h. wer nur auf die Zeichen der Natur achtsam ist, der sieht den Regen voraus und trifft darnach seine Maassregeln.
374. Auch der Abl. *vallibus imis* ist in proleptischer Weise mit *fugere* verbunden: die hochfliegenden (*Aeriae*) Kraniche fliehen vor dem aufsteigenden Regen, so dass sie während des Unwetters in den tiefsten Thälern sich aufhalten (und hier im Gebüsche Schutz suchen).
375. Ueber *fugere*, *captavit* cet. s. zu G. I, 49.
378. *veterem querellam*. Die Verwandlung lycischer Landleute in Frösche erzählt Ovid. Met. VI, 317—81.
380. *Angustum iter:* alle zu einem Haufen gehörenden Ameisen wandeln auf einem Pfade.

381. *Arcus*, der Regenbogen. Ovid. Met. I, 271: *Concipit Iris aquas, alimentaque nubibus affert.*
383. Die asische Wiese am Cayster in Lydien ist aus Hom. Il. II, 459—463 als Aufenthaltsort vieler Wasservögel, besonders der Schwäne, bekannt. — Der Satz *Iam variae pel. vol.* deutet auf eine Construction, die der Dichter bei dem späteren *videas* vergass oder aufgab.
387. *incassum*, weil sie gleich wieder aus dem Wasser laufen, um von Neuem ins Bad zu rennen.
388. Die Krähe heisst *inproba*, weil sie fortwährend, die Hexe, den Regen heraufruft, gleichsam heraufbeschwört. — Das rauhe Geschrei und der ernsthafte Gang der einsamen Krähe ist durch Klang und Bewegung dargestellt.
392. *fungos*, die Schnuppen am Docht der irdenen Lampe (*testa*).

Nec minus ex imbri soles et aperta serena
Prospicere et certis poteris cognoscere signis:
Nam neque tum stellis acies obtunsa videtur   395
Nec fratris radiis obnoxia surgere Luna,
Tenuia nec lanae per caelum vellera ferri;
Non tepidum ad solem pinnas in litore pandunt
Dilectae Thetidi alcyones, non ore solutos
Inmundi meminere sues iactare maniplos.   400
At nebulae magis ima petunt campoque recumbunt,
Solis et occasum servans de culmine summo
Nequiquam seros exercet noctua cantus.
Adparet liquido sublimis in aere Nisus
Et pro purpureo poenas dat Scylla capillo;   405
Quacumque illa levem fugiens secat aethera pinnis,
Ecce inimicus, atrox, magno stridore per auras
Insequitur Nisus; qua se fert Nisus ad auras,
Illa levem fugiens raptim secat aethera pinnis.
Tum liquidas corvi presso ter gutture voces   410

b) Anzeichen freundlichen Wetters, v. 393—423.

393. *ex imbri Prosp.*, aus dem Regen (in welchem man sich befindet, also mitten im Regen) vorhersehen.

396. *Nec fratris rad. obnoxia*, wenn der Mond nicht den Strahlen der Sonne verpflichtet ist, d. h. wenn er nicht seinen Schein von der Sonne geborgt hat, sondern im eigenen Lichte hell strahlt. Röthlicher Schein des Mondes verkündet Sturm, s. v. 430 u. 31.

397. *Tenuia* ist dreisylbig zu lesen, s. Einl. p. 11. — *lanae vellera*, Schöfchen am Himmel.

398. *pinna*, eine von V., wie es scheint, ausschliesslich gebrauchte Nebenform von *penna*.

399. Den Mythus von der *Halcyone* und ihrem im Schiffbruch umgekommenen Gemahl *Ceyx*, die beide von der mitleidigen Thetis in Eisvögel verwandelt wurden, s. bei Ovid. Met. XI, 410—748. Sonnten sich die selten erscheinenden Eisvögel am Gestade, so rechnete der Landmann auf Unwetter.

400. Auch die Schweine, sagt Plin. hist. nat. XVIII, 88, melden den Regen, wenn sie die sonst verachteten Heubunde (*maniplos*) zerzausen.

403. *Nequiquam*, weil ihr Geächz doch kein neues Unwetter bringt.

404. Die bemerkte Feindschaft zwischen dem Meeradler und einem Ciris genannten Meervogel leitete man aus folgender Mythe ab. Der König von Megara, Nisus, hatte eine purpurne Haarlocke, von welcher das Schicksal seines Reiches abhing. Als er nun vom kretischen König Minos bekriegt wurde, schnitt ihm seine Tochter Scylla die Haarlocke ab, und brachte sie dem Minos, um dadurch dessen Liebe zu gewinnen. Voller Abscheu wies Minos die Scylla zurück, und Vater und Tochter wurden nun in Meervögel verwandelt. Behandelt ist dieser Mythus in dem dem Vergil zugeschriebenen Gedichte Ciris, s. Einl. p. 7, ausserdem vgl. E. 6, 74.

410. Das heisere Gekrächz der Raben bedeutete Regen, s. v. 381;

Aut quater ingeminant, et saepe cubilibus altis
Nescio qua praeter solitum dulcedine laeti
Inter se in foliis strepitant; iuvat imbribus actis
Progeniem parvam dulcisque revisere nidos;
415 Haud equidem credo, quia sit divinitus illis
Ingenium aut rerum fato prudentia maior;
Verum, ubi tempestas et caeli mobilis humor
Mutavere vias et Iuppiter uvidus austris
Denset, erant quae rara modo, et, quae densa, relaxat,
420 Vertuntur species animorum et pectora motus
Nunc alios, alios, dum nubila ventus agebat,
Concipiunt: hinc ille avium concentus in agris
Et laetae pecudes et ovantes gutture corvi.
  Si vero solem ad rapidum lunasque sequentis
425 Ordine respicies, numquam te crastina fallet
Hora neque insidiis noctis capiere serenae.
Luna, revertentis cum primum colligit ignis,
Si nigrum obscuro conprenderit aera cornu,

aber die helle und dreimal abgestossene Stimme klares Wetter.
  412. Die Worte *praeter solitum* sind adjectivisch zu *dulcedine* hinzugefügt; ähnlich stehen die Worte *ex ordine* G. III, 341.
  413. *Inter se strep.*, sie schreien unter- und durcheinander, machen also ein Ohren zerreissendes Geschrei. — *in foliis*, im Laubwerk, zwischen den Zweigen, wo die Krähen ihre Nester (*cubilia alta*) gebaut haben.
  415—23. Die wetterprophetische Kraft mancher Thiere schreibt Vergil nicht mit einigen Philosophen einer höheren, ihnen von den Göttern verliehenen geistigen Begabung (*Ingenium*), oder einer ihnen vom *fatum* mitgetheilten grösseren Voraussicht der Zukunft (*rerum prudentia*), sondern dem Einflusse, welchen die Beschaffenheit der Luft auf ihr Wesen äussere, zu. — *maior* gehört dem Sinne nach auch zu *Ingenium*, s. zu A. II, 293. — *aut*, oder vielmehr, reiht den speciellen Gedanken an den allgemeineren;

bei dieser wetterprophetischen Kraft kommt es speciell auf die *rerum prudentia*, die einen Theil des *Ingenium* ausmacht, an. Warum wird aber das *Ingenium* als Geschenk der Götter, die *rerum prudentia* als Gabe des *fatum* angeführt?
  418. Jupiter heisst hier als Herrscher der Luft und der Witterung *uvidus*, wie er sonst in gleicher Eigenschaft auch *pluvius* und von den Gr. ἰκμαῖος genannt wird. — *austris Denset*, er verdickt die Luft durch Südwinde, *et, quae densa, rel.*, und verdünnt sie durch andere Winde.

  c) Wetterzeichen am Monde,
     v. 424—37.
  424. *lun. seq. Ordine*, die Mondphasen, die in bestimmter Ordnung auf einander folgenden Mondviertel.
  427. *revert. ignis*, die Hörner des Neumondes.
  428. *Si nigrum*, wenn der Mond mit trüben Hörnern die dunkle Luft umspannt, d. h. wenn der Mond einen Hof hat.

Maxumus agricolis pelagoque parabitur imber;
At si virgineum suffuderit ore ruborem, 430
Ventus erit; vento semper rubet aurea Phoebe.
Sin ortu quarto, namque is certissimus auctor,
Pura neque obtunsis per caelum cornibus ibit,
Totus et ille dies et qui nascentur ab illo
Exactum ad mensem pluvia ventisque carebunt, 435
Votaque servati solvent in litore nautae
Glauco et Panopeae et Inoo Melicertae.
Sol quoque et exoriens et cum se condet in undas,
Signa dabit; solem certissima signa sequuntur,
Et quae mane refert et quae surgentibus astris. 440
Ille ubi nascentem maculis variaverit ortum
Conditus in nubem medioque refugerit orbe,
Suspecti tibi sint imbres; namque urguet ab alto
Arboribusque satisque Notus pecorique sinister.
Aut ubi sub lucem densa inter nubila sese 445
Diversi rumpent radii aut ubi pallida surget
Tithoni croceum linquens Aurora cubile,
Heu male tum mitis defendet pampinus uvas:
Tam multa in tectis crepitans salit horrida grando.
Hoc etiam, emenso cum iam decedit Olympo, 450
Profuerit meminisse magis; nam saepe videmus

430. *virg. suff. ore rub.* Statt des prosaischen *suffundere os rubore* sagt der Dichter *suffundere ore ruborem*. Aehnliche Begriffsinversionen finden sich nach einer richtigen Bemerkung von Ameis öfter bei Dichtern, vgl. G. II, 302. III, 140. 399. IV, 115. 416 und das häufige *dare classibus austros.* Warum konnte Verg. dem Monde hier ein *os* und einen *virgineus rubor* beilegen?

431. *semper*, jedesmal, d. h. so oft die Zeit (hier des Windes) wiederkehrt, vgl. A. V, 49.

437. Ueber die hier genannten Meergötter s. zu A. V, 823, die Verwandlung des Glaucus erzählt Ovid. Met. XIII, 903—65, die des Melicertes Met. IV, 416—562. — Wegen des doppelten Hiatus in den Worten s. Einl. p. 11.

d) Wetterzeichen an der Sonne, v. 438—63.

441. Wenn die Sonne beim Aufgange fleckig (mit Flecken gesprenkelt) und unter Wolken verborgen ist, und wenn dabei die Scheibe, in der Mitte verdunkelt, gleichsam hohl erscheint, so cet. vgl. Plin. hist. nat. XVIII, 35, 78: *concavus oriens* (*sol*) *pluvias praedicit.*

443. *ab alto*, vom Meere her, nicht: aus hoher Luft, denn der Südwind strömt nicht aus hoher Luft auf die Erde herab. Vgl. oben v. 324; und dagegen A. I, 297.

445. *sub lucem*, kurz vor Sonnenaufgang.

447. *Tithoni*, vgl. Hom. Od. V, 1 u. s. zu A. IV, 585.

448. *male*, s. oben zu v. 360.

Ipsius in voltu varios errare colores:
Caeruleus pluviam denuntiat, igneus Euros;
Sin maculae incipient rutilo inmiscerier igni,
455 Omnia tum pariter vento nimbisque videbis
Fervere. Non illa quisquam me nocte per altum
Ire, neque ab terra moveat convellere funem.
At si, cum referetque diem condetque relatum,
Lucidus orbis erit, frustra terrebere nimbis
460 Et claro silvas cernes Aquilone moveri.
Denique quid vesper serus vehat, unde serenas
Ventus agat nubes, quid cogitet humidus Auster,
Sol tibi signa dabit. Solem quis dicere falsum
Audeat? Ille etiam caecos instare tumultus
465 Saepe monet fraudemque et operta tumescere bella.
Ille etiam exstincto miseratus Caesare Romam,
Cum caput obscura nitidum ferrugine texit
Inpiaque aeternam timuerunt saecula noctem.
Tempore quamquam illo tellus quoque et aequora ponti
470 Obscenaeque canes inportunaeque volucres
Signa dabant. Quotiens Cyclopum effervere in agros

454. Ueber *immiscerier* und *fervere* s. Einl. p. 11.
457. *moveat* ist der Modus potentialis. Die Verbindung des *movere* mit dem Infin. scheint eine Neuerung Vergil's zu sein. — *funem*, s. zu A. III, 266.
460. *claro*, aufklärend.
462. *quid cogitet*. Der *Auster*, der als ein tückischer Gott galt, liegt auf der Lauer, wann er die heiteren Wolken vertreiben könne.
463. *falsum*. Sall. Cat. 10, 5: *Ambitio multos mortalis falsos fieri subegit, aliud clausum in pectore, aliud in lingua promtum habere.*
Episode II: Beschreibung der Unglückszeichen nach der Ermordung des Julius Caesar und Gebet für Caesar Octavianus, v. 466—514.
466—480. Mit den hier angeführten Unglückszeichen, welche auf die Ermordung des Julius Caesar folgten, ist zu vergleichen die Aufzählung der Vorbedeutungen, welche seiner Ermordung vorangingen, bei Ovid. Met. XV, 783—98. — Was die Sonne betrifft, so berichtet auch Plut. Caes. 69, dass sie fast ein ganzes Jahr nach seiner Ermordung so trübe und strahlenlos und mit so matter Wärme aufgegangen sei, dass die Luft immer dick und umnebelt war, und die Früchte halb reif verwelkten. Darum fürchteten auch schon die Römer jener Zeit (*saecula*), die Sonne erlösche allmälig in ewige Nacht.
470. Das nächtliche Geheul der Hunde erklärte man sich durch die Annahme, sie sähen Gespenster. — *Obscenus* hiess Alles was Unheil verkündete, vgl. zu A. III, 367. Sonst erhalten die Hunde als Sinnbild der Schamlosigkeit auch das Epitheton *obscenus*, Ovid. Fast. IV, 936: *Turpiaque obscenae vidimus exta canis.* — *inportunus*, lästig, zur Unzeit andringend, weil die Nachtvögel (Uhus) bei Tage schrieen.

Vidimus undantem ruptis fornacibus Aetnam
Flammarumque globos liquefactaque volvere saxa!
Armorum sonitum toto Germania caelo
Audiit, insolitis tremuerunt motibus Alpes.   475
Vox quoque per lucos volgo exaudita silentis
Ingens et simulacra modis pallentia miris
Visa sub obscurum noctis, pecudesque locutae,
Infandum! sistunt amnes terraeque dehiscunt
Et maestum inlacrimat templis ebur aeraque sudant.   480
Proluit insano contorquens vertice silvas
Fluviorum rex Eridanus camposque per omnis
Cum stabulis armenta tulit.   Nec tempore eodem
Tristibus aut extis fibrae adparere minaces
Aut puteis manare cruor cessavit et altae   485
Per noctem resonare lupis ululantibus urbes.
Non alias caelo ceciderunt plura sereno
Fulgura nec diri toties arsere cometae.
Ergo inter sese paribus concurrere telis
Romanas acies iterum videre Philippi;   490

472. Der *Aetna*, die Schmiedewerkstätte des Vulkan und seiner Cyklopen hatte kurz vor dem Tode Caesars so heftige Ausbrüche, dass selbst das Gebiet von Rhegium von der Flamme erreicht wurde.

474. *Arm. sonitum.* Die Legionen am Rhein sahen, vermuthlich bei einem Nordlichte, Kriegsheere zu Ross und zu Fuss in den Wolken, und hörten den Trompeten- und Feldhörnerschall.

476—77. Diese Verse scheinen eine Umschreibung der Götternamen *Pavor* und *Pallor* (s. Liv. I, 27, 7) zu enthalten. Der *Pavor* ist verwandt mit dem *Faunus*, der wiederum häufig mit dem *Silvanus* identificirt wurde. Liv. II, 7, 2: *Silentio proximae noctis ex silvae Arsia ingentem editam vocem, Silvani eam creditam.* Uebrigens vgl. auch A. IV, 460—62. VII, 89. 95.

478. *pecudes locutae*, besonders die Ochsen, welche Tibull. II, 5, 98 deshalb *vocales boves* nennt.

480. *ebur aeraque.* Die Götterbildnisse aus Elfenbein und Erz, vgl. A. II, 173 s.

482. Der *Eridanus* oder *Padus* (Po) heisst als der grösste Fluss Italiens *Fluviorum* (dreisylbig zu lesen, s. Einl. p. 11) *rex*.

484. Bei den Infinitiven *adparere* und *resonare* ist *cessaverunt* zu ergänzen.

486. *lupis.* Wenn Wölfe einer Stadt nur nahten, dass man ihr Geheul hörte, so ward das als Vorbedeutung eines verödenden Krieges angesehen; und jetzt, sagt Appian. bell. civ. IV, 4, liefen sie über den Markt von Rom.

490. Da das thracische Philippi und das thessalische Pharsalus zu derselben römischen Provinz Macedonien (das hier mit seinem älteren Namen *Emathia* genannt wird) gehörten, so konnte der Dichter sagen: *Philippi* habe zweimal Römerheere sich bekämpfen sehen, und die Gefilde des thracischen Gebirges *Haemus* seien zweimal mit Römerblute getränkt worden.

Nec fuit indignum superis, bis sanguine nostro
Emathiam et latos Haemi pinguescere campos.
Scilicet et tempus veniet, cum finibus illis
Agricola incurvo terram molitus aratro
495 Exesa inveniet scabra robigine pila
Aut gravibus rastris galeas pulsabit inanis
Grandiaque effossis mirabitur ossa sepulchris.
Di patrii, Indigetes, et Romule Vestaque mater,
Quae Tuscum Tiberim et Romana Palatia servas,
500 Hunc saltem everso iuvenem succurrere saeclo
Ne prohibete! Satis iam pridem sanguine nostro
Laomedonteae luimus periuria Troiae;
Iam pridem nobis caeli te regia, Caesar,
Invidet atque hominum queritur curare triumphos;
505 Quippe ubi fas versum atque nefas: tot bella per orbem,
Tam multae scelerum facies; non ullus aratro
Dignus honos, squalent abductis arva colonis
Et curvae rigidum falces conflantur in ensem.
Hinc movet Euphrates, illinc Germania bellum;
510 Vicinae ruptis inter se legibus urbes

491. *Nec fuit ind. sup.*, es war die verdiente Strafe der Götter.
497. *Grandia.* Seit Homers Zeiten dachte sich das Volk die Vorfahren als Riesen von übermenschlicher Grösse, Schönheit, Lebensdauer und Kraft, bei höherer Tugend und Frömmigkeit, und glaubte, dass die Nachkommen durch Laster je mehr und mehr zu schwächlichen Zwergen einschrumpfen würden: Horat. Od. III, 6, 46—48: *Aetas parentum peior avis tulit Nos nequiores, mox daturos Progeniem vitiosiorem.*
498. *Di patrii*, Götter der Vorfahren, im Gegensatz derer, die man später von Fremden annahm; *Indigetes*, vergötterte Vorfahren. Zu ersteren gehörte *Vesta*, s. A. II, 297.
499. Auf dem palatinischen Hügel, *Palatium*, hatte Romulus gewohnt und wohnte später Octav.
500. *everso saeclo*, dem an den Rand des Verderbens gebrachten

Jahrhundert, Liv. XXX, 16, 6: *veniam civitati petebant civium temeritate bis iam eversae.*
502. *Laomedonteae.* Als Nachkommen der Trojaner mussten die Römer den Zorn der Götter wegen der Treulosigkeit des alten trojanischen Königs Laomedon, der dem Apollo und Poseidon den verheissenen Lohn für Erbauung der Mauern Troja's verweigert hatte (s. A. V, 811. Hom. II. XXI, 441—58), noch fortwährend fühlen.
503—514. Die historischen Anspielungen d. Stelle weisen auf die Jahre 36—35 v. Chr., wo Octav. den Sextus Pompejus besiegte und nach Asien zu fliehen nötigte, wo die Städte Etruriens sich empörten und die Völkerschaften Illyriens in die benachbarten römischen Provinzen einfielen, wo Antonius gegen die Parther (bezeichnet durch den *Euphrates*) kämpfte und Agrippa die Angriffe der Gallier und Germanen zurückschlug.

Arma ferunt; saevit toto Mars inpius orbe;
Ut cum carceribus sese effudere quadrigae,
Addunt in spatia et frustra retinacula tendens
Fertur equis auriga neque audit currus habenas.

512. Die unaufhaltsame Wuth des Alles verwirrenden Kriegsgottes wird mit dem Ungestüm eines wettrennenden Viergespanns auf dem Circus verglichen, welches, auf das gegebene Zeichen, aus einem der zwölf geöffneten Wagenbehältnisse, *carceres*, in die Rennbahn steigt, um siebenmal den Kreislauf um das Ziel zu vollenden. Dieser Kreislauf, von den Schranken um das Ziel und wieder zurück, hiess *spatium*, vgl. A. V, 316. VII, 381.

513. In den Worten *in spatia* ist die Präpos. *in* ebenso zu nehmen wie in der Verbindung *in dies*, der Sinn ist also: sie fügen von Raum zu Raum hinzu, sie vermehren ihren Lauf von Raum zu Raum. Sil. Ital. XVI, 373—74: *Iamque fere medium evecti certamine campum, In spatia addebant.*

514. *neque audit currus hab.* In ähnlicher Weise schreibt Ovid. Met. V, 381 einem Pfeile eigenen Willen zu, wenn er von ihm sagt: *Nec quae magis audiat arcus.*

P. VERGILI MARONIS
GEORGICON
LIBER SECUNDUS.

Hactenus arvorum cultus et sidera caeli,
Nunc te, Bacche, canam, nec non silvestria tecum
Virgulta et prolem tarde crescentis olivae.
Huc, pater o Lenaee — tuis hic omnia plena
5 Muneribus, tibi pampineo gravidus autumno
Floret ager, spumat plenis vindemia labris —
Huc, pater o Lenaee, veni nudataque musto
Tingue novo mecum direptis crura cothurnis.
Principio arboribus varia est natura creandis.

Die Baumzucht.

Einleitung v. 1—8.

1—8. Bacchus war nicht nur Spender des Weins, in welcher Eigenschaft er den Beinamen *Lenaeus* führte, sondern auch der wohlthätige Gott der Baumpflanzungen und hiess als solcher δενδρίτης, δασύλλιος, εὐάνθης cet. Darum erfleht Vergil gerade seinen Beistand zu Anfange dieses Buches, in dem er von der Pflege des Weinstocks und dem Anbau der Bäume, sowohl der wilden (*silv. Virg.*) als der Fruchtbäume (die hier durch den nützlichen Oelbaum vertreten werden), handeln will. Weil aber der Segen des Bacchus am meisten zur Zeit der Weinlese empfunden wird, so versetzt sich der Dichter in die Zeit des Kelterfestes, wo die Gefilde von der Traubenfülle des Herbstes (*pamp. gr. aut.*) strotzten, und die Trauben (*vindemia*, eigentlich die Weinlese, aber auch wie hier, v. 89 u. 522 von der Frucht) in den vollen Kufen (*labris*) mit den Füssen gekeltert und dann unter die Presse gebracht wurden. — *cothurnis*, s. zu E. 7, 32.

I. Entstehung der Bäume, v. 9—34.

1. natürliche, v. 9—21.

9—21. Die Natur lässt die Bäume u. Gesträuche entstehen 1) ohne Samen durch eigene Kraft, 2) aus

Namque aliae nullis hominum cogentibus ipsae 10
Sponte sua veniunt camposque et flumina late
Curva tenent, ut molle siler lentaeque genestae,
Populus et glauca canentia fronde salicta;
Pars autem posito surgunt de semine, ut altae
Castaneae nemorumque Iovi quae maxuma frondet 15
Aesculus atque habitae Grais oracula quercus.
Pullulat ab radice aliis densissima silva,
Ut cerasis ulmisque; etiam Parnasia laurus
Parva sub ingenti matris se subicit umbra.
Hos natura modos primum dedit, his genus omne 20
Silvarum fruticumque viret nemorumque sacrorum.
   Sunt alii, quos ipse via sibi repperit usus.
Hic plantas tenero abscindens de corpore matrum
Deposuit sulcis, hic stirpes obruit arvo
Quadrifidasque sudes et acuto robore vallos; 25
Silvarumque aliae pressos propaginis arcus
Exspectant et viva sua plantaria terra;
Nil radicis egent aliae summumque putator
Haud dubitat terrae referens mandare cacumen.
Quin et caudicibus sectis — mirabile dictu — 30
Truditur e sicco radix oleagina ligno.

Samen, 3) durch Wurzelschösslinge, *ipsae*. Varro de re rust. I, 40: *Semen, quod est principium genendi, id duplex: unum, quod latet nostrum sensum, alterum, quod apertum. Quaedam etiam usque adeo parva, ut sint obscura.*
14. *posito de semine*, von gefallenem Samen.
16. Die durch ihre Grösse unter den Bäumen des Waldes hervorragende Speiseiche (*aesculus*) war, wie alle Eichen, dem Jupiter heilig. Aus dem Rauschen der Eichen in Dodona (E. 9, 13) verkündeten die Priester den Willen der Gottheit.
19. *se subicit*, s. zu E. 10, 74.

   2. künstliche, v. 22—34.

22—34. Die anderen Arten (*alii*, nämlich *modi*, s. v. 20) der Entstehung fand die fortschreitende Erfahrung auf ihrem Wege. 1) Wurzelschösslinge werden abgerissen und in kleine Gruben oder Furchen gepflanzt. 2) Stärkere Aeste werden mit zugespitztem oder kreuzweis gespaltenem Ende so tief eingesenkt, dass sie nur wenig hervorragen. 3) Zweige werden gekrümmt und in die Erde gedrückt, so dass sie mit dem Mutterstamme noch in Verbindung stehen (*viva pl.*) und im eigenen Boden d. h. in dem Lande um den Mutterstamm Wurzel treiben. 4) Junge Zweige werden vom Baume geschnitten und der Erde, welche den Mutterstamm getrieben hat, wieder anvertraut, d. h. anderwärts gepflanzt. 5) Man zerspaltet den Stamm und gräbt die Scheite (*caudices secti*) in die Erde. Thut man das beim Oelbaum, so drängt sich die neue Wurzel aus dem trockenen Holze, d. h. aus dem Stamme, der wenig saftiger ist, als die Wurzel und die Aeste. 6) Man propft Reiser. *prunis lap.*, steinige

Et saepe alterius ramos inpune videmus
Vertere in alterius mutatamque insita mala
Ferre pirum et prunis lapidosa rubescere corna.
35 Quare agite o proprios generatim discite cultus,
Agricolae, fructusque feros mollite colendo,
Neu segnes iaceant terrae. Iuvat Ismara Baccho
Conserere atque olea magnum vestire Taburnum.
Tuque ades inceptumque una decurre laborem,
40 O decus, o famae merito pars maxuma nostrae,
Maecenas, pelagoque volans da vela patenti.
Non ego cuncta meis amplecti versibus opto,
Non, mihi si linguae centum sint oraque centum,
Ferrea vox; ades et primi lege litoris oram.
45 In manibus terrae; non hic te carmine ficto
Atque per ambages et longa exorsa tenebo.

Kornellen tragen ihre rothen Früchte auf Pflaumenbäumen.

II. **Anbau der wildwachsenden und der veredelten Bäume, v. 35—82.**

35. *generatim*, nach den verschiedenen Gattungen.

37. *Neu segnes* cet., bepflanzt die zum Kornbau untauglichen Höhen mit edlen Bäumen, als Reben, wie sie auf dem thracischen Gebirge *Ismarus*, und Oelbäumen, wie sie auf der campanischen Bergkette *Taburnus* gedeihen.

41—44. *pelago vol. da v. pat.* Der Gedanke an die Masse des zu bewältigenden Stoffes drückt den Dichter auf einen Augenblick nieder. In seiner Verlegenheit, wo er zunächst anfangen solle, kommt er sich vor wie ein Schiffer, der sich rathlos, wohin er steuern soll, auf hoher See (*pelago pat.*) befindet. Da wendet er sich an seinen Gönner Maecenas mit der Bitte, die Leitung seines Schiffes zu übernehmen und ihn schnell (*volans*) und mit sicherer Hand seinem Ziele entgegenzuführen. Nicht ist es seine Absicht, den ganzen Gegenstand erschöpfend zu behandeln, nein, er will nur die Hauptsachen berühren; darum soll Maecenas mit ihm nur am Gestade hinstreichen und gleich die erste beste Küste, die sich ihnen auf ihrer Fahrt bietet, gewinnen.

41. *pelago' pat.* darf nicht als Dat. genommen werden, denn der Dichter hat seine Reise bereits angetreten, s. oben v. 39: *inceptum laborem.* — *vela dare* steht ohne Angabe des Zieles z. B. auch Ovid. Met. III, 639. XIV, 437.

45—46. So wenig der Dichter daran denkt, seinen ganzen Gegenstand erschöpfend zu behandeln, so wenig will er dem Beispiele anderer didactischen Dichter folgen und sich Abschweifungen von seinem Gegenstande erlauben, sondern will stets sein Thema im Auge behalten (*in man. terrae*, näml. *erunt*; eig. von den Ländern gesagt, welche sich dem Blicke des Schiffers nicht entziehen, vgl. Apoll. Rhod. I, 1113: πᾶσα περαίη Θρηϊκίης ἐνὶ χερσὶν ἑαῖς προὐφαίνετ' ἰδέσθαι). — *longa exorsa*, lange Vorreden, mit denen z. B. Lucretius jeden seiner Gesänge begann. *Non ego cuncta meis*, vgl. Hom. Il. II, 488—90: πληθὺν δ' οὐκ ἂν ἐγὼ μυθήσομαι, οὐδ' ὀνομήνω· οὐδ' εἴ μοι

Sponte sua quae se tollunt in luminis oras,
Infecunda quidem, sed laeta et fortia surgunt;
Quippe solo natura subest. Tamen haec quoque, si quis
Inserat aut scrobibus mandet mutata subactis, 50
Exuerint silvestrem animum cultuque frequenti
In quascumque voles artis haud tarda sequentur.
Nec non et sterilis, quae stirpibus exit ab imis,
Hoc faciet, vacuos si sit digesta per agros;
Nunc altae frondes et rami matris opacant 55
Crescentique adimunt fetus uruntque ferentem.
Iam quae seminibus iactis se sustulit arbos,
Tarda venit seris factura nepotibus umbram,
Pomaque degenerant sucos oblita priores
Et turpis avibus praedam fert uva racemos. 60
  Scilicet omnibus est labor inpendendus et omnes
Cogendae in sulcum ac multa mercede domandae.
Sed truncis oleae melius, propagine vites

δέκα μὲν γλῶσσαι, δέκα δὲ στόματ' εἶεν, φωνὴ δ' ἄρρηκτος, χάλκεον δέ μοι ἦτορ ἐνείη, vgl. auch A. VI, 625.
47—60. Veredelung natürlicher Bäume: 1) die anscheinend ohne Samen wachsenden (v. 10—13) werden dadurch, dass man sie pfropft, oder, wenn man noch mehr thun will, sie nach dem Pfropfen (*mutata*) noch verpflanzt, veredelt. 2) Die Wurzelschösslinge (v. 17—19) müssen, um zu gedeihen, auf freie Pflanzbeete in gehörigem Abstande versetzt werden, denn sonst verkümmern sie im Schatten der Mutter und können weder gehörig auswachsen, noch Früchte tragen. 3) Die aus Samen wachsenden Bäume (v. 14—16) wachsen sehr langsam und verwildern, wenn die veredelnde Kunst ihnen nicht zu Hülfe kommt, d. h. wenn sie nicht geimpft werden. — *luminis oras*, ein dem Ennius und Lucret. entlehnter und Aen. VII, 660 wiederholter Ausdruck, die Bezirke des Lichtes (d. h. das Tageslicht), also *se tollere in lum. or.* sich aus dem dunklen Schoosse der Erde auf-

schwingen zum Bereiche des Sonnenlichts.
49. *solo natura sub.*, der Boden hat die zum Gedeihen des Baumes erforderlichen Eigenschaften.
52. *artis*, künstliche Mittel.
53. Der zu *sterilis* gehörige, aber erst v. 57 vorkommende Begriff lässt sich aus dem Zusammenhange leicht ergänzen.
54. *faciet*. Andere LA. *faciat*.
56. *fetus*, Wachsthum, nicht Früchte, welche Bedeutung das vorhergehende *Crescenti* nicht zulässt. — *uruntque ferentem*, sie dörren ihn, der Früchte tragen will, aus, berauben ihn der Nahrungssäfte. So steht auch das Part. praes. auch häufig in Prosa de conatu, wie Cic. de sen. 4, 11: *Restitit agrum . . . dividenti*. De amic. 20, 75: *Iter suum impedientem*, Vgl. A. VII, 498. IX, 286 u. 525.
62. *Cogendae in sulc.*, sie müssen in Gruben oder Furchen versetzt werden.
63. Der Oelbaum entspricht am besten der Erwartung (in dieser Bedeutung ist *respondere* eine *vox rustica*), wenn er aus *truncis* =

Respondent, solido Paphiae de robore myrtus;
65 Plantis et durae coryli nascuntur et ingens
Fraxinus Herculeaeque arbos umbrosa coronae
Chaoniique patris glandes, etiam ardua palma
Nascitur et casus abies visura marinos.
Inseritur vero et nucis arbutus horrida fetu,
70 Et steriles platani malos gessere valentis,
Castaneae fagos; ornusque incanuit albo
Flore piri glandemque sues fregere sub ulmis.
  Nec modus inserere atque oculos inponere simplex.
Nam qua se medio trudunt de cortice gemmae
75 Et tenuis rumpunt tunicas, angustus in ipso
Fit nodo sinus: huc aliena ex arbore germen
Includunt udoque docent inolescere libro.
Aut rursum enodes trunci resecantur et alte
Finditur in solidum cuneis via, deinde feraces
80 Plantae inmittuntur: nec longum tempus, et ingens
Exit ad caelum ramis felicibus arbos
Miraturque novas frondes et non sua poma.
  Praeterea genus haud unum nec fortibus ulmis
Nec salici lotoque neque Idaeis cyparissis,

caudicibus sectis in v. 30 gezogen wird. — *propagine*, s. v. 26.
64. *solido de robore*, s. v. 24. Die Myrte war der Venus heilig, die besonders in der cyprischen Stadt *Paphos* verehrt wurde.
65. *Plantis*, Setzlinge, sie mögen durch Natur oder Kunst gewachsen sein.
66. *Hercul.* Mit dem Laube der am Acheron wachsenden Pappel kränzte sich Herkules, als er den Cerberus aus dem Schattenreiche heraufholte.
67. *Chaonii*, s. zu E.9,13. u.G.II,16.
68. *Nascitur*, nämlich aus den *plantis*.
69. *arbutus.* Auf den Erdbeerbaum, der wegen seiner rauhen Rinde *horrida* hiess, soll man ein Fruchtreis der Wallnuss (*nucis*) pfropfen.
70. *gessere*, s. zu G. I, 49.
72. *glandemque*. Um Eicheln schneller zu gewinnen, pfropfte man Eichen auf Ulmen.

73—82. Das Oculiren besteht darin, dass man da, wo das Auge (*gemma*, *nodus* und *germen* genannt) sich aus der Rinde hervordrängt und den Bast (*tunicas*) durchbricht, eine mässige Höhlung (*sinus*) macht und das von einem andern Baum genommene Auge hineinsetzt. Beim Pfropfen oder Impfen verfuhr man so, dass man einen glatten Stamm oder Ast absägte, dann durch die Mitte mit einem Keile spaltete und nun die zugespitzten Pfropfreiser einsetzte und verband.
81. *Exit* ist das Perf., s. zu A. II, 497. — *ramis felicibus*, mit fruchtbaren Zweigen.

III. Verschiedenheit der Bäume und Gesträuche, v. 83—135.
1. nach den Gattungen, v. 83—108.
84. Die Cypresse war auf Creta

Nec pingues unàm in faciem nascuntur olivae, 85
Orchades et radii et amara pausia baca
Pomaque et Alcinoi silvae, nec surculus idem
Crustumiis Syriisque piris gravibusque volemis.
Non eadem arboribus pendet vindemia nostris,
Quam Methymnaeo carpit de palmite Lesbos; 90
Sunt Thasiae vites, sunt et Mareotides albae,
Pinguibus hae terris habiles, levioribus illae,
Et passo Psithia utilior tenuisque Lageos
Temptatura pedes olim vincturaque linguam,
Purpureae preciaeque, et quo te carmine dicam, 95
Rhaetica? nec cellis ideo contende Falernis.
Sunt et Aminaeae vites, firmissima vina,
Tmolius adsurgit quibus et rex ipse Phanaeus;
Argitisque minor, cui non certaverit ulla
Aut tantum fluere aut totidem durare per annos. 100

und besonders auf den Höhen des dortigen Idaberges einheimisch.
87. *Poma* sind essbare Baumfrüchte aller Art. — Der Obstgarten des phäakischen Königs Alcinous, bekannt durch die Beschreibung Hom. Od. VII; 114—21, war sprichwörtlich geworden zur Bezeichnung fruchttragender Obstbäume.
88. *Crustumium* oder *Crustumerium*, eine Stadt im Lande der Sabiner.
90. *Lesbos* (mit der Stadt *Methymna*) und *Thasos*, Inseln des ägäischen Meeres.
91. Am ögyptischen See *Mareotis* wuchsen verschiedene Sorten guter Weine, unter denen der weisse besonders geschätzt wurde. Bei der Verpflanzung dieser Reben nach Italien hat man darauf zu sehen, dass sie fetten Boden bekommen.
93. *Psithia* und *Lageos* (*vitis*), zwei griech. Weine: jener aus getrockneten Trauben (*uvae passae*) gepresst, also Sekt (*passum*); dieser ein feuriger und schnell durch Adern und Gehirn dringender (*tenuis*, s. G. I, 92) Wein.
94. *olim*, einst, wenn nämlich der vom Dichter noch als Weinstock gedachte Wein getrunken wird.
96. *Rhätien*, eine der römischen Donauprovinzen, umfasste das heutige Graubündten, Tyrol und den nördlichsten Theil der Lombardei. Der beste rhätische Wein wuchs in der Gegend von Verona und war der Lieblingswein des Octav., s. Sueton. Octav. 77. — *nec cellis ideo*, jedoch kann er sich desshalb nicht mit dem berühmten Falernerweine (am Fusse des Massicus in Campanien gewonnen) messen.
97. *Aminaea*, eine Gegend im picentinischen Gebiet, lieferte einen dem Zahn der Zeit kräftig widerstehenden (*firmissima*) Wein, vor dem selbst der *Tmolier* (am Gebirge Tmolus in Lydien) und der hochgepriesene (*rex*) *Phanäer* (von Phanae, einem Vorgebirge der Insel Chios) zurücktreten müssen (*adsurgit*, s. E. 6, 66).
99. Die kleinere *argitische* Rebe (von der Stadt Argos im Peloponnes) trug weisse Trauben, die äusserst ergiebig waren (*fluere*) und einen Wein lieferten, der sich länger hielt, als es sonst bei einem griechischen Weine der Fall war.

Non ego te, Dis et mensis accepta secundis,
Transierim, Rhodia, et tumidis, Bumaste, racemis.
Sed neque quam multae species nec nomina quae sint,
Est numerus; neque enim numero conprendere refert;
105 Quem qui scire velit, Libyci velit aequoris idem
Discere quam multae Zephyro turbentur arenae,
Aut ubi navigiis violentior incidit Eurus,
Nosse, quot Ionii veniant ad litora fluctus.
Nec vero terrae ferre omnes omnia possunt.
110 Fluminibus salices crassisque paludibus alni
Nascuntur, steriles saxosis montibus orni;
Litora myrtetis laetissima; denique apertos
Bacchus amat collis, aquilonem et frigora taxi.
Aspice et extremis domitum cultoribus orbem
115 Eoasque domos Arabum pictosque Gelonos:
Divisae arboribus patriae. Sola India nigrum
Fert ebenum, solis est turea virga Sabaeis.
Quid tibi odorato referam sudantia ligno
Balsamaque et bacas semper frondentis acanthi?
120 Quid nemora Aethiopum molli canentia lana?
Velleraque ut foliis depectant tenuia Seres?
Aut quos Oceano propior gerit India lucos,

102. *Bumastus*, eine grosstraubige Rebenart, die ihren Namen von βοῦς und μαστός hatte; weil die Trauben wie ein Kuheuter anschwollen.

104. *neque . . . est numer.*, ich kann nicht aufzählen.

2. nach Boden und Lage, v. 108—13.

110. *Fluminibus* und *montibus* sind Dat. commodi.

3. nach den Weltgegenden, v. 114—35.

114. *Aspice . . . Gelonos* enthält den logischen Vordersatz zu *Divisae arb. patr.*, denn vollständig würde der Satz lauten: wenn du deinen Blick auch auf die entferntesten Länder wendest, so wirst du finden, dass jedes Land seine besonderen Bäume hat. Die zu den Indern gerechneten Araber und die zu den Scythen oder auch zu den Thraciern gezählten Geloni (am Borysthenes, in der heutigen Ukraine), die sich zu tätowiren pflegten, *picti*, werden vorzugsweise als Grenzvölker der Erde genannt.

117. *Sabaeis*, s. zu G. I, 57.

119. Der in Judäa einheimische Balsam schwitzt als Gummi aus der Rinde der Balsamstaude, die an seinem Wohlgeruche Theil nimmt. — *acanthus* ist hier nicht das Bärenklau, sondern ein Baum Aegyptens, vielleicht der dortige Schotendorn.

120. *nemora canentia lana*, Umschreibung der Baumwollenstaude.

121. Die *Serer*, ein indischer Volksstamm, sollten das Gespinnst (*Vellera*) des Seidenwurms von den damit übersponnenen Blättern abkämmen. — *tenuia*, dreisylbig, s. Einl. p. 11.

Extremi sinus orbis, ubi aera vincere summum
Arboris haud ullae iactu potuere sagittae?
Et gens illa quidem sumptis non tarda pharetris. 125
Media fert tristis sucos tardumque saporem
Felicis mali, quo non praesentius ullum,
Pocula si quando saevae infecere novercae,
[Miscueruntque herbas et non innoxia verba,]
Auxilium venit ac membris agit atra venena. 130
Ipsa ingens arbos faciemque simillima lauro;
Et, si non alium late iactaret odorem,
Laurus erat; folia haud ullis labentia ventis;
Flos ad prima tenax; animas et olentia Medi
Ora fovent illo et senibus medicantur anhelis. 135
 Sed neque Medorum silvae ditissima terra,
Nec pulcher Ganges atque auro turbidus Hermus
Laudibus Italiae certent, non Bactra neque Indi
Totaque turiferis Panchaia pinguis arenis.
Haec loca non tauri spirantes naribus ignem 140
Invertere satis inmanis dentibus hydri

123. *Extremi sinus orb.*, γῆς μυχὸς ἐσχατίης; *sinus* der Bogen des eiförmigen Erdkreises im Osten. — *aera summum Arb.*, die luftige Höhe des Baumes, vgl. Valer. Fl. VI, 261: *Summi ab aëre rami.*
124. *potuere*, s. zu G. I, 49.
126. Der medische oder persische Apfel, d. i. die Citrone oder Pomeranze mit saurem Safte, dessen Schärfe dem zusammengezogenen Munde die Miene des Mürrischen giebt (*tristis sucos*, vgl. G. I, 75) und von lang anhaltendem Nachgeschmack ist (*tardus sapor*).
127. *Felicis mali*, gesegnet mit Heilkraft.
128. *Poculum* ist bei Erwähnung der Giftmischerei herkömmlich (Tibull. III, 5, 9: *Nec mea mortiferis infecit succis Dextera*), sowie der Stiefmütter feindlicher Sinn (Ovid. Met. I, 147: *Lurida terribiles miscent aconita novercae*).
129. Dieser Vers hat sich hierher wohl nur aus G. III, 283 verirrt.

134. *Flos ad prima tenax*, die Blüthe ist ausnehmend (*ad prima* dichterisch für *inprimis*) fest und dauerhaft.
135. *fovent*, sie lindern damit den üblen Geruch des Athems und wenden es als Heilmittel gegen das Asthma der Greise an.

Episode I: Lob Italiens,
v. 136—76.

137. *Hermus*, ein Fluss Lydiens, der den goldführenden Pactolus aufnimmt.
138. *Laudibus certent* s. zu E. 5, 8. — *Bactra*, die Hauptstadt des zu Vergil's Zeiten den Parthern unterworfenen baktrianischen Reiches.
139. *Panchaia*, eine fabelhafte Insel in Arabiens Nähe, auch wohl für Arabien selbst gesetzt, und wie dieses reich an Weihrauch, vgl. G. IV, 379.
141. *satis dentibus* ist Dativ. Dem Dichter schwebte bei diesen Worten das Abenteuer des Jason

Nec galeis densisque virum seges horruit hastis;
Sed gravidae fruges et Bacchi Massicus humor
Inplevere; tenent oleae armentaque laeta.
145 Hinc bellator equus campo sese arduus infert;
Hinc albi, Clitumne, greges et maxuma taurus
Victima, saepe tuo perfusi flumine sacro,
Romanos ad templa deum duxere triumphos.
Hic ver adsiduum atque alienis mensibus aestas;
150 Bis gravidae pecudes, bis pomis utilis arbos.
At rabidae tigres absunt et saeva leonum
Semina nec miseros fallunt aconita legentis
Nec rapit inmensos orbis per humum neque tanto
Squameus in spiram tractu se colligit anguis.
155 Adde tot egregias urbes operumque laborem,
Tot congesta manu praeruptis oppida saxis
Fluminaque antiquos subterlabentia muros.
An mare, quod supra, memorem, quodque adluit infra?
Anne lacus tantos? te, Lari maxume, teque,
160 Fluctibus et fremitu adsurgens Benace marino?
An memorem portus Lucrinoque addita claustra
Atque indignatum magnis stridoribus aequor,

in Colchis vor (s. Ovid. Met. VII, 104—42), daher liegt folgender Gedanke in den Worten: *dentibus hydri* (*serendis*), *quales ab Iasone satos accepimus*.
143. *Massicus*, s. zu v. 96.
146. An den Ufern des umbrischen *Clitumnus* sah man vorherrschend weisse Rinder. Stiere von dieser Farbe wurden bei Triumphzügen, als das bestimmte Dankopfer, mit Opferbinden und Kränzen und vergoldeten Hörnern, vor dem mit 4 weissen Rossen bespannten Wagen des Triumphators zum Tempel des Jupiter auf dem Kapitol geführt.
149. *alienis mens.*, in ungeeigneten Monaten, d. h. in Monaten, die anderen Ländern nichts weniger als Sommertage bringen. Lucret. I, 181: *Alienis partibus anni*.
152. *fallunt aconita leg.*, wer Feldkräuter sammelt, pflückt nicht aus Versehen Giftkräuter (*aconita*

Eisenkraut, das furchtbarste aller Giftkräuter).
154. *tanto tractu*, wie bei den Schlangen des Auslandes.
155. *egregias urb. op. laborem*, eine ähnliche Zusammenstellung A. I, 455.
158. *quod supra*, das obere oder adriatische, *quod infra*, das untere oder tyrrhenische Meer.
159. *Larius*, der Comer-, *Benacus*, der Gardasee. Von den vielen Häfen Italiens wird der berühmte von Octav. zur Aufnahme einer Kriegsflotte 37 v.Chr. angelegte *Portus Iulius* ausgehoben. Dieser Hafen war zwischen Bajae und Puteoli in Campanien durch Verbindung des *Lacus Lucrinus* mit dem *Lacus Avernus* gebildet und durch Dämme (*claustra*) gegen den Andrang des Meeres gesichert. So strömte denn das wogende tyrrhenische (*Tyrrh. aestus*) Meer in die Bucht des Lucrinersee's.

Iulia qua ponto longe sonat unda refuso
Tyrrhenusque fretis inmittitur aestus Avernis?
Haec eadem argenti rivos aerisque metalla 165
Ostendit venis atque auro plurima fluxit.
Haec genus acre virum, Marsos pubemque Sabellam
Adsuetumque malo Ligurem Volscosque verutos
Extulit, haec Decios, Marios, magnosque Camillos,
Scipiadas duros bello et te, maxume Caesar, 170
Qui nunc extremis Asiae iam victor in oris
Inbellem avertis Romanis arcibus Indum.
Salve, magna parens frugum, Saturnia tellus,
Magna virum; tibi res antiquae laudis et artis

163. *ponto refuso,* von dem Meere, das wieder und wieder (*refuso,* vgl. zu A. III, 593) gegen die Dämme anfluthet.

166. *auro plurima fluxit.* Plin. hist. nat. III, 20, 24: *Metallorum omnium fertilitate nullis cedit terris. Sed interdictum id vetere consulto Patrum Italiae parci iubentium.* Warum also das Perfect *fluxit?*

167. Die Tapferkeit der *Marsi* wird bezeugt durch ein von Appian. b. civ. I, 46 erwähntes Sprichwort: οὔτε κατὰ Μάρσων οὔτε ἄνευ Μάρσων γενέσθαι θρίαμβον. — *pubes Sabella.* Cic. pro Ligar. 11: *Possum fortissimos viros, Sabinos ... totumque agrum Sabinum, florem Italiae ac robur rei publicae, proponere.*

168. Das Bergvolk der *Ligurier* war durch die Rauhheit des Landes an Mühe und Ungemach gewöhnt. — *verutos.* Der kurze Speer, *veru,* setzt Krieger voraus, die den Feind festen Fusses in der Nähe erwarten.

172. Unter den Indiern sind hier alle Völker des Morgenlandes zu verstehen, die im Jahre 31 der Cleopatra und dem Antonius zur Schlacht bei Actium gefolgt waren und nun durch die Niederlage muthlos gemacht die Gnade des Siegers anflehten; vgl. A. VIII, 685—706.

— *Inbellem,* in Folge der erlittenen Niederlagen; ebenso steht das Adject. proleptisch A. III, 508. — *avertis Rom. arc.* Der von Anton. und Cleop. erregte Krieg wird von den Zeitgenossen immer, zur Vergrösserung des Hasses gegen den Feind und zur Erhöhung der Verdienste Octavian's, als ein Angriff auf die Hauptstadt des Reichs vorgestellt, die man den Völkern des Morgenlandes habe zur Beute geben wollen. Propert. III, 11, 31: *Coniugii obsceni pretium Romana poposcit* (Cleopatra) *Moenia, et addictos in sua regna patres.* Flor. IV, 11: *Haec mulier Aegyptia ab ebrio imperatore pretium libidinum Romanum imperium petiit.*

173. *Saturnia tellus* heisst Italien, weil Saturnus, nachdem er vom Jupiter enttbront war, in Italien Aufnahme fand und von Janus, einem alten Könige Latiums, zum Mitregenten angenommen ward.

174. *res antiquae laud. et ar.* Cato de re rust. prooem.: *Maiores nostri ... virum bonum cum laudabant, ita laudabant, bonum agricolam bonumque colonum. Amplissime laudari existimabatur, qui ita laudabatur.* — *recludere fontes,* weil vor dem Vergil noch kein Römer den Landbau poetisch behandelt hatte.

175 Ingredior, sanctos ausus recludere fontis,
Ascraeumque cano Romana per oppida carmen.
Nunc locus arvorum ingeniis: quae robora cuique,
Quis color et quae sit rebus natura ferendis.
Difficiles primum terrae collesque maligni,
180 Tenuis ubi argilla et dumosis calculus arvis,
Palladia gaudent silva vivacis olivae.
Indicio est tractu surgens oleaster eodem
Plurimus et strati bacis silvestribus agri.
At quae pinguis humus dulcique uligine laeta,
185 Quique frequens herbis et fertilis ubere campus —
Qualem saepe cava montis convalle solemus
Despicere; huc summis liquuntur rupibus amnes
Felicemque trahunt limum — quique editus austro
Et filicem curvis invisam pascit aratris:
190 Hic tibi praevalidas olim multoque fluentis
Sufficiet Baccho vitis, hic fertilis uvae,
Hic laticis, qualem pateris libamus et auro,
Inflavit cum pinguis ebur Tyrrhenus ad aras,
Lancibus et pandis fumantia reddimus exta.
195 Sin armenta magis studium vitulosque tueri

176. *Ascraeum carm.*, s. Einl. p. 13.

IV. Verschiedene Beschaffenheit des Bodens, v. 177—258.

178. *quae sit rebus natura fer.* s. zu G. I, 3.

1. Mit Rücksicht auf seine Benutzung, v. 179—225.

179. *Difficiles terrae*, unwillfährige Fluren; denn die *terrae* wie die *colles* werden hier personificirt.

181. Der der Pallas heilige Oelbaum (s. G. I, 18) heisst *vivax*, insofern er nach Plin. hist. nat. XVI, 90 ein Alter von 200 Jahren erreichen soll.

183. *bacis silv.* Der wilde Oelbaum, *oleaster*, trug kleine herbe Beeren; sein Laub kränzte die olympischen Sieger.

184. Dem allgemeinen Satze in diesem Verse folgen die Unterabtheilungen mit doppeltem *Quique*.

187. *despicere*, wenn wir nämlich nur den Blick auf die Erde richten. Andere LA. *dispicere*, was auf einen nicht angedeuteten fernen Standpunkt der Betrachtung hinweisen würde.

189. *Felicem limum*, befruchtenden Schlamm, vgl. zu E. 5, 37.

192. *pateris et auro*, goldene Schalen. Ueber diese unserer Darstellungsweise fremde Parataxe s. z. A. V, 410.

193. *Tyrrhenus.* Die Opferdienste wurden meist von ansässigen oder umherziehenden Tyrrhenern (griechische Benennung der Etrusker) bestellt, denen die heiligen Mahlzeiten sehr gut bekamen (*pinguis;* auch Catull. 39, 11 spricht von dem *obesus Etruscus*). — *ebur*, die elfenbeinerne Opfertibie, vgl. G. I, 480.

194. Warum heissen die Eingeweide *fumantia*? Vgl. A. XII, 214.

Aut ovium fetum aut urentis culta capellas,
Saltus et saturi petito longinqua Tarenti
Et qualem infelix amisit Mantua campum,
Pascentem niveos herboso flumine cycnos;
Non liquidi gregibus fontes, non gramina deerunt;   200
Et, quantum longis carpent armenta diebus,
Exigua tantum gelidus ros nocte reponet.
Nigra fere et presso pinguis sub vomere terra
Et cui putre solum, — namque hoc imitamur arando —
Optuma frumentis; non ullo ex aequore cernes   205
Plura domum tardis decedere plaustra iuvencis;
Aut unde iratus silvam devexit arator
Et nemora evertit multos ignava per annos
Antiquasque domos avium cum stirpibus imis
Eruit; illae altum nidis petiere relictis,   210
At rudis enituit inpulso vomere campus.
Nam ieiuna quidem clivosi glarea ruris
Vix humilis apibus casias roremque ministrat;
Et tophus scaber et nigris exesa chelydris
Creta negant alios aeque serpentibus agros   215
Dulcem ferre cibum et curvas praebere latebras.

196. Von den Ziegen berichtet Plin. hist. nat. VIII, 76: *Morsus caprarum arbori exitialis. Olivam lambendo quoque sterilem faciunt.*

197. *Tarent* an der entlegenen Küste Unteritaliens (*longinqua Tarenti*) war wegen seiner grossen Fruchtbarkeit (*saturi*) berühmt.

198. *infelix Mantua*, s. Einl. p. 7.

200. *deerunt*, s. Einl. p. 11.

203. *fere*, in der Regel, *et pr.*, und wenn es dabei; denn die dunkle Farbe ist an und für sich kein entscheidendes Merkmal der Fruchtbarkeit.

205. *aequore*, Ebene, vgl. G. I, 50.

206. *decedere pl. iuvencis*, „die Erndtewagen rollen den trägen Stieren nach Hause" ist mit Humor gesagt, als ob die trägen Stiere sich dabei gar nicht betheiligten.

207. *Aut unde*, d. i. *aut ex acquore, unde.* Unter dem Neubruch sind urbar gemachte Bergwaldungen zu verstehen: ein Werk des betriebsamen Landmanns, der gleichsam mit zürnendem Eifer die träge Wildniss in fruchtbaren Acker umschafft.

211. Die Umgebung des *enituit* zeigt, dass man diesen Ausdruck von dem Glanze der frisch aufgepflügten fetten Erdschollen zu verstehen habe.

213. *rorem*, Rosmarin.

215. *negant.* Tof- und Kreideboden rühmen sich, mit poetischer Belebung des Leblosen, den Schlangen Nahrung und Aufenthalt zu geben. Liebliche Speise sind den Schlangen die schädlichen Kräuter, die aus den bösen Säften solches Erdreichs erwachsen: *mala gramina* A. II, 471.

Quae tenuem exhalat nebulam fumosque volucris
Et bibit humorem et, cum volt, ex se ipsa remittit
Quaeque suo semper viridi se gramine vestit
220 Nec scabie et salsa laedit robigine ferrum:
Illa tibi laetis intexet vitibus ulmos,
Illa ferax oleo est, illam experiere colendo
Et facilem pecori et patientem vomeris unci.
Talem dives arat Capua et vicina Vesevo
225 Ora iugo et vacuis Clanius non aequus Acerris.
Nunc, quo quamque modo possis cognoscere, dicam.
Rara sit an supra morem si densa requires —
Altera frumentis quoniam favet, altera Baccho,
Densa magis Cereri, rarissima quaeque Lyaeo —
230 Ante locum capies oculis alteque iubebis
In solido puteum demitti omnemque repones
Rursus humum et pedibus summas aequabis arenas.
Si deerunt, rarum pecorique et vitibus almis
Aptius uber erit; sin in sua posse negabunt
235 Ire loca et scrobibus superabit terra repletis,
Spissus ager; glaebas cunctantis crassaque terga
Exspecta et validis terram proscinde iuvencis.
Salsa autem tellus et quae perhibetur amara,
Frugibus infelix — ea nec mansuescit arando
240 Nec Baccho genus aut pomis sua nomina servat —
Tale dabit specimen: Tu spisso vimine qualos

217. *fumos vol.*, aufsteigenden Duft.

219. *suo semper viridi se gr. vestit*, das Erdreich, welches sich mit einem ihm eigenen stets grünen (d. h. stets frischen) Grase bekleidet. *semper vir.* ist also Erklärung des *suo gr.* Andere lesen *viridis* und fassen es proleptisch; allein unter der dünnsten Rasenrinde findet sich oft Sand, also ist nicht die stete Bekleidung mit Gras Anzeichen des fruchtbaren Erdreichs, sondern stets frisches Gras.

220. *salsa robig.*, mit beizendem Rost.

221. *intexet vit. ulm.*, s. zu E. 2, 70.

224. *Vesevus* war der alte, auch bei Lucret. vorkommende Name des Vesuv.

225. Der *Clanius*, ein Fluss in Campanien, überschwemmte und verödete häufig die anliegende Stadt *Acerrae*.

2. mit Rücksicht auf die Kennzeichen seiner Beschaffenheit, v. 226—58.

227. *Rara sit.* Zu construiren ist: *si requires, rara sit an supra morem densa.*

233. *Si deerunt*, wenn die in die Grube zurückgeworfene Erde dieselbe nicht wieder ganz ausfüllt, im Gegensatz zu *sin superabit terra.*

236. *terga*, s. zu G. I, 97.

240. *sua nomina servat*, Reben und Obstbäume arten aus.

Colaque prelorum fumosis deripe tectis;
Huc ager ille malus dulcesque a fontibus undae
Ad plenum calcentur; aqua eluctabitur omnis .
Scilicet, et grandes ibunt per vimina guttae; 245
At sapor indicium faciet manifestus et ora
Tristia temptantum sensu torquebit amaror.
Pinguis item quae sit tellus, hoc denique pacto
Discimus: haud umquam manibus iactata fatiscit,
Sed picis in morem ad digitos lentescit habendo. 250
Humida maiores herbas alit, ipsaque iusto
Laetior. Ah nimium ne sit mihi fertilis illa
Neu se praevalidam primis ostendat aristis!
Quae gravis est, ipso tacitam se pondere prodit,
Quaeque levis. Promptum est oculis praediscere nigram, 255
Et quis cui color. At sceleratum exquirere frigus
Difficile est: piceae tantum taxique nocentes
Interdum aut hederae pandunt vestigia nigrae.
    His animadversis terram multo ante memento

242. *fumosis deripe tectis.* Die Geräthe des Ackerbaus und der Schifffahrt nebst den Jagdnetzen wurden gegen Feuchtigkeit und Gewürm über dem Heerde an der russigen Decke der hohen und geräumigen Küche aufgehängt.
243. *a fontibus*, s. zu E. 1, 8.
— *Huc ... Ad plenum calcentur.* Kürze des Ausdrucks für *huc infundantur et calcentur ad plenum* (bis an den äussersten Rand), vgl. G. IV, 82.
247. *temptantum sensu*, der Kostenden.
250. *habendo*, dadurch, dass man die fette Erde in den Händen hält und knetet, d. h. je mehr sie gehalten und geknetet wird, desto klebriger haftet sie. Das Gerund. steht hier so wenig im passiven Sinne als Lucret. I, 312: *Annulus in digito subtertenuatur habendo.* Liv. VIII, 11, 1: *haec — omnis divini humanique moris memoria abolevit nova peregrinaque omnia priscis ac patriis praeferendo.*
251. *Humida*, feuchtes Land offenbart sich durch grössere Kräuter und allzu geilen Trieb. — *ipsa*, s, z. E. 4, 21.
253. *primis ar.* = *surgentibus ar.*, vgl. G. I, 111.
254. *tacitam*, ohne andere Versuche, durch Gewicht.
256. *quis cui color*, welches Land eine andere Farbe hat und welche. So werden im Lat. wie im Griech. zwei Fragen, die ein gemeinsames Prädicat haben, häufig in eine zusammengezogen, Vgl. Cic. p. Roscio Com. 7, 21: *Considera, quis quem fraudasse dicatur.* Pro Mil. 14, 38: *Quantae quoties occasiones quam praeclarae fuerunt.*
— *sceleratum frigus*, schädliche Kälte, ein sittlich belebender Ausdruck, wie G. III, 468.
257. *taxique nocentes.* Die Beeren und das Laub des Taxus hielt man für betäubend giftig.

V. Pflanzung und Pflege des Weinstocks und der Bäume und Gesträuche überhaupt,
v. 259—419.

259—72. Lange vor dem Frühlinge, wo man die Weinstöcke

260 Excoquere et magnos scrobibus concidere montis,
Ante supinatas aquiloni ostendere glaebas,
Quam laetum infodias vitis genus. Optuma putri
Arva solo: id venti curant gelidaeque pruinae
Et labefacta movens robustus iugera fossor.
265 Ac si quos haud ulla viros vigilantia fugit,
Ante locum similem exquirunt, ubi prima paretur
Arboribus seges et quo mox digesta feratur,
Mutatam ignorent subito ne semina matrem.
Quin etiam caeli regionem in cortice signant,
270 Ut, quo quaeque modo steterit, qua parte calores
Austrinos tulerit, quae terga obverterit axi,
Restituant: adeo in teneris consuescere multum est.
Collibus an plano melius sit ponere vitem,
Quaere prius. Si pinguis agros metabere campi,
275 Densa sere; in denso non segnior ubere Bacchus;
Sin tumulis adclive solum collisque supinos,
Indulge ordinibus, nec setius omnis in unguem

pflanzt, soll man auf den zu bepflanzenden Hügeln Gruben oder Furchen ziehen, damit die zum Vermodern des Grases rücklings gelegten Schollen durch Frost und Wind auswittern können. — *multo ante ... Ante*, vgl. E. I, 67—69.

264. *movens*, auflockernd. — *iugera*, Quartiere oder Felder der Weinberge, die man nach dem Masse des römischen *iugerum* abtheilte.

266. *locum similem*, einen Platz mit gleichartigem Boden, damit die jungen Schösslinge (*semina*, vorher *prima seges*) auch in der neuen Erde (*Mutatam matrem*) in gewohnter Weise Nahrung finden.

271. *quae terga ob. axi.* Die Schösslinge kehren, als Personen gedacht, dem kalten Norden den Rücken zu. *axis* bezeichnet öfter den Nordpol, vgl. G. III, 351.

273—87. Der Abwechselung wegen zeigt Vergil in der fetten Ebene einen dichtwuchernden baumlosen Weingarten; und an dem mageren Hügel, wie das hinzugefügte *arbor. pos. v.* 278 beweist, eine Pflanzung von Baumreben.

275. *in denso n. s. ub. B.*, in dichter Ueppigkeit, d. h. dicht gepflanzt, sind die Weinstöcke nicht weniger ergiebig.

277. *Indulge ordinibus,* gieb den geordneten Reihen weitere Zwischenräume. — *in unguem*, genau, ein Ausdruck, entlehnt vom Marmorarbeiter, der die Glätte und Genauigkeit der Fugen mit dem Nagel prüft. Aehnlich Hor. Sat. I, 5, 32: *Fonteius ad unguem Factus homo*. Ars poët. 294: *Carmen perfectum decies castigare ad unguem*. — *nec setius*, als bei den dicht gepflanzten; also bei beiderlei Pflanzung hat man darauf zu sehen, dass die Weinreben im *quincunx* gepflanzt werden. Diese Anordnung nämlich wird im Folgenden empfohlen; sie besteht darin, dass die Verbindungslinien stets die Gestalt eines V (*quinque*) geben:

× × × × ×

Arboribus positis secto via limite quadret.
Ut saepe ingenti bello cum longa cohortes
Explicuit legio et campo stetit agmen aperto, 280
Directaeque acies, ac late fluctuat omnis
Aere renidenti tellus, necdum horrida miscent
Proelia, sed dubius mediis Mars errat in armis:
Omnia sint paribus numeris dimensa viarum;
Non animum modo uti pascat prospectus inanem, 285
Sed quia non aliter viris dabit omnibus aequas
Terra neque in vacuum poterunt se extendere rami.
   Forsitan et scrobibus quae sint fastigia quaeras.
Ausim vel tenui vitem committere sulco.
Altior ac penitus terrae defigitur arbos, 290
Aesculus in primis, quae quantum vertice ad auras
Aetherias, tantum radice in Tartara tendit.
Ergo non hiemes illam, non flabra neque imbres
Convellunt; inmota manet multosque nepotes,
Multa virum volvens durando saecula vincit. 295
Tum fortis late ramos et bracchia tendens
Huc illuc, media ipsa ingentem sustinet umbram.

278. *via secto limite*, ein Gang mit durchschnittener Abgrenzung, d. i. mit kreuzendem Quergang. — *Arb. pos.* ist Abl. instrum.: durch die genau gepflanzten Bäume bewirke es, dass alle Wege cet.
279. *Ut* ist mit dem folgenden *cum saepe* zu verbinden und so viel als *veluti cum*, s. A. I, 148. — *longa* steht proleptisch. Die in dreifachem Treffen nach den Manipeln der *hastati*, *principes* und *triarii* aufgestellte Legion bot den Anblick der *quincunx*.
283. *dubius med. Mars errat in armis*, d. h. es ist noch ungewiss, wann und von welcher Seite aus der Angriff geschehen wird.
284. *par num.*, in gleichen Zwischenräumen.
285. Mit den W. *animum inanem* scheint Verg. in ungewöhnlicher Weise den unbeschäftigten Geist, der sich ruhig und ungestört den Eindrücken seiner Umgebung überlassen kann, bezeichnet zu haben; *an. inanis* ist hier also wol nur ein potenzirter Ausdruck für die *mens vacua* G. III, 3.
288—97. Die Bäume, an denen Reben gezogen werden sollen, müssen in tieferen Gruben gepflanzt werden, als die Reben.
288. *quae sint fastigia*, welche Senkung, d. h. welche Tiefe sie haben, vgl. Lucan. IV, 295: *Puteusque cavati Montis ad irrigui premitur fastigia campi*.
291—92. *quantum—tendit*, vgl. A. IV, 445—46.
295. *durando vincere* bedeutet, wie das sonst in dieser Wendung vorkommende *vivendo vincere* (vgl. Plaut. Epid. II, 1, 8. Lucret. I, 203. III, 961. A. XI, 160), überleben. *saecula* ist gemeinsames Object zu *vincit* und zu *volvens* (indem sie viele Menschenalter umrollen lässt), ebenso wie *incendia* v. 311 gleichmässig zu *glomerat* und zu *ferens* gehört.
296. *tum*, dann, im späten Alter.
297. *ipsa*, der Baum selbst, d. i.

Neve tibi ad solem vergant vineta cadentem,
Neve inter vitis corylum sere, neve flagella
300 Summa pete aut summa defringe ex arbore plantas —
Tantus amor terrae — neu ferro laede retunso
Semina, neve olea silvestris insere truncos:
Nam saepe incautis pastoribus excidit ignis,
Qui furtim pingui primum sub cortice tectus
305 Robora conprendit frondesque elapsus in altas
Ingentem caelo sonitum dedit; inde secutus
Per ramos victor perque alta cacumina regnat
Et totum involvit flammis nemus et ruit atram
Ad caelum picea crassus caligine nubem,
310 Praesertim si tempestas a vertice silvis
Incubuit glomeratque ferens incendia ventus.
Hoc ubi, non a stirpe valent caesaeque reverti
Possunt atque ima similes revirescere terra;
Infelix superat foliis oleaster amaris.
315   Nec tibi tam prudens quisquam persuadeat auctor
Tellurem Borea rigidam spirante movere.
Rura gelu tum claudit hiems nec semine iacto
Concretam patitur radicem adfigere terrae.

der Stamm, im Gegensatze zu den schattenden Zweigen (*umbram*).
299. Die Haselstaude, *corylus*, wurzelt zu sehr um sich, daher gedeiht der Weinstock nicht in ihrer Nähe. — Die Setzlinge soll man weder bei Weinreben noch bei fruchttragenden Bäumen von der äussersten Spitze, sondern von dem unteren, der Erde näher stehenden und darum saftigeren Theile des Baumes nehmen.
301. Die Setzlinge schnitt man mit der schärfsten Hippe ab, um nicht Rinde und Holz zu zerreissen.
302. Endlich warnt Vergil, Oelbäume auf Stämme von wilden Oelbäumen zu impfen, weil diese leicht Feuer fangen, und nach entstandenen Brande allein ausschlagen. Da nämlich die erwachsenen Baumweinpflanzungen auch Korn tragen mussten, so weideten die Hirten auf den Brachfeldern der weiten Zwischenräume ihre Rinder und Schafe und machten sich Nachts ein Feuer an. — *olea*. Man sagte nicht blos *arbori inserere pomum*, sondern auch *arborem inserere pomo*, vgl. G. II, 69.
310. *a vertice*, so dass die vom Winde bewegten Wipfel der Bäume das Feuer noch mehr anfachen.
312. Geschieht dies Unglück, so geneset der Stamm nicht wieder, auch die Wurzel vermag nicht neue Sprösslinge zu treiben, wenn man den Stamm abschneidet, sondern es lebt nur der unnütze wilde Oelbaum fort und überstaudet die Brandstelle.
314. *Infelix oleaster*, s. zu A. VI, 230.
317. *hiems*, die Kälte des ersten Frühlings oder des Spätherbstes; der eigentliche Winter heisst *bruma*. G. III, 321. — *semine iacto*, nach Einsenkung des Pflänzlings.
318. *Concretam*, erstarrt, giebt den Grund an, warum die Wurzel

Optuma vinetis satio, cum vere rubenti
Candida venit avis longis invisa colubris, 320
Prima vel autumni sub frigora, cum rapidus Sol
Nondum hiemem contingit equis, iam praeterit aestas.
Ver adeo frondi nemorum, ver utile silvis;
Vere tument terrae et genitalia semina poscunt.
Tum pater omnipotens fecundis imbribus Aether 325
Coniugis in gremium laetae descendit et omnis
Magnus alit magno commixtus corpore fetus.
Avia tum resonant avibus virgulta canoris
Et Venerem certis repetunt armenta diebus;
Parturit almus ager Zephyrique tepentibus auris 330
Laxant arva sinus; superat tener omnibus humor;
Inque novos soles audent se germina tuto
Credere, nec metuit surgentis pampinus austros
Aut actum caelo magnis aquilonibus imbrem,
Sed trudit gemmas et frondes explicat omnis. 335
Non alios prima crescentis origine mundi
Inluxisse dies aliumve habuisse tenorem
Crediderim: ver illud erat, ver magnus agebat
Orbis et hibernis parcebant flatibus Euri,
Cum primae lucem pecudes hausere virumque 340
Terrea progenies duris caput extulit arvis,
Inmissaeque ferae silvis et sidera caelo.

nicht anwachsen könne; *adfigere* steht im reflexiven Sinne.

319. *vere rub.*, vgl. G. IV, 306.

322. *hiemem*, die winterlichen Gestirne des Thierkreises.

Episode II: Lob des Frühlings, v. 323—45.

323. *adeo* dient häufig zur Hervorhebung des Hauptgegenstandes: besonders der Frühling. — *nemora*, künstliche Pflanzungen; *silvae*, wildes Gehölz.

325. Die Vermählung des Himmels und der Erde ward schon in den ältesten Schöpfungsgedichten besungen und von den späteren Weisen auf Jupiter's Ehe mit Juno angewandt; vgl. Lucret. I, 250—51: *pereunt imbres, ubi eos pater Aether In gremium matris Terrai praecipitavit.*

330. *Zephyri,* welcher Casus?

332. *novos soles,* die neuen sonnigen Tage.

341. *Terrea progenies,* nach der alten, auch von Lucret. V, 789—815 ausgesprochene Ansicht, dass das Menschengeschlecht aus der Erde entstanden sei, weshalb Lucret. V, 1410 die Menschen *genus terrigenarum* nennt.

342. *sidera.* Die Sterne wurden von den älteren Griechen als lebende göttliche Wesen gedacht, welche durch Dünste der Erde, des Meeres und des Weltstroms Oceanus genährt, am Himmel weideten; vgl. Ovid. Met. I, 72 u. 73: *Neu regio foret ulla suis animantibus orba, Astra tenent coeleste solum*

8*

Nec res hunc tenerae possent perferre laborem,
Si non tanta quies iret frigusque caloremque
345 Inter, et exciperet caeli indulgentia terras.
Quod superest, quaecumque premes virgulta per agros,
Sparge fimo pingui et multa memor occule terra,
Aut lapidem bibulum aut squalentis infode conchas;
Inter enim labentur aquae tenuisque subibit
350 Halitus atque animos tollent sata; iamque reperti,
Qui saxo super atque ingentis pondere testae
Urguerent; hoc effusos munimen ad imbris,
Hoc, ubi hiulca siti findit canis aestifer arva.
Seminibus positis superest diducere terram
355 Saepius ad capita et duros iactare bidentis,
Aut presso exercere solum sub vomere et ipsa
Flectere luctantis inter vineta iuvencos;
Tum levis calamos et rasae hastilia virgae
Fraxineasque aptare sudes furcasque valentis,
360 Viribus eniti quarum et contemnere ventos
Adsuescant summasque sequi tabulata per ulmos.
Ac dum prima novis adolescit frondibus aetas,
Parcendum teneris, et dum se laetus ad auras
Palmes agit laxis per purum inmissus habenis,

formaeque Deorum. Fast. III, 111 u. 112: *Libera currebant et inobservata per annum Sidera:* constabat sed tamen esse Deos.
343. *Nec res hunc tenerae,* auch würden die zarten Gewächse die jetzige (*hunc*) Beschwerde nicht ertragen, d. h. auch jetzt würden sie ... nicht ertragen, wenn nicht zwischen dem Froste des Winters und der Hitze des Sommers so lange Erholung wäre.
345. *exciperet,* vgl. A. III, 318.
346. *premes.* Die Setzlinge, *virgulta,* wurden mit einem Karste, *pastinum,* in die Erde eingedrückt.
348. *lapidem bibulum,* durchlöcherte Steine, wie Bimssteine, die Regenwasser und Luft (*Halitus*) durchlassen.
351. *super* ist mit *Urguerent* zu verbinden. — *atque,* nämlich *reperti sunt, qui.*
353. *canis aestifer,* der Hundsstern. — *hiulca* steht proleptisch.
354—357. Nach der Pflanzung lockerte man die Erde dicht um die Wurzeln (*ad capita,* denn *caput* bezeichnet sowol das oberste als das unterste Ende, vgl. A. VI, 360), weiter zurück konnte der zweizahnige Karst geschwungen werden. Wo man den Reben weitere Zwischenräume gelassen hatte und in Baumweinpflanzungen ward häufig in der Mitte gepflügt und zwar tief.
358—61. Junge Reben stützte man durch zwei niedrige Rohrstangen, *calami,* oder durch dünne abgeschälte Stäbe, *rasae hast. virg.*; waren sie älter, durch stärkere Pfähle, *valli,* und durch mächtige, dem Winde widerstehende Gaffeln, *furcae,* bis sie die Aeste der Bäume erreichten, an denen sie dann gleichsam von Stock zu Stock, *tabulata,* immer höher stiegen.
364. *laxis habenis.* Lucret. V,

Ipsa acie nondum falcis temptanda, sed uncis 365
Carpendae manibus frondes interque legendae.
Inde ubi iam validis amplexae stirpibus ulmos
Exierint, tum stringe comas, tum bracchia tonde —
Ante reformidant ferrum — tum denique dura
Exerce imperia et ramos conpesce fluentis. 370
Texendae saepes etiam et pecus omne tenendum,
Praecipue dum frons tenera inprudensque laborum; -
Cui super indignas hiemes solemque potentem
Silvestres uri adsidue capraeque sequaces
Inludunt, pascuntur oves avidaeque iuvencae. 375
Frigora nec tantum cana concreta pruina
Aut gravis incumbens scopulis arentibus aestas,
Quantum illi nocuere greges durique venenum
Dentis et admorso signata in stirpe cicatrix.
Non aliam ob culpam Baccho caper omnibus aris 380

785: *Arboribus datum est variis exinde per auras Crescendi magnum immissis certamen habenis;* vgl. A. I, 63. V, 662. VI, 1. — *per purum*, durch die reine, freie Luft, vgl. v. 287.
365. *Ipsa*, nämlich *aetas*, d. i. die noch jungen Laubsprossen.
366. *inter legendae*, weil man nicht alle Blätter abbrechen soll.
368. *Exierint*, vgl. oben v. 81.
— *comas*, die oberen Zweige, und *bracchia*, die Seitenäste, verbindet Vergil auch A. XII, 209.
372. *laborum* steht hier in derselben Bedeutung wie oben v. 343.
373. *indignus* steht häufig von dem, was Jemand unverdienter Weise erleidet, also hart, vgl. A. VI, 163. XI, 108.
374. *uri*, Büffel. — *sequaces*, dem zarten Laube der Weinstöcke nämlich; also bedeutet *sequaces* ziemlich dasselbe, was das folgende *avidae*.
375. *Inludere*, beschädigen, aber mit welchem Nebenbegriffe? Die asyndetische Zusammenstellung *Inludunt, pascuntur* ist durch den Chiasmus veranlasst, ebenso oben v. 144, vgl. auch Hor. od. II, 7,

21—23: *Oblivioso levia Massico Ciboria exple, funde capacibus Unguenta de conchis.*
376—79. Enthalten diese Verse eine blosse Wiederholung des in den 3 vorhergeh. Versen ausgesprochenen Gedankens?
376. Die Winterkälte wird hier in derselben Weise *concreta* genannt, wie z. B. A. VIII, 508 das Alter *tarda* heisst.
377. *gravis incumbens*, vgl. G. I, 163.
378. *venenum Dentis*, s. zu G. II, 196.
380—384. Als Verwüster des Weinstocks ward der Bock dem Bacchus zum Sühnopfer gebracht. Aus den Gesängen zu Ehren des Bacchus bei diesem Bocksopfer entwickelte sich die, von den Attikern (dem Volke des Theseus) ausgebildete Tragödie, sowie aus dem bacchischen Komos oder Festumzuge nach dem Opfer die Komödie. Der bacchische Komos wird hier nur angedeutet durch den bei demselben von den Landleuten aufgeführten Schlauchtanz, *ἀσκωλιασμός*. Die Landleute verfertigten nämlich aus der Haut des geopferten Bocks ei-

Caeditur et veteres ineunt proscaenia ludi
Praemiaque ingeniis pagos et compita circum
Thesidae posuere atque inter pocula laeti
Mollibus in pratis unctos saluere per utres.
385 Nec non Ausonii, Troia gens missa, coloni
Versibus incomptis ludunt risuque soluto,
Oraque corticibus sumunt horrenda cavatis
Et te, Bacche, vocant per carmina laeta tibique
Oscilla ex alta suspendunt mollia pinu.
390 Hinc omnis largo pubescit vinea fetu,
Conplentur vallesque cavae saltusque profundi,
Et quocumque deus circum caput egit honestum.
Ergo rite suum Baccho dicemus honorem
Carminibus patriis lancesque et liba feremus
395 Et ductus cornu stabit sacer hircus ad aram
Pinguiaque in veribus torrebimus exta colurnis.
Est etiam ille labor curandis vitibus alter,
Cui numquam exhausti satis est: namque omne quot annis

nen Schlauch, füllten ihn mit Wein, machten ihn mit Oel schüpfrig und versuchten dann, mit Einem Fusse auf demselben zu springen. Wer sich oben zu erhalten wusste, war Sieger, das gewöhnliche Missglücken aber gab vielfachen Stoff zum Lachen.

381. *veteres ineunt p. ludi*. Die dramatischen Vorstellungen (*ludi*) betraten in alten Zeiten (*veteres*) die Bühne. *proscaenium* hiess der vor der Bühnenwand gelegene Theil der Bühne, auf dem die Schauspieler auftraten.

382. *Praemia*. Siegespreise für die Dichter wurden schon in jenen frühen Zeiten gegeben, wo die Dichter und Schauspieler noch auf den Dörfern und besuchten Kreuzwegen ihre bewegliche Bühne aufzuschlagen pflegten, und bestanden in einem Bock, vgl. Horat. ars poet. 220: *carmine qui tragico vilem certavit ob hircum*.

385—396. Auch die italischen Landleute feiern dem Bacchus fröhliche Feste mit rohen Liedern und ausgelassener Lustigkeit, und zwar die *Liberalia* (v. 387—89) und zum Dank (*ergo*) für die gute Erndte die *Vinalia rustica* v. (393—96), vgl. zu E. 5, 67.

387. *Ora horrenda*, fratzenhafte Larven.

389. *Oscilla* sind Bilder des Bacchus, die an einer Fichte der Feldgrenze aufgehängt wurden. Sie waren nicht von Kork gemacht, wie das *caput honestum* des Gottes in v. 392 deutlich zeigt, sondern aus Wachs gefertigt und heissen darum *mollia*.

391. *valles cavae*, Pindar. Isthm. 3, 13: ἐν κοίλᾳ νάπᾳ.

394. *lances*, Schüsseln mit verschiedenen Erstlingsfrüchten angefüllt.

395. *cornu ductus*. Zum Opfer ward das Thier am Horn oder an einem losen Seile geführt, damit es freiwillig zu kommen schiene.

398. *exhausti satis est*, Nachbildung des Lucretius, der die Neutra der Part. perf. häufig substantivisch gebraucht, z. B. III, 954: *vitaque in offenso est*.

Terque quaterque solum scindendum glaebaque versis
Aeternum frangenda bidentibus, omne levandum 400
Fronde nemus. Redit agricolis labor actus in orbem
Atque in se sua per vestigia volvitur annus.
Ac iam olim, seras posuit cum vinea frondes,
Frigidus et silvis aquilo decussit honorem,
Iam tum acer curas venientem extendit in annum 405
Rusticus et curvo Saturni dente relictam
Persequitur vitem attondens fingitque putando.
Primus humum fodito, primus devecta cremato
Sarmenta et vallos primus sub tecta referto;
Postremus metito. Bis vitibus ingruit umbra, 410
Bis segetem densis obducunt sentibus herbae;
Durus uterque labor: laudato ingentia rura,
Exiguum colito. Nec non etiam aspera rusci
Vimina per silvam et ripis fluvialis arundo
Caeditur, incultique exercet cura salicti. 415
Iam vinctae vites, iam falcem arbusta reponunt,
Iam canit effectos extremus vinitor antes:
Sollicitanda tamen tellus pulvisque movendus
Et iam maturis metuendus Iuppiter uvis.

399. *versis bident.* Zum Zermalmen der aufgepflügten oder mit dem zweizahnigen Karst aufgerissenen Erdklösse bediente man sich des umgekehrten Karstes (seines Rückens).
400. *Aeternum* steht adverbial, vgl. A. VI, 401. 617.
401. *nemus* von der Weinpflanzung.
402. *annus in se volvitur*, die jährliche Mühe dreht sich gleichsam im Kreise.
406. *Saturni dente. Saturnus*, der Gott der Anpflanzung, trug als Symbol eine Hippe, die von der vorgebogenen Spitze *dens* heisst. — *relictam*, entblösst von —? s. v. 403.
408—10. Sei der Erste zur Arbeit, der Letzte zur Weinlese (d. h. lass dich nicht durch trügliche Zeichen der Reife verführen). — *Sarmenta*, die abgeschnittenen Reiser, der Abfall. — *vallos*, s. oben zu

v. 358.
411. *herbae*, Unkraut.
412. *laudato ing. rura*, Hesiod. "Εργ. 643: νῆ' ὀλίγην αἰνεῖν, μεγάλῃ δ' ἐνὶ φορτία θέσθαι.
413. *rusci Vimina.* Zum Anbinden des Weinstocks dienten die zähen Schafte des Mäusedorns, *ruscus.* Auch die Weiden boten Stäbe und Bande für den Weinstock.
416. *falcem arb. rep.*, weil sie schon geschneitelt sind.
417. *effectos antes*, die besorgten, d. h. beschnittenen und angebundenen Reihen der Weinstöcke. *extremus vinitor*, der Winzer am äussersten Theile seines Weinberges, also am Ziele seiner Arbeit.
418. *pulvis mov.* Plin. hist. nat. XVII, 5: *Sunt qui pulvere quoque uvas ali iudicent pubescentesque pulverent et vitium arborumque radicibus aspergant.*
419. *Iuppiter.* Nach allen den

420 Contra non ulla est oleis cultura; neque illae
Procurvam exspectant falcem rastrosque tenacis,
Cum semel haeserunt arvis aurasque tulerunt;
Ipsa satis tellus, cum dente recluditur unco,
Sufficit humorem et gravidas, cum vomere, fruges.
425 Hoc pinguem et placitam Paci nutritor olivam.
Poma quoque, ut primum truncos sensere valentis
Et viris habuere suas, ad sidera raptim
Vi propria nituntur opisque haud indiga nostrae.
Nec minus interea fetu nemus omne gravescit
430 Sanguineisque inculta rubent aviaria bacis.
Tondentur cytisi, taedas silva alta ministrat,
Pascunturque ignes nocturni et lumina fundunt.
Et dubitant homines serere atque inpendere curam?
Quid maiora sequar? — salices humilesque genestae
435 Aut illae pecori frondem aut pastoribus umbram
Sufficiunt saepemque satis et pabula melli —
Et iuvat undantem buxo spectare Cytorum

Sorgen und Arbeiten kann selbst die reifen Trauben Jupiter (s. zu G. I, 418) durch ein Hagelwetter verderben.

VI. **Leichtere Pflege anderer Gewächse**, v. 420—57.

421. Wie die Sichel nach ihrer äusseren Erscheinung bezeichnet wird, so auch der Karst, der die einmal gepackten Erdschollen festhält. Ebenso steht *tenax* G. IV, 412. A. VI, 3. VIII, 453.

423. *Ipsa satis tellus*. Von selbst bietet die Erde, wenn sie mit dem Karste aufgelockert wird, hinreichlich Nahrungssäfte, und wenn sie gar gepflügt wird, sehr volle Früchte. Bei *cum vom.* hat man also *recluditur* zu ergänzen.

425. *Hoc*, das homerische τῷ, deshalb, vgl. Hor. sat. I, 6, 87: *at hoc nunc Laus illi debetur*. Bei Cic. und Caesar findet man *hoc* in dieser Bedeutung nicht. — *Paci*, s. zu A. VII, 154. — *nutritor*, alte Medialform für *nutrito*, wie *bellantur* statt *bellant* A. XI, 660.

426. *Poma*, s. oben zu v. 87.

428. *opisque. que*, und zwar. Nähere Bestimmungen und Erklärungen des Vorhergehenden werden häufig durch kopulative Partikeln angereiht, auch wenn die Satzglieder ungleichartig sind, vgl. G. III, 238. A. I, 2. III, 329.

432. *Pascunturque*. Die Dichter coordiniren gern einen logisch subordinirten Satz. Hom. Odyss. II, 311—12: ἢ οὐχ ἅλις ὡς τὸ πάροιθεν ἐκείρετε πολλὰ καὶ ἐσθλὰ κτήματ᾽ ἐμά, μνηστῆρες, ἐγὼ δ᾽ ἔτι νήπιος ἦα; Uebrigens vgl. zu G. I, 292.

434. *Quid maiora sequar*. Was soll ich den Nutzen grösserer Bäume anführen, da schon die kleineren, wie die Weide und der niedrige Ginster, so grossen Vortheil gewähren?

435. *illae*, s. zu A. V, 457.

437. *Et iuvat*. Nicht nur Nutzen gewähren die Bäume, sondern auch —? — Der Berg *Cytorus* in Paphlagonien war berühmt wegen seiner prächtigen Buchsbäume. — *undantem* weist auf das Wogen und Wallen der von den Winden in ste-

Naryciaeque picis lucos, iuvat arva videre
Non rastris, hominum non ulli obnoxia curae.
Ipsae Caucasio steriles in vertice silvae, 440
Quas animosi Euri adsidue franguntque feruntque,
Dant alios aliae fetus, dant utile lignum
Navigiis pinos, domibus cedrumque cupressosque.
Hinc radios trivere rotis, hinc tympana plaustris
Agricolae et pandas ratibus posuere carinas. 445
Viminibus salices fecundae, frondibus ulmi,
At myrtus validis hastilibus et bona bello
Cornus, Ituraeos taxi torquentur in arcus.
Nec tiliae leves aut torno rasile buxum
Non formam accipiunt ferroque cavantur acuto. 450
Nec non et torrentem undam levis innatat alnus,
Missa Pado; nec non et apes examina condunt
Corticibusque cavis vitiosaeque ilicis alveo.
Quid memorandum aeque Baccheia dona tulerunt?
Bacchus et ad culpam caussas dedit; ille furentis 455
Centauros leto domuit, Rhoetumque Pholumque
Et magno Hylaeum Lapithis cratere minantem.
  O fortunatos nimium, sua si bona norint,

ter Bewegung gehaltenen Bäume des *Cytorus* hin; vgl. G. I, 472. III, 28. A. II, 609.

439. *Naryciae picis*, bruttisches Pech, denn Locri in Bruttium galt für eine Colonie der opuntischen Lokrer von *Naryx* (oder *Narycus*).

440. Obgleich die höchsten Bergbäume keine geniessbaren Früchte liefern (*steriles*), so geben sie doch vielfältigen Ertrag (*fetus*) durch ihre nutzbaren Holzarten.

444. *trivere, posuere,* s. zu G. I, 49.

446. *fraudibus ulmi.* Das Laub der Ulme wurde dem Vieh als Futter gereicht.

447. Die Myrte ist ergiebig an Lanzenschaften, vgl. A. VII, 817.

448. *Ituraeos.* Der Bogen erhält dies Epitheton, weil die Ituräer, ein arabisches Volk in Cölesyrien jenseit des Jordan, als Bogenschützen bekannt waren, s. Cic. Phil. II, 8, 44. Die *torrens unda* kam dem *Padus* recht eigentlich zu, vgl. G. I, 481—83.

452. *Missa Pado,* von der Schiffswerfte in den Po gelassen. Am Po wuchsen viele Erlen, s. zu E. 6, 62.

453. *Corticibusque.* Den Bienen gewährt die Korkeiche ihre Rinde (G. IV, 33) und die Steineiche ausgemoderte Stämme (G. IV, 44) zu Körben.

456. *Centauros.* Verg. weist hier auf die verschiedenen unglücklichen Händel hin, welche die trunkenen Centauren theils mit den Lapithen, theils mit dem Herkules auf dem Berge *Pholoe* begannen, s. A. VIII, 293—94. Hom. Od. XXI, 295—304. Ovid. Met. XII, 210—535.

457. *magno cratere min.* Ovid. Met. V, 80: *Ingentem manibus tollit cratera duabus Infregitque viro.*

Agricolas! quibus ipsa procul discordibus armis
460 Fundit humo facilem victum iustissima tellus.
Si non ingentem foribus domus alta superbis
Mane salutantum totis vomit aedibus undam,
Nec varios inhiant pulchra testudine postis
Inclusasque auro vestes Ephyreiaque aera,
465 Alba neque Assyrio fucatur lana veneno
Nec casia liquidi corrumpitur usus olivi:
At secura quies et nescia fallere vita,
Dives opum variarum, at latis otia fundis —
Speluncae vivique lacus et frigida Tempe

Episode III: Lob des Landlebens.
v. 458—540.
459. *ipsa*, s. zu E. 4, 21. *iustissima tellus*. Xenoph. Cyrop. VIII, 3, 38: Αὐτὸς σκάπτων καὶ σπείρων καὶ μάλα μικρὸν γῄδιον, οὐ μέντοι πονηρόν γε, ἀλλὰ πάντων δικαιότατον· ὅ τι γὰρ ἂν λάβοι σπέρμα, καλῶς καὶ δικαίως ἀπεδίδου. Cic. de sen. 15, 51: *Terra nunquam recusat imperium nec unquam sine usura reddit.*
461. *foribus superbis.* Den Stolz der Thüren kündigen hohe Säulen, schwere Gesimse und reiche Sculptur an. Hor. Epod. 2, 7: *Superba civium Potentiorum limina.* Uebrigens ist der Abl. *foribus sup.* mit *domus alta* zu verbinden.
462. *unda salutantum* weist auf die ewige Unruhe hin, welche das Ab- und Zugehen der Clienten verursacht; vgl. oben zu v. 437.
463. *testudine.* Die vornehmen Römer zu Vergil's Zeiten pflegten die Wände und Pfosten ihrer Häuser mit kostbarem Schildpatt zu belegen.
464. *Inclusasque auro vestes.* Dem Dichter, der das Einfache liebt, erscheinen die Decken und Teppiche (*vestes*) durch die Goldfäden, mit welchen der Städter sie umwebte und allerlei Figuren in einwirkte oder einstickte, in Belagerungszustand versetzt. Mit ähnlichem Unwillen sagt Lucret. IV,

1126—1127: *grandes viridi cum luce zmaragdi Auro includuntur.*
— *Ephyreia aera*, künstliche Gefässe von korinthischem Erze, denn *Ephyra* ist der alte Name Korinths.
465. *Assyrio veneno*, mit phönizischem Purpur, denn Phönizien gehörte zu Syrien und Syrien und Assyrien werden im Dichtergebrauche oft vermischt. *venenum* und *virus* bezeichnen, wie φάρμακον, jeden durchdringenden Saft. Hor. Ep. II, 1, 207: *Lana Tarentino violas imitata veneno.* Lucan. X, 123: *Strata micant: Quorum pars maxima succo Cocta diu, virus non uno duxit hiatu.*
466. *cassia*, eine Art Zimmt, dessen Rinde mit Oel gemischt eine wohlriechende Salbe lieferte. Der Landmann blieb bei der alten Sitte, seine Kleidung aus reiner weisser Wolle zu bereiten und sich mit ungemischtem Oele zu salben.
467. *nescia fallere.* Ein Leben, das frei ist von Täuschungen, muss frei sein von Allem, in dessen Gefolge Täuschungen eintreten können, also von heftigen Begierden und Leidenschaften.
469—70 enthalten die im Einzelnen ausgeführte Erklärung der *otia latis fundis*.
'469. *vivi lacus*, natürliche Seen, im Gegensatz zu künstlichen Wasserbehältern mit Springbrunnen. — *frig. Tempe.* Das romantische Thal

Mugitusque boum mollesque sub arbore somni — 470
Non absunt; illic saltus ac lustra ferarum
Et patiens operum exiguoque adsueta iuventus,
Sacra deum sanctique patres; extrema per illos
Iustitia excedens terris vestigia fecit.
Me vero primum dulces ante omnia Musae, 475
Quarum sacra fero ingenti percussus amore,
Accipiant caelique vias et sidera monstrent,
Defectus solis varios lunaeque labores;
Unde tremor terris, qua vi maria alta tumescant
Obicibus ruptis rursusque in se ipsa residant, 480
Quid tantum Oceano properent se tinguere soles
Hiberni, vel quae tardis mora noctibus obstet.
Sin, has ne possim naturae accedere partis,
Frigidus obstiterit circum praecordia sanguis:

Tempe in Thessalien gebrauchen die Dichter öfter zur Bezeichnung jedes mit natürlichen Reizen geschmückten Thales.

471. *Non absunt* ist so viel als ein mit Nachdruck gesprochenes *adsunt*, denn die Litotes dient zur Hervorhebung des durch sie umschriebenen Begriffes, vgl. Hor. od. I, 35, 17—20: *Te semper anteit saeva Necessitas, Clavos trabales et cuneos manu Gestans aëna, nec severus Uncus abest liquidumque plumbum.* Der Begriff des *Non absunt* oder des emphatischen *adsunt* erstreckt sich auch über die folgenden Verse, so dass der Sinn der Worte *Sacra deum sanctique patres* ist; hier giebt es noch Feste der Götter (d. h. Feste, die wirklich Feste sind, also mit frommem Sinn gefeiert werden) und Verehrung der Väter.

474. *Iustitia*, s. zu E. 4, 6.

475. Auf *primum* bezieht sich hier v. 483. Diese Verbindung entspricht ganz dem griech. μάλιστα μὲν, εἰ δὲ μή.

475. Der Zusammenhang ist: am liebsten wäre es mir, ich könnte in die geheime Werkstätte der Natur eindringen und den Urgrund aller Erscheinungen der Welt wahrnehmen; ist mir das aber versagt, so will ich offenen Sinn für die Schönheiten der Erde zeigen. — *ante omnia* gehört zu *dulces*, vgl. E. 2, 62.

476. *sacra fero*, der Dichter erscheint also als opfernder Musenpriester, vgl. A. III, 19.

477. Als Gegenstände seines von den Musen erbetenen Wissens nennt Vergil die berühmtesten Lehren der Philosophen seit Thales und Pythagoras: die Erklärung des Sternenlaufs, der Finsternisse, der Erdbeben, der Ebbe und Flut, der ab- und zunehmenden Tage. Ohngefähr dieselben Gegenstände lässt Vergil den in der Weisheit vom Atlas unterrichteten Iopas beim Mahle der Dido singen A. I, 740—46.

484. *Frig. sanguis.* „Da die früheren Philosophen, unter ihnen Empedocles, die αἴσθησις und νόησις als gleich setzen, der Beginn der αἴσθησις aber nach dem blutreichen Herzen verlegt wurde, so steht Blut und Einsicht in nothwendiger Verbindung. Das Herz galt aber zugleich als Sitz der Wärme; so trägt die körperliche Wärme zur Vermehrung der Wahrnehmung,

485 Rura mihi et rigui placeant in vallibus amnes,
Flumina amem silvasque inglorius. O ubi campi
Spercheosque et virginibus bacchata Lacaenis
Taygeta! o, qui me gelidis convallibus Haemi
Sistat et ingenti ramorum protegat umbra!
490 Felix, qui potuit rerum cognoscere caussas,
Atque metus omnis et inexorabile fatum
Subiecit pedibus strepitumque Acherontis avari.
Fortunatus et ille, deos qui novit agrestis,
Panaque Silvanumque senem Nymphasque sorores:
495 Illum non populi fasces, non purpura regum
Flexit et infidos agitans discordia fratres
Aut coniurato descendens Dacus ab Histro,
Non res Romanae perituraque regna; neque ille
Aut doluit miserans inopem aut invidit habenti.
500 Quos rami fructus, quos ipsa volentia rura
Sponte tulere sua, carpsit; nec ferrea iura
Insanumque forum aut populi tabularia vidit.
Sollicitant alii remis freta caeca ruuntque
In ferrum, penetrant aulas et limina regum;

also auch der Einsicht bei." Schrader.
486. *inglorius*, d. h. verzichtend auf den Ruhm eines Naturphilosophen, s. zu v. 475. — *O ubi campi Sp.*, o wäre ich an den spercheischen Gefilden Thessaliens!
487. *bacchata* steht hier und A. III, 125 passivisch.
489. *Haemi*, s. zu G. I, 492.
491. *Silvanum*, s. zu E. 10, 24.
496. *Flexit*, s. zu G. I, 49. — *infidos fr.*, vornehmlich mit Rücksicht auf die nah verwandten parthischen Gegenkönige Phraates und Tiridates, zwischen die Octavian im Jahre 30 v. Chr. als Schiedsrichter trat, gesagt.
497. Die *Dacer*, ein Bergvolk an der Donau, beunruhigten im Bunde mit anderen Völkern jener Gegend die römischen Grenzen.
498. *Non res Romanae per. r.*, d. h. nicht die innere und äussere Politik.

502. *Insanum* heisst das *forum* wegen des heillosen Lärms der streitenden Parteien. — *populi tabularia*, das Reichsarchiv in der Halle des Tempels der Libertas, wo die Censoren die Staatsrechnungen und Pachtbriefe der Zölle, Steuern, Gemeindeweiden, mit anderen öffentlichen Urkunden aufbewahrten.
503—512. Habgier und Genusssucht treiben den Städter (*alii*), sich in die verborgenen Gefahren des Meers zu stürzen, zum Dolche und zum Schwerte zu greifen, ja sich zum Schranzen auswärtiger Fürsten herabzuwürdigen. Angedeutet sind diese Grundübel in v. 503 f., die weitere Ausführung folgt bis v. 512, jedoch so, dass des Ehrgeizes, der sich als eine Unterart der Habgier ansehen lässt, in v. 508 f. besonders gedacht wird.
504. Wie die Worte *penetrant* cet. vorzugsweise auf den Antonius hinweisen, so liegt der Gedanke an

Hic petit excidiis urbem miserosque Penatis, 505
Ut gemma bibat et Sarrano dormiat ostro;
Condit opes alius defossoque incubat auro;
Hic stupet attonitus rostris; hunc plausus hiantem
Per cuneos — geminatus enim plebisque patrumque —
Corripuit; gaudent perfusi sanguine fratrum, 510
Exsilioque domos et dulcia limina mutant
Atque alio patriam quaerunt sub sole iacentem.
Agricola incurvo terram dimovit aratro:
Hinc anni labor, hinc patriam parvosque Penates
Sustinet, hinc armenta boum meritosque iuvencos. 515
Nec requies, quin aut pomis exuberet annus
Aut fetu pecorum aut Cerealis mergite culmi,
Proventuque oneret sulcos atque horrea vincat.
Venit hiems: teritur Sicyonia baca trapetis,
Glande sues laeti redeunt, dant arbuta silvae; 520
Et varios ponit fetus autumnus et alte
Mitis in apricis coquitur vindemia saxis.
Interea dulces pendent circum oscula nati,
Casta pudicitiam servat domus, ubera vaccae
Lactea demittunt pinguesque in gramine laeto 525
Inter se adversis luctantur cornibus haedi.
Ipse dies agitat festos fususque per herbam,

ihn auch bei den beiden nächsten Versen nahe.
506. *gemma*, aus Edelsteinen verfertigte Becher. Plin. hist. nat. XXXIII, 2: *Turba gemmarum potamus et smaragdis teximus calices*. — *Sarrano ostro*, tyrischer Purpur, denn *Sarra* war der alte Name von Tyrus.
508. *Hic stupet*, dieser trachtet darnach als Redner bewundert, *hunc plausus*, jener als Liebling des Volkes mit Beifallsgeklatsch im Theater empfangen zu werden.
509. *geminatus enim. enim* verleiht der Rede ironischen Sinn: freilich geht es aus vom Volke und vom Senate; vgl. zu A. VI, 317.
510. *gaudent perfusi*, vgl. A. X, 500. XII, 6. 702. Uebrigens wird durch diese Worte der Verwandtenmord, sowie durch die nächsten Verse die Verbannung als Folge desselben bezeichnet.
516. *Nec requies*, jede Jahreszeit liefert ihren Ertrag.
519. *Venit hiems* = *quum venit*, vgl. G. II, 114. A. I, 572. Horat. sat. II, 7, 68 und die Anm. zu G. II, 432. — *Sicyonia baca*. Berühmt waren die Olivenhaine Sicyons, einer uralten Stadt des Peloponneses in der Nähe von Korinth.
520. *Glande* gehört sowohl zu *laeti* als zu *redeunt*.
521. *ponit*, setzt vor.
527—531. Von den ländlichen Festen, die er selbst, der Landwirth, ordnet, wählt der Dichter hier das Dankfest aus, welches nach beendigter Weinlese zu Ehren des Bacchus (*Lenaeus*, s. oben v. 4) veranstaltet wurde, vgl. E. 5, 70. G. II, 382—386. Das Fest bestand

Ignis ubi in medio et socii cratera coronant,
Te libans, Lenaee, vocat pecorisque magistris
530 Velocis iaculi certamina ponit in ulmo,
Corporaque agresti nudant praedura palaestrae.
Hanc olim veteres vitam coluere Sabini,
Hanc Remus et frater, sic fortis Etruria crevit
Scilicet et rerum facta est pulcherrima Roma,
535 Septemque una sibi muro circumdedit arces.
Ante etiam sceptrum Dictaei regis et ante
Inpia quam caesis gens est epulata iuvencis,
Aureus haec vitam in terris Saturnus agebat;
Necdum etiam audierant inflari classica, necdum
540 Inpositos duris crepitare incudibus enses.
    Sed nos inmensum spatiis confecimus aequor,
Et iam tempus equum fumantia solvere colla.

aus dem Opfer, aus dem sich daran schliessenden Opferschmause und aus Wettkämpfen der Hirten.
528. *Ignis*, das Feuer auf dem Altar. —*socii*, die dienenden und zugleich mit dem Hausherrn feiernden Glieder der Familie. Hor. Ep. II, 1, 139: *Agricolae prisci — condita post frumenta — cum sociis operum, pueris et coniuge fida Tellurem porco, Silvanum lacte piabant.* — *cratera coronant.* Nach römischer Sitte wurden die Mischkrüge und Becher mit Laub oder Laubgewinden bekränzt, vgl. A. I, 724. III, 525. Verschieden von dem *cratera* oder *vina coronare* ist das homerische ἐπιστέψασθαι ποτοῖο, die Becher bis zum Rande mit Wein füllen.
530. *in ulmo.* Der Ulmbaum, an welchem das Ziel des Speerwurfs befestigt ist, gehört entweder zu der Baumweinpflanzung, an welcher das Fest gefeiert wird, oder zur Feldmark. — *certam. ponit*, das griechische ἀγῶνα προτιθέναι.
534. *rerum pulcherrima*, die

schönste Stadt der Welt. *rerum* dient wie das griech. τῶν ὄντων häufig zur Verstärkung des Superl., daher ist *rerum pulcherrima* Ausdruck des umfassendsten Lobes, *dulcissime rerum*, der zärtlichsten Schmeichelei, vgl. A. VII, 602. Hor. Sat. I, 5, 88. 9, 4. Ovid. Met. VIII, 49.
536. *Dictaei regis*, des in der dictäischen Grotte Creta's geborenen Jupiter, dessen Regierung das goldene Weltalter des *Saturnus* endigte, s. G. IV, 151 f.
537. *caesis iuvencis.* Colum. de re rust. VI, praefat.: *Bovis tanta fuit apud antiquos veneratio, ut tam capital esset bovem necuisse quam civem.* Cic. de nat. Deor. II, 63: *Tanta putabatur utilitas percipi ex bubus, ut eorum visceribus vesci scelus haberetur.*
541—42. Wie beim ersten Buche, so zeigt auch hier der Dichter den Schluss seines Gedichtes durch ein an den Circus erinnerndes Bild an.

P. VERGILI MARONIS

GEORGICON

LIBER TERTIUS.

Te quoque, magna Pales, et te memorande canemus
Pastor ab Amphryso, vos, silvae amnesque Lycaei.
Cetera, quae vacuas tenuissent carmina mentes,
Omnia iam volgata: quis aut Eurysthea durum
Aut inlaudati nescit Busiridis aras? 5

Die Viehzucht.

Einleitung, v. 1—48.

1—15. Zusammenhang: Auch die Götter der Heerden und Trifte will ich besingen, denn die übrigen mythischen Stoffe sind schon verbraucht; doch darf ich nicht dabei stehen bleiben, mir nur durch Neuheit des Stoffes ein dankbares Publikum zu verschaffen, ich muss mein Ziel höher stecken und nach dem Vorgange des Ennius in einem epischen Liede, das den Octavianus verherrlichen soll, den Preis der Dichtkunst gewinnen.

1. *Pales*, s. z. E. 5, 35.

2. *Apollo* (s. z. E. 5, 35) heisst hier *Pastor ab Amphryso* (= *Amphrysius*, vgl. G. II, 243. Propert. IV, 6, 37: *O longa mundi servator ab Alba, Augusto*), weil er einst am Ufer des thessalischen Flusses *Amphrysus* die Heerden des Admet weidete. — Wer ist der dritte Hirtengott, an den sich Verg. mit *vos silv. amn. Lycaei* wendet? Vgl. E. 10, 15. 26.

3. Andere Stoffe fesseln das geschäftslose (*vacuas*, s. z. G. II, 285) Gemüth nicht mehr, denn sie sind schon verbraucht, besonders die mythischen.

4. Der argivische König *Eurystheus* legte dem *Hercules* die berühmten 12 Arbeiten auf.

5. Als Hercules die goldenen Aepfel aus dem Garten der Hesperiden in Libyen geholt hatte und auf seiner Rückreise durch Aegypten kam, opferte er den dortigen unbarmherzigen König *Busiris*, der alle Fremden und auch den Hercules opfern wollte, auf den eigenen Altären.

Cui non dictus Hylas puer et Latonia Delos
Hippodameque humeroque Pelops insignis eburno,
Acer equis? Temptanda via est, qua me quoque possim
Tollere humo victorque virum volitare per ora.
10 Primus ego in patriam mecum, modo vita supersit,
Aonio rediens deducam vertice Musas;
Primus Idumaeas referam tibi, Mantua, palmas
Et viridi in campo templum de marmore ponam
Propter aquam, tardis ingens ubi flexibus errat
15 Mincius et tenera praetexit arundine ripas.

6. *Hylas*, s. E. 6, 43. — *Latonia Delos*. Latona gebar auf der Insel Delos den Apollo und die Diana, s. Ovid. Met. VI, 332—36.

7. Um die Allwissenheit der Götter zu prüfen, hatte der lydische König Tantalus seinen Sohn *Pelops* geschlachtet und ihn den Göttern vorgesetzt. Nur Ceres merkte in ihrer Trauer um die geraubte Tochter Nichts von dem Truge und verzehrte ein Schulterblatt; die übrigen Götter warfen den zerstückelten Knaben in einen Kessel und zogen ihn in unversehrter Gestalt wieder heraus; die Lücke wurde durch eine elfenbeinerne Schulter ausgefüllt, vgl. Ovid. Met. VI, 407—11. Herangewachsen freite er um die *Hippodamia*, welche ihr Vater, der König Oenomaus von Pisa in Elis, dem bestimmt hatte, der ihn im Wagenrennen besiege. Obgleich Oenomaus mit vom Winde erzeugten Rossen fuhr und den Besiegten mit seiner Lanze durchbohrte, wagte Pelops doch den Wettstreit und siegte, nach Einigen durch List, nach Andern, denen Verg., wie die Worte *Acer equis* zeigen, folgt, durch den Beistand des Poseidon, der ihm geflügelte Rosse gegeben hatte.

9. *virum vol. per ora*. Diese W. enthalten eine Anspielung auf den Ennius, der in dem auf sich selbst geschriebenen Epitaphium gesungen hatte: *Nemo me lacrumis decoret nec funera fletu Faxit; cur? volito virus per ora virum.*

10. Als Sieger von dem Lande der Musen heimkehrend will ich die Musen selbst (d. h. ihren herrlichsten Gesang) in mein Vaterland (Italien) mit mir führen, als Sieger will ich die Siegespalme meiner Vaterstadt Mantua erringen. Sodann gelobt Verg. nach Art der griech. Wettkämpfer, im Fall des Sieges seinem Schutzgotte, dem Octav., einen Tempel zu errichten, unter dem er in weit ausgeführter Allegorie, bei der man aber ebenso wenig wie in ausgeführten Vergleichungen für jeden Zug eine Beziehung suchen darf, seine Aeneis zu verstehen scheint. „Die Richtung der Zeit, dem Augustus durch Altäre und Tempel ihre Ehrfurcht zu bezeigen, gab dem Dichter die ungesuchte Veranlassung zu der feinen Wendung, seine Aeneis auch als einen solchen Ausdruck seiner Anbetung unter dem Bilde eines Tempels zu verkünden und darzulegen als einen Dombau der gesammten röm. Welt, als dessen Mittelpunkt und in dessen Kuppel gleichsam Augustus selbst im Glanze eines Halbgotts thront." ('Tittler.)

11. *Aon. vert.*, s. zu E. 6, 65.

12. *Idumaeas*. Idumaea, ein Theil Judäa's, war berühmt durch seine Palmwälder.

In medio mihi Caesar erit templumque tenebit.
Illi victor ego et Tyrio conspectus in ostro
Centum quadriiugos agitabo ad flumina currus.
Cuncta mihi Alpheum linquens lucosque Molorchi
Cursibus et crudo decernet Graecia caestu. 20
Ipse caput tonsae foliis ornatus olivae
Dona feram. Iam nunc sollemnis ducere pompas
Ad delubra iuvat caesosque videre iuvencos,
Vel scaena ut versis discedat frontibus, utque
Purpurea intexti tollant aulaea Britanni. 25
In foribus pugnam ex auro solidoque elephanto
Gangaridum faciam victorisque arma Quirini,
Atque hic undantem bello magnumque fluentem
Nilum ac navali surgentis aere columnas.

17—25. Auch circensische und scenische Festspiele will Vergil, als Festgeber in einem mit Purpur verbrämten Gewande (*Tyrio in ostro*) auftretend, dem Octavianus bei Mantua an den Ufern des *Mincius* (*ad flumina*) veranstalten. Aus Rücksicht auf den Octavian wird sich ganz Griechenland mit Hintansetzung der olympischen und nemeischen Spiele an diesem Feste betheiligen. Als Festgeber bringt Vergil auch Opfergeschenke, *Dona* (vgl. A. IV, 453. IX, 626), und trägt als Opfernder einen Olivenkranz, an dem der Sitte gemäss (s. A. V, 556) nur die kleineren Blätter gelassen waren. In seiner Begeisterung sieht Vergil schon, wie er die Procession, *pompae*, zu den Tempeln führt, um die Bildnisse der Götter in den Circus zu bringen; oder wie bei den scenischen Vorstellungen die Seitendecorationen, die auf einer unten befestigten Axe ruhten, umgedreht wurden, um ein anderes landschaftliches Bild zu geben, und wie am Ende des Stücks der mit eingewebten Britannen geschmückte Vorhang, *aulaea*, (nicht wie bei uns, niedergelassen, sondern nach alter Weise) in die Höhe gezogen wird. Weil auf diese Weise die Köpfe der eingewebten Figuren

Vergil I. 3. Aufl.

zuerst erblickt wurden, so schienen die Figuren selbst den Vorhang aufzuziehen.
19. Durch *Alpheum*, einen Fluss bei Olympia, werden die olympischen Spiele bezeichnet, wie durch *lucos Mol.* die nemeischen. *Molorchus* nämlich, ein Hirt zu Cleonae zwischen Korinth und Argos, bewirthete den Herkules, als er gegen den benachbarten nemeischen Löwen zog.
20. *crudo caestu*, s. z. A. V, 69. — *decernet Cursibus et caestu*, vgl. G. III, 218. A. VII, 525. XI, 218.
26—33. Auf den Thürflügeln des Tempels sollen die 31—30 v. Chr. vom Octav. erfochtenen Siege in erhabener Arbeit dargestellt werden. Die Gangariden, ein indisches Volk an den Mündungen des Ganges, vertreten die Stelle der morgenländischen Völker überhaupt.
27. Weil Octav. durch seine Besiegung des Antonius dem römischen Reiche wieder Ruhe und Sicherheit verschaffte, giebt Vergil ihm, gleichsam als zweiten Gründer der Stadt den ehrenden Namen *Quirinus*.
28. *magnumque fluentem*, s. zu G. I, 163.
29. *nav. surg. a. col.* Aus den Schnäbeln der in der Schlacht bei

9

30 Addam urbes Asiae domitas pulsumque Niphaten
Fidentemque fuga Parthum versisque sagittis
Et duo rapta manu diverso ex hoste tropaea
Bisque triumphatas utroque ab litore gentis.
Stabunt et Parii lapides, spirantia signa,
35 Assaraci proles demissaeque ab Iove gentis
Nomina, Trosque parens et Troiae Cynthius auctor.
Invidia infelix Furias amnemque severum
Cocyti metuet tortosque Ixionis anguis

Actium genommenen Schiffe sollen *columnae rostratae* gegossen werden.

30. Der *Niphates*, ein Fluss Armeniens, ist vom Octav. zurückgeschlagen, *pulsus*, vgl. A. XI, 405.

31. Die *Parther* richteten auf verstellter Flucht den Bogen gegen die Feinde.

32. In diesem und den folgenden Versen wird die durch den Sieg bei Actium errungene Weltherrschaft gefeiert; denn durch *diversus hostis* sind Feinde im Osten und Westen, durch *gentes ab utroque litore* die Völker am östlichen und westlichen Gestade des Oceans (vgl. A. VII, 100), durch beide Ausdrücke also die Völker des Erdkreises bezeichnet, über welche Octav. zwei Triumphe, den einen über die Völker des Ostens, den andern über die des Westens feiert. Andere nehmen an, dass Vergil nach Herausgabe der Georg. diese ganze Stelle von v. 26 an in Folge der später vom Octav. erfochtenen Siege geändert habe, und beziehen demnach v. 30 f. auf die 20 v. Chr. durch den Tiberius vollzogene Einsetzung des armenischen Königs Tigranes, v. 32 f. auf einen doppelten Triumph über die Völker des Morgen- und Abendlandes, indem jene 30 v. Chr. bei Actium besiegt wurden und die Parther 20 v. Chr. aus Furcht die dem Crassus abgenommenen Feldzeichen zurückgaben, diese, die Cantabrer in Spanien, 25 und 22. v. Chr. bezwungen wurden. Oder Vergil habe bei dem doppelten Triumphe über das Abendland ausser den Cantabrern die Britannen im Auge gehabt, die sich 27 n. Chr. aus Furcht vor den römischen Waffen unterwarfen.

34—36. Das Innere des Tempels will Vergil mit den Statuen der Ahnen des Octav. ausschmücken. Das julische Geschlecht, in das Octav. durch Adoption gekommen war, berief sich auf folgenden Stammbaum: *Jupiter*, *Dardanus*, *Tros*, *Assaracus* (ein Bruder des *Ilus*, von dem *Laomedon*, der Vater des *Priamus* und des *Tithonus* abstammte), *Capys*, *Anchises*, *Aeneas*, *Iulus*, vgl. Hom. Il. XX, 215—40. A. I, 286—88. Auch die Statue des Apollo (*Troiae Cynth. a.*, s. z. E. 6, 3. G. I, 502), der für den Schutzgott des Octav. gehalten wurde, soll hier aufgestellt werden. — *Parii lap.* Auf Paros, einer Insel des ägäischen Meeres, wurde der beste Marmor gebrochen. — *spirantia signa*, gleichsam athmende, also lebensvolle Bilder, vgl. A. VI, 847.

37—39. Endlich will Vergil seinen Tempel noch mit einer bildlichen Darstellung zieren, welche den von den Furien in die Unterwelt verstossenen Neid, (die Quelle aller bürgerlichen Zwistigkeiten) zeigt. — *Ixion* trachtete der Juno nach und wurde zur Strafe dafür in der Unterwelt von einem Rade, woran ihn nagende Schlangen fesselten, in beständigem Wirbel umgedreht, vgl. G. IV, 484. — Der von Theseus

Inmanemque rotam et non exsuperabile saxum.
Interea Dryadum silvas saltusque sequamur 40
Intactos, tua, Maecenas, haud mollia iussa.
Te sine nil altum mens inchoat: en age, segnis
Rumpe moras; vocat ingenti clamore Cithaeron
Taygetique canes domitrixque Epidaurus equorum
Et vox adsensu nemorum ingeminata remugit. 45
Mox tamen ardentis accingar dicere pugnas
Caesaris et nomen fama tot ferre per annos,
Tithoni prima quot abest ab origine Caesar.
 Seu quis Olympiacae miratus praemia palmae
Pascit equos seu quis fortis ad aratra iuvencos, 50
Corpora praecipue matrum legat. Optuma torvae
Forma bovis, cui turpe caput, cui plurima cervix,
Et crurum tenus a mento palearia pendent;
Tum longo nullus lateri modus; omnia magna,
Pes etiam; et camuris hirtae sub cornibus aures. 55

wegen Strassenraubs erschlagene korinthische König *Sisyphus* musste in der Unterwelt einen immer wieder zurückrollenden Stein einen Felsen hinanwälzen, vgl. Hom. Od. XI, 593—99.
40. *Dryadum*, s. zu G. I, 11.
41. *Intactos*, denn noch kein römischer Dichter hatte diesen Gegenstand behandelt. — *tua, Maecenas*, s. Einl. p. 13. — *haud m. i.*, insofern der Dichter gerne sogleich seine Kräfte an dem beabsichtigten Epos versucht hätte.
42. *en age* leitet eine Selbstaufmunterung ein. Indem Vergil nämlich den *Maecenas* um Beistand anruft, hört der begeisterte Dichter plötzlich das Getön der Heerden vom viehreichen böotischen Gebirge *Cithaeron*, das Klaffen der Jagdhunde (vgl. unten v. 405) von dem lakonischen Waldgebirge *Taygetus* und das Wiehern der Rosse von dem argolischen (s. unten z. v. 121) *Epidaurus:* und forteilend ruft er zurück, dass er, obgleich jetzt anderswohin gerufen, doch bald Cäsars Thaten in einem unsterblichen Liede verewigen wolle.

46—48. Mit diesen 3 Versen giebt Verg. den Schlüssel zu seiner Allegorie in v. 13—39, der um so nothwendiger war, da sonst Alle, die in des Dichters Plan nicht eingeweiht waren, jene Allegorie nicht hätten verstehen können.
48. *Tithoni*, s. zu G. I, 447. III, 35.

I. Von den Pferden und Rindern, v. 49—285.

49. *Olympiacae palmae.* Die Sieger in den olympischen Spielen erhielten ausser einem Kranze vom wilden Oelbaum auch einen Palmzweig, den gemeinsamen Preis der Sieger bei allen Wettspielen. Plutarch. Symp. VIII, 4, 1: ἔφη δ' ἀπορεῖν, τί δήποτε τῶν ἀγώνων στέφανον ἄλλον ἄλλος ἔχει, τὸν δὲ φοίνικα κοινῇ πάντες.

1. Die Zuchtkuh, v. 51—71.
52. *turpe caput* d. i. eine breite Stirn, βοῦς εὐρυμέτωπος und πλατυμέτωπος.
53. *crurum tenus*, vgl. A. X, 210.
55. *camuris* von *camur*, nicht *camurus*, das griech. καμπύλος.

9*

Nec mihi displiceat maculis insignis et albo,
Aut iuga detractans interdumque aspera cornu
Et faciem tauro propior, quaeque ardua tota
Et gradiens ima verrit vestigia cauda.
60 Aetas Lucinam iustosque pati hymenaeos
Desinit ante decem, post quattuor incipit annos;
Cetera nec feturae habilis nec fortis aratris.
Interea, superat gregibus dum laeta iuventas,
Solve mares; mitte in Venerem pecuaria primus
65 Atque aliam ex alia generando suffice prolem.
Optuma quaeque dies miseris mortalibus aevi
Prima fugit; subeunt morbi tristisque senectus
Et labor, et durae rapit inclementia mortis.
Semper erunt, quarum mutari corpora malis:
70 Semper enim refice ac, ne post amissa requiras,
Anteveni et subolem armento sortire quot annis.
   Nec non et pecori est idem delectus equino.
Tu modo, quos in spem statues submittere gentis,
Praecipuum iam inde a teneris inpende laborem.
75 Continuo pecoris generosi pullus in arvis
Altius ingreditur et mollia crura reponit;
Primus et ire viam et fluvios temptare minacis

56. *maculis et albo* (vgl. E. 2, 41), röthlich oder dunkel mit weissen Flecken, s. z. G. II, 192.
60. *Lucin. pati*, die *Lucina* (Geburtsgöttin, vgl. E. 4, 10) erdulden, edlerer Ausdruck für *parere*, kalben.
61. *ante decem, post quattuor annos*, ungewöhnlich für *ante decimum, post quartum a.;* ebenso Liv. XXXVIII, 51, 11: *Si ab annis septendecim ad senectutem semper vos aetatem meam honoribus vestris anteistis.* Iustin. VIII, 6, 7: *Cum igitur ad viginti annos pervenisset.*
62. *Cetera*, nämlich *aetas*.
63. *superat*, vgl. G. I, 189. II, 331.
64. *Solve mares.* Einige Zeit vor der Begattung wurden die Stiere und Hengste von der Heerde abgesondert, bisweilen auch im Stalle gehalten, s. unten v. 212—14. —

primus steht hier in gleicher Bedeutung wie G. II, 408.
66. *Optuma dies aevi*, die Jugendzeit.
70. *Semper enim ref.*, so ergänze sie denn, d. i., da es richtig ist, dass einige Kühe immer untauglich werden, so ergänze sie. Die sich an eine Behauptung anschliessende Aufforderung enthält die Versicherung der Wahrheit jener Behauptung.

2. Der Hengst, v. 72—122.
73. *submittere*, s. z. E. I, 46 und vgl. unten v. 159.
75. *Continuo*, gleich am Gange erkennt man, vgl. G. I, 60. 169.
79. *mollia crura rep.* Xenoph. de re equestr. 10, 14: τὰ σκέλη ὑγρὰ μετεωρίζει, Bezeichnung des leichten Ganges.
77. *Primus ire viam*, voraus zu rennen im Wege. Colum. VI, 29: *quum vero natus est pullus*, con-

Audet et ignoto sese committere ponti
Nec vanos horret strepitus. Illi ardua cervix
Argutumque caput, brevis alvus obesaque terga, 80
Luxuriatque toris animosum pectus. Honesti
Spadices glaucique, color deterrimus albis
Et gilvo. Tum, si qua sonum procul arma dedere,
Stare loco nescit, micat auribus et tremit artus
Collectumque fremens volvit sub naribus ignem. 85
Densa iuba, et dextro iactata recumbit in armo;
At duplex agitur per lumbos spina, cavatque
Tellurem et solido graviter sonat ungula cornu.
Talis Amyclaei domitus Pollucis habenis
Cyllarus et, quorum Grai meminere poetae, 90
Martis equi biiuges et magni currus Achilli.
Talis et ipse iubam cervice effudit equina
Coniugis adventu pernix Saturnus et altum
Pelion hinnitu fugiens inplevit acuto.
    Hunc quoque, ubi aut morbo gravis aut iam segnior annis 95
Deficit, abde domo nec turpi ignosce senectae,
Quamvis saepe fuga versos ille egerit hostis 120
Et patriam Epirum referat fortisque Mycenas

festim licet indolem aestimare, si hilaris, si intrepidus, — si ante gregem procurrit — si fossam sine cunctatione transilit, pontem flumenque transcendit.

87. *duplex spina* (ὀσφὺς διπλῆ bei Xenoph. de re equestr. 1, 12), ein gleichsam doppelter Rückgrat, also breit, fett und auf dem Kreuze gefurcht.

89. Leda hatte im lakonischen *Amyclae* die Dioskuren (*Castor* und *Pollux*) geboren. Beide waren als Pferdebändiger berühmt und hatten von Neptun die Rosse *Xanthus* und *Cyllarus* zum Geschenk erhalten.

91. *Martis equi*, s. Hom. Il. XV, 119. — *currus Ach.*, das Gespann des Ach., s. Hom. Il. XVI, 148 s.

93. *Saturnus*, von seiner Gemahlin Ops auf dem *Pelion* (s. G. I, 281) bei der Philyre, der Tochter des Oceanus, überrascht, nahm die Gestalt eines Rosses an.

96. *abde domo*, verbirg ihn im Hause, d. h. verwende ihn zum *usus domesticus;* so heisst *abdere* öfter aus dem vorigen Glanze in eine ruhmlose Stille entfernen, vgl. Hor. Ep. I, 1, 5: *Veianius* (ein Gladiator) *armis Herculis ad postem fixis latet abditus agro. — nec turpi ign. s.*, habe nicht Nachsicht mit seinem Alter, d. h. brauche ihn nicht mehr als Zuchthengst; der Grund wird im Folg. angegeben, vgl. Sil. Ital. XV, 651: *turpi finem donate senectae. — nec* leitet auch E. 8, 89. 102. A. IV, 618 u. öfter ein Verbot ein.

120—22. Diese 3 Verse sind nach dem Vorschlage Tittler's hierher versetzt.

121. *Epirum*, s. G. I, 59. — *Mycenas.* Hor. od. I, 7, 9: *aptum — equis Argos ditesque Mycenas.*

Neptunique ipsa deducat origine gentem.
Frigidus in Venerem senior, frustraque laborem
Ingratum trahit, et, si quando ad proelia ventum est,
Ut quondam in stipulis magnus sine viribus ignis,
Incassum furit. Ergo animos aevumque notabis
Praecipue; hinc alias artis prolemque parentum
Et quis cuique dolor victo, quae gloria palmae.
Nonne vides, cum praecipiti certamine campum
Corripuere ruuntque effusi carcere currus,
Cum spes arrectae iuvenum, exsultantiaque haurit
Corda pavor pulsans? Illi instant verbere torto
Et proni dant lora, volat vi fervidus axis;
Iamque humiles, iamque elati sublime videntur
Aera per vacuum ferri atque adsurgere in auras;
Nec mora nec requies; at fulvae nimbus arenae
Tollitur, humescunt spumis flatuque sequentum:
Tantus amor laudum, tantae est victoria curae.
Primus Erichthonius currus et quattuor ausus
Iungere equos rapidusque rotis insistere victor.
Frena Pelethronii Lapithae gyrosque dedere
Inpositi dorso atque equitem docuere sub armis
Insultare solo et gressus glomerare superbos.
Aequus uterque labor, aeque iuvenemque magistri

---

122. *Neptuni orig.* von dem Rosse *Arion*, das von Neptun und der Ceres erzeugt, der Abkunft nach von allen das edelste war.
98. *si quando*, „wenn es einmal", ein Fall, der nach dem Vorhergeh. nur selten eintritt. — *proelia*, nämlich *Veneris*, vgl. A. XI, 736.
99. *in stipulis*. Ueber das Verbrennen der Stoppeln s. G. I, 84 s.
101. *prolem par.*, den Stammbaum. Zur Sache vgl. Hor. Od. IV, 4, 29—30: *Fortes creantur fortibus et bonis; Est in iuvencis, est in equis patrum Virtus*.
103. Die Erwähnung der Scham über den verlornen, und des Stolzes über den errungenen Sieg führt den Dichter zu der kleinen Episode 103 —12, in der er uns ein anschauliches Bild der Wettrennen giebt. — *Nonne vides, cum,* siehst du die *gloria palmae* dann nicht, wenn sie cet. — Mit der Beschreibung des Wettrennens vgl. Hom. Il. XXIII, 362—81. 500—7.
104. *carcere,* s. z. G. I, 512.
105. *haurit,* tief durchdringt, erschöpft, vgl. A. V, 137.
113. *Erichthonius,* ein alter König von Athen, galt als Erfinder des Viergespanns; die in *Pelethronium,* einem Thale des thessalischen Pindus, wohnenden *Lapithen* lehrten die Reitkunst, nach deren Erfindung das Pferd auch im Kriege gebraucht werden konnte.
117. *gress. glom. sup.*, in stolzen Schritten zu traben; Plin. hist. nat. VIII, 42, 67: *quibus mollis alterno crurum explicatu glomeratio*.
118. *Aequus uterque lab.*, zu beiden Dingen, zum Gebrauch beim

Exquirunt calidumque animis et cursibus acrem.
His animadversis instant sub tempus et omnis
Inpendunt curas denso distendere pingui,
Quem legere ducem et pecori dixere maritum;   125
Florentisque secant herbas fluviosque ministrant
Farraque, ne blando nequeat superesse labori
Invalidique patrum referant ieiunia nati.
Ipsa autem macie tenuant armenta volentes,
Atque, ubi concubitus primos iam nota voluptas   130
Sollicitat, frondesque negant et fontibus arcent.
Saepe etiam cursu quatiunt et sole fatigant,
Cum graviter tunsis gemit area frugibus et cum
Surgentem ad Zephyrum paleae iactantur inanes.
Hoc faciunt, nimio ne luxu obtunsior usus   135

Wettkampf und im Kriege — die Erfordernisse des Zuchthengstes sind schon v. 95—98 angegeben — gehört gleiche Kraft und gleiches Feuer. — *magistri*. Ein alter Grammatiker: *Quibus praecipua cura rerum incumbit et qui magis quam ceteri diligentiam et sollicitudinem rebus quibus praesunt debent, hi magistri appellantur.* So gab es auf den Landgütern auch *magistri pecoris*, an die hier und unten v. 185. 445. 549. A. VII, 485 zu denken ist.

3. Pflege der Pferde und Kühe, v. 123—216.

123. *his animadv.* weist zurück auf die im Vorhergeb. gegebenen Vorschriften über die Wahl des Zuchthengstes. *instant sub t.*, eilt man, wenn die Zeit der Begattung herannaht.

124. *denso pingui.* Wie hier mit dem substantivisch gebrauchten Adj. (*pingui*) noch ein Adj. verbunden ist, so auch oben I, 393 und unten v. 147: *plurimus volitans* (der Schwarm), v. 291: *deserta per ardua;* vgl. auch v. 342. Ovid. am. III, 8, 9: *recens dives.* Iuven. II, 9: *tristes obsceni.* III, 52: *participem secreti honesti.* Cic. de sen.

20, 72: *illud breve vitae reliquum.* — *distendere*, vgl. E. 4, 21. Ennius annal. 326—27: *Cyclopis venter vel ut olim turserat alte Carnibus humanis distentus.*

128. *Invalidique.* Das vorhergehende *ne* gehört auch zu diesem Satze: damit nicht schwächliche Kinder die Magerkeit des Vaters abspiegeln.

129. *armenta*, Stuten und Kühe. Wie der Hengst und der Stier vor der Begattung reichlicher gefüttert werden sollen, so soll man die Stuten und Kühe absichtlich (*volentes*) aushungern.

130. *ubi primos = ubi primum,* vgl. unten v. 187. A. I, 723. V, 857. VII, 61. — *nota vol.*, den Wärtern nämlich, also die Zeichen des Triebes.

133. *area*, s. G. I, 298.

134. *paleae inanes.* Das Korn wurde, um es von der Spreu zu sondern, mit der Worfschaufel im Winde geschwungen, und zwar am liebsten im Westwinde, weil dieser Wind gelinde und gleichmässig in den Sommermonaten wehte.

135. Die Absicht des Aushungerns wird durch das Bild eines Ackers, der nicht allzufett sein darf, angedeutet. Empfängt ein frucht-

Sit genitali arvo et sulcos oblimet inertis,
Sed rapiat sitiens Venerem interiusque recondat.
· Rursus cura patrum cadere et succedere matrum
Incipit. Exactis gravidae cum mensibus errant,
140 Non illas gravibus quisquam iuga ducere plaustris,
Non saltu superare viam sit passus et acri
Carpere prata fuga fluviosque innare rapacis.
Saltibus in vacuis pascunt et plena secundum
Flumina, muscus ubi et viridissima gramine ripa,
145 Speluncaeque tegant et saxea procubet umbra.
Est lucos Silari circa ilicibusque virentem
Plurimus Alburnum volitans, cui nomen asilo
Romanum est, oestrum Grai vertere vocantes,
Asper, acerba sonans, quo tota exterrita silvis
150 Diffugiunt armenta; furit mugitibus aether
Concussus silvaeque et sicci ripa Tanagri.
Hoc quondam monstro horribilis exercuit iras
Inachiae Iuno pestem meditata iuvencae.
Hunc quoque, nam mediis fervoribus acrior instat,
155 Arcebis gravido pecori, armentaque pasces
Sole recens orto aut noctem ducentibus astris.
Post partum cura in vitulos traducitur omnis,

bares Saatfeld zu viel Regen, so vergeht die Saat, und die verschlämmten Furchen tragen nicht.

138. *cura cadere.* Liv. II, 40: *non tibi ingredienti fines ira cecidit?*

142. *Carpere prata*, vgl. unten v. 191. 325. IV, 311; ähnlich war oben v. 103 gesagt: *corripere certamine campum.*

143. *vacuis*, in offenen Waldthälern, wo keine Hecken oder Gräben zu überspringen und keine reissenden Flüsse zu durchschwimmen sind, vgl. G. II, 54. — *pascunt*, nämlich *eas*, denn *pascere* wird nur vom Hirten gesagt, *pasci*, vom Vieh.

144. *muscus ubi*, nämlich *sit.* vgl. G. II, 180.

146. In den Fluss *Silarus* (zwischen dem Gebiete der Picentiner und Lukaner) ergiesst sich vom Gebirge *Alburnus* der *Tanager.*

147. *volitans*, s. oben zu v. 124.

148. *vertere voc.*, Serv. knüpft an folg. Notiz des berühmten Grammatikers Nigidius Figulus: *asilus apud Graecos prius μύωψ vocabatur, postea magnitudine incommodi οἶστρον appellarunt* die Bemerkung: *hoc est quod ait, oestrum Grai vertere vocantes. Non de Latino in Graecum sed de Graeco in suam linguam, quae prior fuit.*

151. *sicci* enthält eine Andeutung der Zeit, der Hundstage nämlich.

152. *monstro*, vgl. G. I, 185.

153. *Inachiae iuv.*, der *Io*, der Tochter des *Inachus*, die von Jupiter in eine Kuh verwandelt und als solche durch eine von der eifersüchtigen Juno geschickte Bremse durch die ganze Erde gejagt wurde, s. Ovid. Met. I, 568—750.

155. *Arcebis pecori*, s. zu E. 7, 47. Wegen des Hiatus *pecori, arm.* s. Einl. p. 11.

Continuoque notas et nomina gentis inurunt
Et quos aut pecori malint submittere habendo
Aut aris servare sacros aut scindere terram 160
Et campum horrentem fractis invertere glaebis.
Cetera pascuntur viridis armenta per herbas.
Tu quos ad studium atque usum formabis agrestem,
Iam vitulos hortare viamque insiste domandi,
Dum faciles animi iuvenum, dum mobilis aetas. 165
Ac primum laxos tenui de vimine circlos
Cervici subnecte; dehinc, ubi libera colla
Servitio adsuerint, ipsis e torquibus aptos
Iunge pares et coge gradum conferre iuvencos;
Atque illis iam saepe rotae ducantur inanes 170
Per terram et summo vestigia pulvere signent;
Post valido nitens sub pondere faginus axis
Instrepat et iunctos temo trahat aereus orbis.
Interea pubi indomitae non gramina tantum
Nec vescas salicum frondes ulvamque palustrem, 175
Sed frumenta manu carpes sata; nec tibi fetae
More patrum nivea inplebunt mulctraria vaccae,
Sed tota in dulcis consument ubera natos.
    Sin ad bella magis studium turmasque ferocis,
Aut Alphea rotis praelabi flumina Pisae 180
Et Iovis in luco currus agitare volantis:
Primus equi labor est, animos atque arma videre
Bellantum lituosque pati tractuque gementem

---

158. *notas.* Den Kälbern wurden Merkmale eingebrannt, um sowol den Stamm, als die verschiedene Bestimmung zu bezeichnen.

159. *submittere*, s. zu E. 1, 46. — Bei dem *Et quos* hat man aus dem Vorhergeh. den allgemeinen Begriff *signant* zu ergänzen,

162. *Cetera.* Die nicht gezeichneten, also zu keinem der in den 3 vorigen Versen angegebenen Zwecke bestimmten Thiere trieb man ohne Unterschied auf die Weide.

168. *ipsis e torq.*, aus denselben weidenen Reifen.

175. *vescas*, s. zu G. IV, 131.

176. *frumenta*, junges nahrhaftes Getreide, nämlich Mengelkorn, s. v. 205.

177. *More patrum.* Ueber diese altrömische Sitte s. zu E. 3, 30.

179. *magis studium.* Vollständig: *sin magis studium est equos formare* (denn dieser Begriff ist aus v. 163 zu ergänzen) *ad bella* cet.

180. Die olympische Rennbahn war in der Nähe der elischen Stadt *Pisa* am Strom *Alpheus* (s. oben v. 19) im Haine *Jupiters.* Das schon Ol. 52 gänzlich zerstörte Pisa wird von den Dichtern häufig mit dem nahegelegenen Olympia identificirt.

182. *animos atque arma.* Zuerst muss man die Füllen an den Anblick des Schlachtgetümmels gewöhnen.

Ferre rotam et stabulo frenos audire sonantis;
185 Tum magis atque magis blandis gaudere magistri
Laudibus et plausae sonitum cervicis amare.
Atque haec iam primo depulsus ab ubere matris
Gaudeat, inque vicem det mollibus ora capistris
Invalidus etiamque tremens, etiam inscius aevi.
190 At tribus exactis ubi quarta accesserit aetas,
Carpere mox gyrum incipiat gradibusque sonare
Conpositis sinuetque alterna volumina crurum
Sitque laboranti similis; tum cursibus auras
Provocet ac per aperta volans ceu liber habenis
195 Aequora vix summa vestigia ponat arena;
Qualis Hyperboreis Aquilo cum densus ab oris
Incubuit, Scythiaeque hiemes atque arida differt
Nubila: tum segetes altae campique natantes
Lenibus horrescunt flabris summaeque sonorem
200 Dant silvae longique urguent ad litora fluctus;

187. *primo dep. ab ub.* Das edlere Füllen wurde nämlich 2 Jahre gesäugt.
188. *haec Gaudeat*, diese Freude (s. v. 185) empfinde, koste es schon. Wegen der Construction s. z. A. II, 690 u. vgl. A. III, 56. IV, 412. Ter. Andr. II, 2, 25: *iam id gaudeo*. (Für *gaudeat* steht in den Hdschr. *audeat*, was ich geändert habe, da *haec* sich nicht nur auf die in 182—84, sondern auch auf die in 185—86 erwähnten Dinge bezieht, *audeat* aber nur mit Bezug auf die zuerst erwähnten passend wäre.) — *inque vicem*. Abwechselnd soll man das Füllen an das oben bezeichnete Geräusch und an die Halfter gewöhnen.
189. *Invalidus*, s. Einl, p. 11.
— *etiam*, noch, vgl. A. VI, 485.
— *inscius aevi*, weil es selbst seine beginnende Jugendstärke noch nicht fühlt, noch nicht zu brauchen weiss.
190. *accesserit*, an das Pferd herangetreten ist. Nach Varro und Colum. soll die Bändigung der für die Kampfspiele bestimmten Rosse im vierten Jahre beginnen. — *aetas* ist jeder Zeitabschnitt, bald ein kürzerer (z. B. ein Tag, wie bei Stat. Theb. III, 562: *quid crastina volveret aetas Scire nefas homini*), bald ein längerer, wie ein Jahr an d. St.
191. *Carpere*, vgl. oben v. 142.
— *gradibus s. Conp.*, geordneter Tritte tönenden Schall.
193. *Sit lab. s.*, weil das feurige Ross zu langsamem, schwerem Schritt gezügelt wird.
194. *auras prov.* nicht in dem Sinne von *ventos vocare* (unten 322. A. V, 211), sondern von *hostem vocare* (G. IV, 76). — *per aperta vol.*, vgl. Hom. Il. XX, 226—27.
196. Die *Hyperboreer* waren ein fabelhaftes Volk am Nordgestade des Oceanus.
197. *differt*. Der ungestüme (*densus*) Nordwind breitet die mitgebrachten nordischen (scythischen) Ungewitter und regenlosen (*arida*) Wolken vor sich aus; so steht *differre* auch Lucret. II, 674: *scintillasque agere ac late differre favillam*.
198. *campi natantes*, die wallenden Saatfelder.
200. *urguent* (drängen sich) steht

Ille volat simul arva fuga, simul aequora verrens.
Hinc vel ad Elei metas et maxuma campi
Sudabit spatia et spumas aget ore cruentas,
Belgica vel molli melius feret esseda collo.
Tum demum crassa magnum farragine corpus   205
Crescere iam domitis sinito: namque ante domandum
Ingentis tollent animos prensique negabunt
Verbera lenta pati et duris parere lupatis.
 Sed non ulla magis viris industria firmat,
Quam Venerem et caeci stimulos avertere amoris,   210
Sive boum sive est cui gratior usus equorum.
Atque ideo tauros procul atque in sola relegant
Pascua post montem oppositum et trans flumina lata,
Aut intus clausos satura ad praesepia servant.
Carpit enim viris paulatim uritque videndo   215
Femina nec nemorum patitur meminisse nec herbae
Dulcibus illa quidem inlecebris, et saepe superbos
Cornibus inter se subigit decernere amantis.
Pascitur in magna Sila formosa iuvenca:

hier intransitiv, wie überhaupt alle Verba der Bewegung besonders von Dichtern häufig intransitiv gebraucht werden, vgl. G. I, 163. III, 433. A. I, 234. II, 229.

202. *Hinc*, nach durchgemachter Schule wird dies Ross dieselben Dienste, wie die griechischen, bei den Wettrennen leisten, und noch besser als die belgischen im Kriege zu gebrauchen sein. — *Elei campi*, s. oben zu v. 180.

203. *cruentas*, vom einreissenden Zaume, der das Pferd im heftigsten Ungestüm kurz um das Ziel lenkt.

204. *Belgica esseda*, zweirädrige Streitwagen, mit denen die Belgier, wie auch andere Gallier, und die Britannier unter die Feinde jagten und bei Gelegenheit abspringend zu Fuss kämpften, vgl. Caes. d. b. Gall. IV, 33. — *molli* (geschmeidig) *collo*. Die Pferde waren mit dem Halse in ein Joch gespannt.

205. Mit *Tum dem.* wird die vorhergehende Zeitbestimmung (*Iluc*, v. 202) anaphorisch wieder aufgenommen; um jedoch jedem Missverständnisse vorzubeugen, fügt Verg. diesem *Tum demum* noch die erklärende Bestimmung: *iam domitis* hinzu.

206. *ante domandum* enthält den Gegensatz zu *Tum demum*, also ist aus dem Vorherg. was zu ergänzen?

210. *caeci am.*, der noch verborgenen Brunst, vgl. A. IV, 2.

215. *videndo* ist auch hier activisch zu nehmen, s. zu G. II, 250.

217. *illa quidem*, s. z. A. V, 457.

Episode I: Der Stierkampf,
v. 219—41.

219. *pascitur*. Die ruhig weidende Kuh bildet einen schönen Contrast zu dem im Folg. beschriebenen hitzigen Kampf der Stiere. Zur Scene des Stierkampfs wählt Verg. hier wie A. XII, 715—22 die ungeheure, von Viehheerden schwärmende Bergwaldung *Sila* auf der bruttischen Gebirgskette des Apennin.

220 Illi alternantes multa vi proelia miscent
Volneribus crebris, lavit ater corpora sanguis,
Versaque in obnixos urguentur cornua vasto
Cum gemitu, reboant silvaeque et longus Olympus.
Nec mos bellantis una stabulare, sed alter
225 Victus abit longeque ignotis exsulat oris
Multa gemens ignominiam plagasque superbi
Victoris, tum, quos amisit inultus, amores;
Et stabula adspectans regnis excessit avitis.
Ergo omni cura viris exercet et inter
230 Dura iacet pernix instrato saxa cubili
Frondibus hirsutis et carice pastus acuta,
Et temptat sese atque irasci in cornua discit
Arboris obnixus trunco ventosque lacessit
Ictibus et sparsa ad pugnam proludit arena.
235 Post ubi collectum robur viresque refectae,
Signa movet praecepsque oblitum fertur in hostem;
Fluctus uti medio coepit cum albescere ponto,
Longius ex altoque sinum trahit, utque volutus

221. *lavit*, s. Einl. p. 11. — Man achte auf den malenden Versbau in v. 220—23.
223. *longus Ol.*, der weithin sich streckende Himmel, wie Ovid. Met. VI, 64: *longum coelum*. Ebenso sind die *longi fluctus* oben v. 200 lang gestreckte Fluthen.
228. *regnis avitis*, einem Fürsten vergleichbar, der nach erlittenen Niederlagen mit schmerzlichem Unmuthe aus dem Erbreiche flieht.
230. *instratus* kommt ausser dieser Stelle nicht in der Bed. von *non stratus* vor. Auch *pernix* scheint nur an d. St. in der Bed. ausdauernd, beharrlich vorzukommen und bezeichnet die Beharrlichkeit des Stiers, der alle Weichlichkeit flieht und die magerste Kost zu sich nimmt, um nicht durch fettere und reichliche Nahrung zu schwerfällig zum Kampfe zu werden. Leiten die alten Grammatiker *pernix* mit Recht von *perniti* ab, so hat Verg. das Wort hier in seiner ursprünglichen Bedeutung gebraucht.

232. *irasci in cornua*, die Wuth gleichsam in die Hörner drängen; vgl. Eur. Bacch. 742: ταῦροι εἰς κέρας θυμούμενοι. Ovid. Met. VIII, 884: *vires in cornua sumo*.
236. *Signa movet*, wie ein zum Kampf aufbrechendes Heer, vgl. G. IV, 106. — *oblitum in h.* Wer denkt nicht mehr an den Gegner? — Mit dem folg. Gleichniss vgl. das homerische Vorbild Il. IV, 422—26 und auch A. VII, 528—30.
237. *medio ponto* = mitten im Meere, *medio in ponto* wäre in der Mitte des Meeres. Diesen Unterschied beobachtet Verg. streng, vgl. für ersteres G. III, 466. A. I, 314. 505. 638. III, 73. 104. 270, für letzteres E. 3, 40. A. II, 328. 512. III, 624. V, 110.
238. *ex altoque* ist epexegetisch zu dem vorhergeh. *Longius* hinzugefügt, also: wie die Welle ferne, auf hoher See, sich aufbauscht. *ex alto* ist gesagt, weil das Ufer als Standpunkt genommen ist. — *sinus tr.*, gegen das Land zu.

Ad terras inmane sonat per saxa neque ipso
Monte minor procumbit, at ima exaestuat unda 240
Verticibus nigramque alte subiectat arenam.
 Omne adeo genus in terris hominumque ferarumque
Et genus aequoreum, pecudes pictaeque volucres,
In furias ignemque ruunt. Amor omnibus idem.
Tempore non alio catulorum oblita leaena 245
Saevior erravit campis, nec funera volgo
Tam multa informes ursi stragemque dedere
Per silvas; tum saevus aper, tum pessima tigris;
Heu male tum Libyae solis erratur in agris.
Nonne vides, ut tota tremor pertemptet equorum 250
Corpora, si tantum notas odor attulit auras?
Ac neque eos iam frena virum neque verbera saeva,
Non scopuli rupesque cavae atque obiecta retardant
Flumina correptosque unda torquentia montis.
Ipse ruit dentesque Sabellicus exacuit sus, 255
Et pede prosubigit terram, fricat arbore costas,
Atque hinc atque illinc humeros ad volnera durat.
Quid iuvenis, magnum cui versat in ossibus ignem
Durus amor? Nempe abruptis turbata procellis
Nocte natat caeca serus freta; quem super ingens 260

241. *subvectat a.*, wirft in die Höhe, bezeichnet die Kraft, womit die Woge die Masse des Schlammes und der Meergewächse aus der Tiefe reisst und in die Höhe schleudert.

4. Liebeswuth bei Menschen und Thieren, v. 242—83.
246. Die Perf. *erravit* und *dedere* stehen aoristisch, s. z. G. I, 49.
250. *pertemptet*, durchzuckt, durchbebt, vgl. A. I, 502. V, 828. Andere LA. *pertemptat*.
252. *Ac* bezeichnet hier das schnelle, augenblickliche Eintreten der Folge; also: wenn die Hengste die Ausdünstung der brünstigen Stuten wittern, so . . . .
254. *correptosque.* Jeder Fluss hemmt den Lauf des gewöhnlichen Pferdes; reissende Ströme, welche abgerissene Felsstücke (*correptos montes*) mit sich fortwälzen, auch den Lauf des edlen, muthigen Ros-ses. Diese Steigerung geht verloren, wenn man das von den Handschriften gebotene *que* weglässt.
255. *Sabellicus* (s. G. II, 167) *sus.* Der Ausdruck *sus* mit dem hinzugefügten hervorhebenden *Ipse* ist gewählt, um den zahmen Eber im Gegensatz zu dem v. 248 erwähnten wilden Eber, *aper*, zu bezeichnen. Varro de re rust. II, 1: *Etiam nunc in locis multis genera pecudum ferarum sunt aliquot. — De suibus nemini ignotum, nisi qui apros non putat sues vocari.*
257. *Atque . . . atque* sind hier nicht zu nehmen wie E. 5, 23, sondern das erste *Atque* dicnt zur Satzverbindung. — *humeros ad v. d.* d. i. *luto se tergorantes*, wie Plin. hist. nat. VIII, 78 sagt.
258. *Quid iuvenis.* Anspielung auf die durch die Schiller'sche Ballade jetzt allgemein bekannte Erzählung von Hero und Leander.

Porta tonat caeli et scopulis inlisa reclamant
Aequora; nec miseri possunt revocare parentes
Nec moritura super crudeli funere virgo.
Quid lynces Bacchi variae et genus acre luporum
265 Atque canum? quid, quae inbelles dant proelia cervi?
Scilicet ante omnis furor est insignis equarum;
Et mentem Venus ipsa dedit, quo tempore Glauci
Potniades malis membra absumpsere quadrigae.
Illas ducit amor trans Gargara transque sonantem
270 Ascanium; superant montis et flumina tranant.
Continuoque avidis ubi subdita flamma medullis: —
Vere magis, quia vere calor redit ossibus — illae
Ore omnes versae in Zephyrum stant rupibus altis,
Exceptantque levis auras et saepe sine ullis
275 Coniugiis vento gravidae — mirabile dictu —

261. *Porta caeli.* Nach homerischer Vorstellung hat die Götterstadt ein auf dem Olymp von Wolken gebildetes Thor, welches die Horen als Thürhüterinnen öffnen und schliessen, s. Il. V, 749—52.
263. *morit. virgo*, „d. h. der bei unglücklichem Ausgange seines Wagnisses in sicherer Aussicht stehende Tod der Geliebten." (Tittler.) — *super crud. super* ist Präposition, vgl. A. X, 727. Musäeus 440: καδ δ' Ἡρὼ τέθνηκεν ἐπ' ὀλλυμένῳ παρακοίτῃ.
264. *lynces Bacchi.* Bacchus fuhr auf seinem indischen Triumphzuge mit gezähmten Tigern, Panthern und Luchsen, und erscheint auch sonst häufig in dieser Gesellschaft, vgl. Ovid. Met. III, 668—69: *Quem circa tigres, simulacraque inania lyncum, Pictarumque iacent fera corpora pantherarum.*
266. *Scilicet.* Wozu soll ich von der Wuth der Luchse, Wölfe cet. sprechen? ist doch das Rasen der Rosse vor Allem bekannt.
267. *mentem. mens* steht bisweilen zur Bezeichnung leidenschaftlicher Erregung; Tibull. IV, 3, 7: *quis furor est, quae mens.* Hor. ep. I, 2, 60: *dolor quod suase-rit et mens.* od. I, 16, 22: *compesce mentem.* — *Glaucus*, der Sohn des Sisyphus, hielt seine zu *Potniae*, einem böotischen Flecken, erzogenen Stuten, damit sie schneller im Wettrennen wären, von der Gemeinschaft des Hengstes zurück; als er aber bei der Leichenfeier des Pelias die Venus vernachlässigte, so machte diese die Stuten rasend, dass sie ihren Herrn zerrissen.
268. *malis* kommt her von? —
269. *Gargara*, s. zu G. I, 103.
270. *Ascanius*, der Ausfluss des bithynischen Sees *Ascania* in den *sinus Cianus* (eine Bucht der Propontis).
272. *ossibus.* s. zu A. I, 660.
273. Das hier berichtete Mährchen von der Windempfängniss brünstiger Stuten wurde im Alterthum allgemein geglaubt. Waren die Stuten vom Westwinde geschwängert, so sollten sie nach den benachbarten Himmelsgegenden, Norden, Nordwesten (*Caurus*, s. unten v. 356) und Süden rennen, um sich der empfangenen Windbefruchtung (des *hippomanes*, einer tropfenweis abgehenden schleimartigen Flüssigkeit) zu entledigen.

Saxa per et scopulos et depressas convallis
Diffugiunt, non, Eure, tuos, neque Solis ad ortus,
In Borean Caurumque, aut unde nigerrimus Auster
Nascitur et pluvio contristat frigore caelum.
Hic demum, hippomanes vero quod nomine dicunt 280
Pastores, lentum destillat ab inguine virus,
Hippomanes, quod saepe malae legere novercae
Miscueruntque herbas et non innoxia verba.
 Sed fugit interea, fugit inreparabile tempus,
Singula dum capti circumvectamur amore. 285
Hoc satis armentis: superat pars altera curae,
Lanigeros agitare greges hirtasque capellas.
Hic labor, hinc laudem fortes sperate coloni.
Nec sum animi dubius, verbis ea vincere magnum
Quam sit, et angustis hunc addere rebus honorem; 290
Sed me Parnasi deserta per ardua dulcis
Raptat amor; iuvat ire iugis, qua nulla priorum
Castaliam molli devertitur orbita clivo.
Nunc, veneranda Pales, magno nunc ore sonandum.
 Incipiens stabulis edico in mollibus herbam 295
Carpere ovis, dum mox frondosa reducitur aestas,
Et multa duram stipula filicumque maniplis
Sternere subter humum, glacies ne frigida laedat
Molle pecus scabiemque ferat turpisque podagras.

---

278. Ueber den für Italien schädlichen *Auster* s. E. 2, 58. G. I, 462. III, 429. IV, 261.

282. *Hippomanes* nannte man auch einen fleischigen Auswuchs auf der Stirne des neugebornen Fohlens, der zu Liebesträuken gebraucht wurde, s. A. IV, 515. — Bei den *malis novercis* dachte Verg. vielleicht an die Liebe der Phaedra zu ihrem Stiefsohne Hippolytus.

283. *non innoxia verba*, d. i. *carmina*, s. E. 8, 67—70.

II. Von den Schafen und Ziegen, v. 286—473.

287. *agitare*, pflegen, die Pflege besingen.

289. *animi dubius*, s. zu G. IV, 491.

290. *hunc honorem*. Der Sinn ist: freilich ist es schwer, dem dürftigen Stoffe solches Ansehen zu verschaffen, dass er sich für dichterische Behandlung eignet.

291. *deserta*; kein Dichter vor ihm hatte die Pflege der Schafe und Ziegen besungen. Ueber die Verbindung *deserta ardua* s. oben v. 124.

293. *Castaliam devertitur*. In Prosa müsste es heissen? — *mollis clivus*, ein sich sanft erhebender Hügel.

294. *Pales*, s. oben zu v. 1.

1. Winterpflege, v. 295—321.

295. *edico*, im Namen der *Pales*.

299. *podagras*, Geschwüre oder Beulen an der Klaue.

300 Post hinc digressus iubeo frondentia capris
Arbuta sufficere et fluvios praebere recentis
Et stabula a ventis hiberno opponere soli
Ad medium conversa diem, cum frigidus olim
Iam cadit extremoque inrorat Aquarius anno.
305 Hae quoque non cura nobis leviore tuendae,
Nec minor usus erit, quamvis Milesia magno
Vellera mutentur Tyrios incocta rubores:
Densior hinc suboles, hinc largi copia lactis;
Quam magis exhausto spumaverit ubere mulctra,
310 Laeta magis pressis manabunt flumina mammis.
Nec minus interea barbas incanaque menta
Cinyphii tondent hirci saetasque comantis
Usum in castrorum et miseris velamina nautis.
Pascuntur vero silvas et summa Lycaei
315 Horrentisque rubos et amantis ardua dumos;
Atque ipsae memores redeunt in tecta suosque
Ducunt et gravido superant vix ubere limen.

300. *Post hinc digr.* steht entgegen dem *incipiens* in v. 295.
302. *a ventis*, von den Winden, und zwar den nördlichen (v. 318), weggewandt. Der Ziegenstall soll an der Wintersonne gegen Mittag liegen.
304. *Aquarius.* Das Sternbild des Wassermanns geht in der Mitte des Februar unter. — *extremo anno*, entweder mit Rücksicht auf das altrömische Jahr, welches mit dem März anfing, oder nach der Rechnung des Landmanns, der den Frühling als Anfang des Jahres ansieht. Uebrigens sollen die Ziegen natürlich den ganzen Winter in dem warmen Stalle gefüttert werden, und der Dichter nennt statt des Ganzen nur einen bestimmten Theil; also braucht *cum* nicht in *dum* geändert zu werden.
305. *hae*, diese, die Ziegen, sind ebenso zu pflegen, wie die Schafe, und bieten auch nicht geringeren Nutzen.
306. Die Schafe von *Milet*, einer reichen Handelsstadt in Karien, lieferten die gepriesenste Wolle.

307. *mutentur.* Dieser allgemeinere Ausdruck ist gewählt, weil sowol der Käufer als der Verkäufer durch den hohen Preis der Wolle von dem Gewinne, der aus Schafen zu ziehen ist, überzeugt wird.
309. *Quam magis* ... (*tam*) *magis*, alterthümliche, A. VII, 787 wiederkehrende Verbindung für *quo magis ... eo magis*.
312. *Cinyphii.* Aus dem Haare der langzottigen Ziegen um *Cinyps*, einem Flusse der Syrtenküste, die zur Veredelung der Heerden aus Afrika in Italien eingeführt waren, verfertigte man Reisemäntel, Schiffsseile und Decken zum Schirm der Kriegsmaschinen gegen Pfeile und Brandfackeln. — *tondent.* Bezeichnet das Verbum eine Thätigkeit, die zum Geschäftskreise bestimmter Personen gehört, so nennen die Dichter bisweilen in Nachahmung des griechischen Sprachgebrauches das Subject nicht ausdrücklich.
314. *Lycaei*, s. E. 10, 15.
316. *ipsae*, s. zu E. 4, 21.

Ergo omni studio glaciem ventosque nivalis,
Quo minor est illis curae mortalis egestas,
Avertes victumque feres et virgea laetus 320
Pabula, nec tota claudes faenilia bruma.
At vero Zephyris cum laeta vocantibus aestas,
In saltus utrumque gregem atque in pascua mittes.
Luciferi primo cum sidere frigida rura
Carpamus, dum mane novum, dum gramina canent, 325
Et ros in tenera pecori gratissimus herba.
Inde ubi quarta sitim caeli collegerit hora
Et cantu querulae rumpent arbusta cicadae,
Ad puteos aut alta greges ad stagna iubeto
Currentem ilignis potare canalibus undam; 330
Aestibus at mediis umbrosam exquirere vallem,
Sicubi magna Iovis antiquo robore quercus
Ingentis tendat ramos, aut sicubi nigrum
Ilicibus crebris sacra nemus accubet umbra;
Tum tenuis dare rursus aquas et pascere rursus 335
Solis ad occasum, cum frigidus aera vesper
Temperat et saltus reficit iam roscida luna
Litoraque alcyonen resonant, acalanthida dumi.
    Quid tibi pastores Libyae, quid pascua versu
Prosequar et raris habitata mapalia tectis? 340
Saepe diem noctemque et totum ex ordine mensem

319. *est egestas* = egent.
321. *bruma*, s. zu G. II, 317.

2. Sommerweide, v. 322—38.

325. *Carpamus rura*, lasst uns (nämlich mit den Heerden) durch die Triften ziehen. Auch der Ort selbst, den Einer durchwandelt, wird als Object zu *carpere* hinzugefügt, vgl. oben v. 142. G. IV, 311. Ovid. Met. VIII, 219: *aethera carpere*. XV, 507: *litora carpere* Trist. I, 10, 23: *campos carpere*.

327. *quarta hora*. Da die Alten den Tag wie die Nacht in 12 gleiche Stunden theilten und den Anfang des Tages vom Aufgange der Sonne rechneten, so hatten die nämlichen Stunden einer Tags- oder Nachtzeit in den verschiedenen Jahreszeiten eine verschiedene Länge.

Vergil I. 3. Aufl.

328. *rumpent*, durchschmettern.
332. *Iovis quercus*, s. zu G. II, 16. — *nemus accubet*. Der Begriff des *cubare* oder *accubare* wird bisweilen vom Schatten auf den beschattenden Gegenstand übergetragen, vgl. A. I, 165.

335. *tenuis aquas*, s. oben v. 330.

338. *alcyonen*, s. zu G. I, 399.

Episode II: Hirtenleben der Libyer und der Scythen, v. 339—83.

340. *mapalia*. Sall. Iug. 18, 8: *Aedificia Numidarum agrestium, quae mapalia illi vocant, oblonga, incurvis lateribus; tecta quasi navium carinae sunt*, vgl. auch Liv. XXX, 3, 8.

Pascitur itque pecus longa in deserta sine ullis
Hospitiis: tantum campi iacet. Omnia secum
Armentarius Afer agit, tectumque Laremque
345 Armaque Amyclaeumque canem Cressamque pharetram;
Non secus ac patriis acer Romanus in armis
Iniusto sub fasce viam cum carpit et hosti
Ante exspectatum positis stat in agmine castris.
At non, qua Scythiae gentes Maeotiaque unda,
350 Turbidus et torquens flaventis Hister arenas,
Quaque redit medium Rhodope porrecta sub axem.
Illic clausa tenent stabulis armenta, neque ullae
Aut herbae campo adparent aut arbore frondes;
Sed iacet aggeribus niveis informis et alto
355 Terra gelu late septemque adsurgit in ulnas.
Semper hiems, semper spirantes frigora Cauri.
Tum Sol pallentis haud umquam discutit umbras,
Nec cum invectus equis altum petit aethera, nec cum

342. *longa in des.*, s. zu v. 124.
— *sine ullis Hosp.*, ohne während
dieser ganzen Zeit in einen Stall
zu kommen; so steht *hospitium* G.
IV, 24 von den Wohnungen der
Bienen.
343. *tantum campi iacet*, nicht:
„so endlos streckt das Gefilde sich,"
denn die Ausdehnung des Gefildes
veranlasst den Mangel der Hürden
nicht; sondern es liegt nur auf dem
Felde. *Campi* also ist wie *humi*,
ruri Locativform, die sich auch in
der Nachahmung dieser Stelle bei
Sil. Ital. II, 441 findet: *it liber
campi pastor*. Aehnliche Locativ-
formen bei Vergil sind: *terrae* A.
XI, 87. *telluri* A. XII, 130. *arenae*
A. XII, 382.
345. *Amyclaeum*, s. oben zu v.
89 und unten v. 405. — *Cressam
pharetr.*, also einen vortrefflichen,
denn die Creter waren berühmte
Bogenschützen.
347. *Iniusto s. fasce*, unter einer
Last, der seine Kräfte kaum gewachsen sind, vgl. G. I, 164. Cic.
orat. 10: *iniustum onus*.
348. *Ante exspectatum*. Ovid.
Met. IV, 790: *ante exspectatum*

tacuit. VIII, 5: *ante exspectatum portus tenuere petitos*. Die
Ueberraschung aber zeigt sich darin,
dass das röm. Heer den Marsch bis
in die Nähe des Feindes zurücklegt,
hier das Lager aufschlägt und sich
dann dem Feinde gegenüber in
Schlachtordnung aufstellt.
349. *At non* steht häufig elliptisch in dem Sinne von: aber nicht
ist es so, vgl. G. IV, 530. A. IV,
529. — Unter Scythien begriff man,
nach Homer's Zeit, die unbekannte
Strecke des Erdkreises von Nord-
west bis Nordost. — *unda Maeotia*,
das Asowsche Meer.
350. *Turbidus torquens*, s. zu
G. I, 163 und 320.
351. Der *Rhodope* (s. zu E. 6,
30) krümmt sich, zieht sich zurück
(*redit*) von Süden nach Norden.
(*axem*, s. zu G. II, 271.)
355. *adsurgit*, vom Schnee nämlich, der an einigen Stellen durch
den Wind zu solcher Höhe zusam-
mengetrieben wird.
356. *Cauri*, s. oben zu v. 278.
357. Unter *pallentis umbras* hat
man die Dunkelheit der kurzen um-
wölkten Tage zu verstehen.

Praecipitem Oceani rubro lavit aequore currum.
Concrescunt subitae currenti in flumine crustae 360
Undaque iam tergo ferratos sustinet orbis,
Puppibus illa prius, patulis nunc hospita plaustris;
Aeraque dissiliunt volgo vestesque rigescunt
Induiae caeduntque securibus humida vina
Et totae solidam in glaciem vertere lacunae 365
Stiriaque inpexis induruit horrida barbis.
Interea toto non setius aere ninguit:
Intereunt pecudes, stant circumfusa pruinis
Corpora magna boum, confertoque agmine cervi
Torpent mole nova et summis vix cornibus exstant. 370
Hos non inmissis canibus, non cassibus ullis
Puniceaeve agitant pavidos formidine pennae,
Sed frustra oppositum trudentis pectore montem
Comminus obtruncant ferro graviterque rudentis
Caedunt et magno laeti clamore reportant. 375
Ipsi in defossis specubus secura sub alta
Otia agunt terra congestaque robora totasque
Advolvere focis ulmos ignique dedere.
Hic noctem ludo ducunt et pocula laeti
Fermento atque acidis imitantur vitea sorbis. 380

359. *lavit*, s. Einl. p. 11.
361. *orbis*, s. oben v. 173.
362. *patulis*, gross und schwer.
363. *Aera*, eherne Geräthe, vgl. A. II, 734. VI, 165.
364. *caedunt vina*. Plin. hist. nat. XIV, 17: *Circa Alpes ligneis vasis condunt* (vina) *circulisque* (Reifen) *cingunt atque etiam hieme gelida ignibus rigorem arcent. Mirum dictu, sed aliquando visum: ruptis vasis stetere glaciatae moles, prodigii modo, quoniam vini natura non gelascit, alias ad frigus stupens tantum.* Natürlich ist hier nur von eingeführten Weinen die Rede.
365. *lacunae*, Lachen, Weiher. — Die Perf. *vertere*, (nämlich *se*), *induruit, advolvere* und *dedere* in v. 378 stehen alle in der Bedeutung des Pflegens, s. zu G. I, 49.

367. *non setius*, es schneit ebenso heftig als es friert.
369. *Corpora magna boum*, s. z. G. IV, 475. Wie aus v. 352 und 362 hervorgeht, hat man hier an Stiere zu denken, die am Lastwagen plötzlich eingeschneit sind.
372. *formidine*, Scheuche. Die Jäger spannten um das Gebüsch lange Seile mit bunten Federn, um das Wild in das aufgestellte Netz zu scheuchen; vgl. A. XII, 750.
379. *noctem*, den Abend, einen Theil der langen Winternacht.
380. *Fermentum*, gequollenes Getreide, Malz, also eine Art Bier. Tacit. Germ. 23: *potui humor ex hordeo aut frumento, in quandam similitudinem vini corruptus.* — *sorbum*, Speierling, die Frucht des *sorbus*, Sperberbaums, die einen säuerlichen Mispelgeschmack hat; also ein Obstwein.

Talis Hyperboreo Septem subiecta trioni
Gens effrena virum Rhipaeo tunditur Euro
Et pecudum fulvis velatur corpora saetis.
  Si tibi lanitium curae, primum aspera silva
385 Lappaeque tribolique absint; fuge pabula laeta;
Continuoque greges villis lege mollibus albos.
Illum autem, quamvis aries sit candidus ipse,
Nigra subest udo tantum cui lingua palato,
Reice, ne maculis infuscet vellera pullis
390 Nascentum, plenoque alium circumspice campo.
Munere sic niveo lanae, si credere dignum est,
Pan deus Arcadiae captam te, Luna, fefellit
In nemora alta vocans; nec tu aspernata vocantem.
  At cui lactis amor, cytisum lotosque frequentis
395 Ipse manu salsasque ferat praesepibus herbas.
Hinc et amant fluvios magis et magis ubera tendunt
Et salis occultum referunt in lacte saporem.
Multi iam excretos prohibent a matribus haedos,

381. *Hyperboreo*, s. oben zu v. 196.
382. *Rhipaeo*, s. zu G. I, 240.
383. *velatur corpora*. Ovid. trist. III, 10, 19 f.: *Pellibus et sutis arcent male frigora braccis, Oraque de toto corpore sola patent.* Iustin. II, 2: *Lanae iis* (Scythis) *usus ac vestium ignotus, quamquam continuis rigoribus urantur; pellibus tamen ferinis aut murinis* (d. h. der Füchse, Marder, Kaninchen, Hermeline) *utuntur.*

3. Vorschriften in Betreff des Ertrages der Wolle und der Milch, v. 384—403.
385. *Lappaeque*, s. Einl. p. 11. — Fette Weide sollte harte und struppige Wolle erzeugen.
387. *Illum*, nämlich: *arietem;* die Dichter setzen häufig das Subject oder Object des Hauptsatzes in den Nebensatz, wie unten v. 474. A. VI, 567—69. XII, 641.
390. *pleno campo*, auf der von der Heerde gefüllten Trift.
391. *Munus* wird von Allem gesagt, was uns die Gunst oder Zuneigung eines Andern erwirbt, wie hier von der Pracht der Wolle.
392. *Pan* verlockte als schneeweisser Widder die Mondgöttin in einen Wald.
395. *Ipse manu*. Der Landwirth soll nicht darauf warten, dass die Schafe sich selbst nahrhafte Kräuter suchen, sondern soll sie ihnen selbst vorwerfen und auch Salz unter das Futter mischen (*salsas herbas*).
398. Gewöhnlich wurden die Lämmer in den ersten 4 Monaten nur des Morgens und Abends von den Müttern gesäugt, die übrige Zeit von ihnen abgesondert (*excreti*) gefüttert oder geweidet. Manche aber (*Multi*), die noch mehr Milch von ihren Schafen gewinnen wollten, entwöhnten die Lämmer schon während dieser Zeit, indem sie auch des Morgens und Abends nicht ins Gehege zu den Müttern trieben, und banden ihnen für den Fall, dass sie trotz der Absonderung doch zu den Müttern gelangen sollten, eine Stachelbinde

Primaque ferratis praefigunt ora capistris.
Quod surgente die mulsere horisque diurnis, 400
Nocte premunt; quod iam tenebris et sole cadente,
Sub lucem exportans calathis adit oppida pastor;
Aut parco sale continguunt hiemique reponunt.
  Nec tibi cura canum fuerit postrema, sed una
Velocis Spartae catulos acremque Molossum 405
Pasce sero pingui. Numquam custodibus illis
Nocturnum stabulis furem incursusque luporum
Aut inpacatos a tergo horrebis Hiberos.
Saepe etiam cursu timidos agitabis onagros
Et canibus leporem, canibus venabere dammas; 410
Saepe volutabris pulsos silvestribus apros
Latratu turbabis agens montisque per altos
Ingentem clamore premes ad retia cervum.
  Disce et odoratam stabulis accendere cedrum
Galbaneoque agitare gravis nidore chelydros. 415
Saepe sub inmotis praesepibus aut mala tactu
Vipera delituit caelumque exterrita fugit,
Aut tecto adsuetus coluber succedere et umbrae —
Pestis acerba boum — pecorique adspergere virus,

um das Maul, damit die gestochenen Mütter sie nicht ans Euter liessen. *iam excret. proh.* heisst also: den schon abgesonderten Lämmern entziehen sie auch dadurch die Milch der Mutter, dass sie cet. *que* steht also explicativ und leitet den Satz ein, der näher angiebt, worin das *prohibere a matribus* besteht.
  399. *praef. ora cap.*, z. zu G. I, 430.
  401. *premunt*, s. zu E. 1, 81.
  4. Schutz der Huude, v. 404—13.
  405. Die *molossischen* Hunde aus Epirus waren theils Jagdhunde, wie die spartanischen, theils starke Doggen, zur Vertheidigung der Heerden gegen Raubthiere besonders geeignet.
  408. Zur Bezeichnung des kühneren Strassenräubers im Gegensatze zum vorhergenannten Nachtdiebe nennt Vergil den unbändigen und raubsüchtigen, zum Ueberfall

heranschleichenden (*a tergo*) Iberer oder Hispanier.
  409. Der Waldesel (*onager*), ein ausländisches Thier, wird nur erwähnt, um die Vortrefflichkeit der Jagdhunde, denen er trotz seiner Schnelligkeit nicht entgehen kann, in ein grelleres Licht zu stellen.
  5. Vertreibung der Schlangen, v. 414—39.
  415. *gravis*. Da die Schlangen nicht wegen ihrer stinkenden Ausdünstung, sondern wegen der Gefahr, die sie dem Vieh drohen, aus den Ställen vertrieben werden sollen, so ist *gravis* hier nicht in der Bedeutung zu nehmen, in der es unten v. 451 steht, sondern heisst schädlich.
  416. Wenn die Schlangen es lieben, sich *sub inmotis praesepib.* aufzuhalten, so hat man ausser dem Räuchern noch welches andere Mittel, sie zu vertreiben?

420 Fovit humum. Cape saxa manu, cape robora, pastor,
Tollentemque minas et sibila colla tumentem
Deice. Iamque fuga timidum caput abdidit alte,
Cum medii nexus extremaeque agmina caudae
Solvuntur, tardosque trahit sinus ultimus orbis.
425 Est etiam ille malus Calabris in saltibus anguis,
Squamea convolvens sublato pectore terga
Atque notis longam maculosus grandibus alvum,
Qui, dum amnes ulli rumpuntur fontibus et dum
Vere madent udo terrae ac pluvialibus austris,
430 Stagna colit ripisque habitans hic piscibus atram
Inprobus ingluviem ranisque loquacibus explet;
Postquam exusta palus, terraeque ardore dehiscunt,
Exsilit in siccum et flammantia lumina torquens
Saevit agris asperque siti atque exterritus aestu.
435 Nec mihi tum mollis sub divo carpere somnos
Neu dorso nemoris libeat iacuisse per herbas,
Cum positis novus exuviis nitidusque iuventa
Volvitur aut catulos tectis aut ova relinquens
Arduus ad solem et linguis micat ore trisulcis.
440   Morborum quoque te caussas et signa docebo.
Turpis ovis temptat scabies, ut frigidus imber
Altius ad vivum persedit et horrida cano
Bruma gelu, vel cum tonsis inlotus adhaesit
Sudor et hirsuti secuerunt corpora vepres.
445 Dulcibus idcirco fluviis pecus omne magistri

420. *Fovit humum*, vgl. G. IV,
43. A. IX, 57. — *robora*, wuchtige
Stöcke. Warum der Plur.?
424. *ult. orbis*, der letzte Ring.
428. *rumpuntur* steht hier medial.
430. *hic*, in den Sümpfen; der Gegensatz folgt v. 433.
431. *Inprobus*, vgl. G. I, 119.
434. *asper siti*, vgl. Hom. Iliad.
XXI, 541. Sall. Iug. 89, 5: *Natura serpentium, ipsa perniciosa siti magis quam alia re accenditur.* — *exterritus*, geängstigt, zur Wuth entflammt, vgl. oben v. 149.
435. *Nec* steht bei Dichtern öfter in der Bedeutung von *et ne*, vgl. E. 2, 34. 8, 88. 101. 10, 46. G. II, 96.

436. *dorso nemoris*, auf dem waldigen Rücken des Berges, vgl. Hor. Sat. II, 6, 91: *praerupti nemoris dorso*.
437. *nitidus iuventa*. Ovid. Met. IX, 266: *Utque novus serpens posita cum pelle senecta*. Die Verjüngung reizt den Zorn der Schlangen.
439. *linguis tris*. Bei schneller Bewegung scheint die zweispaltige Zunge der Schlangen dreispaltig zu sein. *ore* ist Ablat. loci = *in ore*.

6. Behandlung der Krankheiten des Viehs, v. 440—73.
445. *magistri*, s. oben zu v. 118.

Perfundunt, udisque aries in gurgite villis
Mersatur missusque secundo defluit amni;
Aut tonsum tristi continguunt corpus amurga
Et spumas miscent argenti et sulfura viva
Idaeasque pices et pinguis unguine ceras
Scillamque elleborosque gravis nigrumque bitumen.
Non tamen ulla magis praesens fortuna laborum est,
Quam si quis ferro potuit rescindere summum
Ulceris os: alitur vitium vivitque tegendo,
Dum medicas adhibere manus ad volnera pastor
Abnegat et meliora deos sedet omnia poscens.
Quin etiam, ima dolor balantum lapsus ad ossa
Cum furit atque artus depascitur arida febris,
Profuit incensos aestus avertere et inter
Ima ferire pedis salientem sanguine venam,
Bisaltae quo more solent acerque Gelonus,
Cum fugit in Rhodopen atque in deserta Getarum
Et lac concretum cum sanguine potat equino.
Quam procul aut molli succedere saepius umbrae

448. *tristi*, s. zu G. I, 75.

449. *spumas arg.*, Silberglätte, der schuppichte Absatz des silberhaltigen Bleis und des Silbers in der Reinigung.

449. *sulfura viva*, natürlicher oder Jungfernschwefel, der auf den liparischen Inseln gegraben wurde.

450. *Id. pices*, Theer vom phrygischen Ida. — *pingues ung. cer.*, Wachs, das viel Fett enthält und dadurch der Salbe Geschmeidigkeit giebt.

451. *gravis*, s. oben zu v. 415.

452. *praesens fortuna laborum*, ein wirksames Mittel gegen diese Krankheit, die Räude.

453. *potuit rescindere*. *potuit* weist auf den schweren Entschluss hin, die Räudeblattern aufzuschneiden; so deutet *posse* häufig den inneren Kampf an, den ein Entschluss kostet, vgl. A. IV, 19.

454. *tegendo*, s. zu G. II, 250.

456. *Abnegat*, aus Verzweiflung an der Wirksamkeit menschlicher Hilfe. — *meliora omnia*, vgl. Sall.

Cat. 52, 29: *vigilando, agendo, bene consulendo prospera omnia cedunt*.

459. *incensos aestus*, die glühende Hitze.

461. *Bisaltae*, ein thracisches Volk um den Strymon. — *Gelonus*, s. zu G. II, 115.

462. *Cum fug. in Rhod. fugere* bez. die Schnelligkeit jener kosakenartigen Völker. Die *Bisaltae* machten Streifzüge bis zum *Rhodope* (s. zu E. 6, 30), die *Geloni* bis in die wasserlose Ebene zwischen der Donau und dem Dniester in der heutigen Niedermoldau (*deserta Getarum*). Wenn also auch das *fugere in Rhod.* von den *Bis.* gesagt wird, so gebraucht Vergil doch im Anschluss an das zunächst vorhergehende Subject den Sing. des Verbums.

464. Ansteckende Seuchen muss man sogleich durch Schlachten des erkrankten Schafes hemmen. — *molli umbrae*, dem Schatten, der ihm behaglich ist, vgl. unten v. 520. Es verräth Schwäche, wenn ein ein-

465 Videris aut summas carpentem ignavius herbas
Extremamque sequi aut medio procumbere campo
Pascentem et serae solam decedere nocti:
Continuo culpam ferro conpesce, prius quam
Dira per incautum serpant contagia volgus.
470 Non tam creber agens hiemem ruit aequore turbo,
Quam multae pecudum pestes. Nec singula morbi
Corpora corripiunt, sed tota aestiva repente,
Spemque gregemque simul cunctamque ab origine gentem.
Tum sciat, aerias Alpes et Norica si quis
475 Castella in tumulis et Iapydis arva Timavi
Nunc quoque post tanto videat desertaque regna
Pastorum et longe saltus lateque vacantis.
  Hic quondam morbo caeli miseranda coorta est
Tempestas totoque autumni incanduit aestu
480 Et genus omne Neci pecudum dedit, omne ferarum,
Corrupitque lacus, infecit pabula tabo.
Nec via mortis erat simplex, sed ubi ignea venis
Omnibus acta sitis miseros adduxerat artus,
Rursus abundabat fluidus liquor omniaque in se
485 Ossa minutatim morbo conlapsa trahebat.
Saepe in honore deum medio stans hostia ad aram,

zelnes Schaf der Hitze, die andere tragen, häufig entweicht.
467. *decedere nocti*, s. E. 8, 87.
468. *culpam*. Dem belebenden Dichter erscheint eine solche Erkrankung als vorsätzlicher Frevel, als tückischer Verrath wider die unbesorgte Heerde.
470. *aequore*. Auf dem Meere toben die Ungewitter am stärksten.
472. *aestiva*, das Vieh in den Sommergehegen.
474—77. Die norische Viehseuche hatte sich vor kurzem in Vergil's Nachbarschaft von den norischen Alpen bis nach Venetia und dem von den Japyden bewohnten Theile von Illyricum (*Timavus*, s. E. 8, 6) verbreitet.
475. *Castella*, Meierhöfe und Dörfer im Gebirge.
476. *post tanto*. Caes. b. Gall. VII, 60: *post paullo*. Cic. in Cat. III, 5, 11: *post aliquanto*. Corn.

Naps. 3, 1: *post non multo*. In allen diesen Verbindungen folgt die genauere Zeitbestimmung der allgemeineren.

Episode III: Beschreibung der norischen Viehseuche,
v. 478—566.

Mit dieser Beschreibung ist die Schilderung der Pest zu Aegina bei Ovid. Met. VII, 523—613 zu vergleichen.
479. Die verderbliche Witterung (*Tempestas*) war die Folge eines zu heissen Herbstes.
482. *simplex*. Nicht einfache Qual führte zum Tode, denn zuerst dörrte Fieberglut den Körper aus, dann löste ein Schleimerguss die Glieder auf.
486. Die Seuche begann bei den Schafen; selbst das zum Sühnopfer erwählte, also vollkommen gesund erscheinende Schaf ward plötzlich,

Lanea dum nivea circumdatur infula vitta,
Inter cunctantis cecidit moribunda ministros.
Aut si quam ferro mactaverat ante sacerdos,
Inde neque inpositis ardent altaria fibris   490
Nec responsa potest consultus reddere vates
Ac vix suppositi tinguuntur sanguine cultri
Summaque ieiuna sanie infuscatur arena.
Hinc laetis vituli volgo moriuntur in herbis
Et dulcis animas plena ad praesepia reddunt;   495
Hinc canibus blandis rabies venit et quatit aegros
Tussis anhela sues ac faucibus angit obesis.
Labitur infelix studiorum atque inmemor herbae
Victor equus fontisque avertitur et pede terram
Crebra ferit; demissae aures, incertus ibidem   500
Sudor et ille quidem morituris frigidus, aret
Pellis et ad tactum tractanti dura resistit.

während es am Altare stand, von der Seuche befallen. Das Schaf war seiner Sanftmuth wegen die *hostia maxima*, das grösste Sühnopfer der Flehenden.

487. *infula*, ein Kopfschmuck, bestehend aus einer breiten wollenen Binde, von welcher zu beiden Seiten des Kopfes Bänder, *vittae*, herabfielen. Sie war als Erkennungszeichen religiöser Weihe der Hauptschmuck der Priester und wurde als Zeichen heiliger Bestimmung und erhaltener Weihe auch den Opferthieren ums Haupt gebunden.

488. *Inter cunctantis ministros*, während der Vorbereitungen zum Opfer.

489. *ante*, ehe das Opferthier sichtlich von der Seuche ergriffen war.

490. *fibris Inde inpos.*, von den Eingeweiden, die von dort, d. h. vom Opferthiere genommen und auf den Altar gelegt sind.

491. *Nec responsa potest*, weil die Eingeweide schadhaft sind.

492. *suppositi*. Man bog den Kopf des den unterirdischen Göttern (hier zur Abwendung der Seuche) gebrachten Sühnopfers zur Erde und durchschnitt die Kehle mit untergestelltem Messer; vgl. A. VI, 248.

493. *ieiuna sanie*, mit magerem Eiter.

498. *infelix studiorum*, weil ihm jetzt seine Anstrengungen, die gewonnenen Siegespreise, Nichts helfen, vgl. v. 525. Ebenso construirt Sil. Ital. XII, 432: *Petilia infelix fidei*. Anderer Art ist der Gen. A. IV, 529, s. zu G. IV, 491; vgl. auch zu G. I, 277.

499. *fontisque avertitur*, es wendet sich ab vom Quellwasser; die Construction ist dem griechischen ἀποστρέφεται τὸ ὕδωρ nachgebildet. Ebenso Stat. Theb. VI, 192: *oppositas impasta avertitur herbas;* vgl. E. I, 55. G. III, 383. A. II, 510. III, 284. V, 720. VI, 470.

500. *Crebra* steht adverbial, wie Lucret. II, 359: *crebra revisit.* — *incertus Sud.*, unsteter, d. h. bald warmer, bald kalter Schweiss. — *ibidem*, um die Ohren, also am Kopfe und Halse; Lucret. VI, 1185: *Sudorisque madens per collum splendidus humor.*

Haec ante exitium primis dant signa diebus;
Sin in processu coepit crudescere morbus,
505 Tum vero ardentes oculi atque attractus ab alto
Spiritus, interdum gemitu gravis, imaque longo
Ilia singultu tendunt, it naribus ater
Sanguis et obsessas fauces premit aspera lingua.
Profuit inserto latices infundere cornu
510 Lenaeos; ea visa salus morientibus una;
Mox erat hoc ipsum exitio, furiisque refecti
Ardebant ipsique suos iam morte sub aegra —
Di meliora piis erroremque hostibus illum! —
Discissos nudis laniabant dentibus artus.
515 Ecce autem duro fumans sub vomere taurus
Concidit et mixtum spumis vomit ore cruorem
Extremosque ciet gemitus. It tristis arator
Maerentem abiungens fraterna morte iuvencum,
Atque opere in medio defixa relinquit aratra.
520 Non umbrae altorum nemorum, non mollia possunt
Prata movere animum, non qui per saxa volutus
Purior electro campum petit amnis; at ima
Solvuntur latera atque oculos stupor urguet inertis

503. *dant*. Von dem einzelnen Ross erweitert sich jetzt das Gemälde über das ganze Geschlecht: *dant, tendunt, morientibus*.

506. *imaque long. Ilia singultu tendunt*, sie dehnen die untersten Weichen durch langgezogenes (krampfhaftes) Schluchzen. So bezeichnet der Dichter sinnlich den schweren Athem der kranken Thiere. Für *ilia tendere*, keuchen, sagte man auch: *ilia ducere, trahere*. Lucan. IV, 757 bezeichnet denselben Zustand so: *defecta gravis longe trahit ilia pulsus*; vgl. auch Stat. Theb. VI, 472: *longi suspendunt ilia flatus.*

508. *premit*, verengt, weil sie selbst anschwillt. — *obsessas* und *premit* erhalten ihre Erklärung durch die Schilderung der attischen Pest bei Lucret. VI, 1146: *ulceribus vocis via saepta coibat*. Vergil hat in seiner Schilderung überall das Ekelhafte gemieden.

509. *latices Lenaeos*, s. zu G. II, 4. Wein ward den Pferden in mehreren Krankheiten mit einem Horn eingetrichtert.

513. *Di mel.* Die Alten pflegten die Vorbedeutung eines grauenvollen Anblicks oder Ausspruchs von sich, als Frommen, auf ihre Feinde abzuwenden. — *errorem*, Raserei.

514. *nudis*, durch Zurückziehen der Lefzen, ein Zeichen der Wuth.

520. *Non umbrae*. Auf dem Heimwege erkrankt und stirbt auch der zweite Stier. Mit v. 520 verliert sich wieder, wie v. 503, das Gemälde vom Einzelnen ins Allgemeine.

522. *electrum* bez. hier und A. VIII, 402. 624 eine Composition aus Gold und einem fünften Theile Silber. Dieses *electrum* leuchtete nach Plin. hist. nat. XXXIII, 23 am Kerzenlicht heller als Silber. — *ima Solv. latera*, schlaff hängen die Seiten.

Ad terramque fluit devexo pondere cervix.
Quid labor aut benefacta iuvant? quid vomere terras 525
Invertisse gravis? atqui non Massica Bacchi
Munera, non illis epulae nocuere repostae:
Frondibus et victu pascuntur simplicis herbae,
Pocula sunt fontes liquidi atque exercita cursu
Flumina, nec somnos abrumpit cura salubris. 530
Tempore non alio dicunt regionibus illis
Quaesitas ad sacra boves Iunonis et uris
Inparibus ductos alta ad donaria currus.
Ergo aegre rastris terram rimantur et ipsis
Unguibus infodiunt fruges montisque per altos 535
Contenta cervice trahunt stridentia plaustra.
Non lupus insidias explorat ovilia circum
Nec gregibus nocturnus obambulat; acrior illum
Cura domat; timidi dammae cervique fugaces
Nunc interque canes et circum tecta vagantur. 540
Iam maris inmensi prolem et genus omne natantum
Litore in extremo, ceu naufraga corpora, fluctus
Proluit; insolitae fugiunt in flumina phocae.
Interit et curvis frustra defensa latebris
Vipera et attoniti squamis adstantibus hydri. 545
Ipsis est aer avibus non aequus et illae
Praecipites alta vitam sub nube relinquunt.
Praeterea iam nec mutari pabula refert

526. *Massica Munera*, s. zu G. II, 143.
527. *repostae epulae*, die verschiedenen Gänge der Leckereien, denen die *Frondes* und der *victus simplicis herbae*, also wenige und einfache Nahrungsmittel, entgegengesetzt werden.
529. *exercita cursu Flum.*, des laufenden Flusses Strömungen.
532. *Iunonis*. Es fehlte damals an Rindern zu heiligem Gebrauche. Die Priesterin der Juno zu Argos fuhr auf einem mit zwei weissen Kühen bespannten Wagen in feierlichem Aufzuge zum Tempel. — *uris*, s. G. II, 374.
533. *donaria*, eigentl. Gewölbe zur Aufbewahrung der Tempelschätze, steht hier als *pars pro toto* zur Bezeichnung des Tempels selbst.
536. *Contenta*, angestrengt. Lucret. I, 335: oculorum acies contenta. Cic. Tusc. II, 23, 54: onera contentis corporibus facilius feruntur.
538. *acrior Cura*, der Seuche.
541. *natantum*, vgl. G. I, 272. IV, 16.
543. *insolitae*, denn die Robben leben im Meere.
545. *attoniti*, betäubt und erstarrt.
549. *iam nec*, schon so weit ist es gekommen, dass auch Veränderung des Futters nicht hilft und alle künstlichen Mittel (*artes*, vgl. G.

Quaesitaeque nocent artes; cessere magistri,
550 Phillyrides Chiron Amythaoniusque Melampus.
Saevit et in lucem Stygiis emissa tenebris
Pallida Tisiphone Morbos agit ante Metumque,
Inque dies avidum surgens caput altius effert.
Balatu pecorum et crebris mugitibus amnes
555 Arentesque sonant ripae collesque supini.
Iamque catervatim dat stragem atque aggerat ipsis
In stabulis turpi dilapsa cadavera tabo,
Donec humo tegere ac foveis abscondere discunt.
Nam neque erat coriis usus nec viscera quisquam
560 Aut undis abolere potest aut vincere flamma;
Ne tondere quidem morbo inluvieque peresa
Vellera nec telas possunt attingere putris;
Verum etiam invisos si quis temptarat amictus,

II, 52) nur schaden. *nec*, vgl. E. 3, 102.

549. Die *magistri pecoris* (s. o. zu v. 118) hatten geschriebene Gesundheitsregeln, um ohne Arzt heilen zu können. Selbst die kundigsten dieser Oberhirten, die wie *Chiron* und *Melampus* durch natürliche und übernatürliche Mittel Wunder zu thun pflegten, vermochten Nichts gegen die Seuche. Natürliche Mittel wandte der Centaur Chiron, ein Sohn des Saturnus und der *Philyra* (s. oben zu v. 93), an, der die Heilkräfte der Kräuter entdeckt und den *Asclepios* (*Aesculapius*), den nachmaligen Gott der Heilkunst, unterrichtet hatte; übernatürliche Melampus, der Sohn des *Amythaon*, der als Wahrsager berühmt war und es verstand, den Zorn der Götter gegen schuldbeladene Menschen zu versöhnen, vgl. Hom. Od. XV, 225 s.

552. Die Furie *Tisiphone* steigt, von rächenden Gottheiten gesandt, entkerkert aus dem nächtlichen, vom Styx umströmten Schattenreiche, indem sie die unterirdischen Unholde, die Krankheiten und die Furcht (vgl. A. VI, 274—76),
vor sich hertreibt. Ansteckende und schnell tödtende Krankheiten wurden als Strafen erzürnter Götter betrachtet.

558. *Donec discunt*. Könnte hier auch der Conj. *discant* stehen?

559. *viscera*, das Fleisch, s. zu A. VI, 253.

560. *undis abolere p., aut v. fl.* Servius: *Nec lavari nec coqui poterant. Caro enim corrupta morbo quendam habet mucorem* (Fäulniss), *qui non potest ablui: quoniam omne possidet corpus. Item igni superposita aut putrescit aut durescit, nam non coquitur.*

561. Das Folgende rückt stufenweise vor. Man konnte die von Geschwüren zerfressenen Schaffelle nicht scheeren, noch, wenn man dies auch durchgesetzt hatte (solche Bedingungssätze sind oft aus dem Zusammenhange zu ergänzen, vgl. oben v. 206. A. I, 334), die aus der mürben Wolle gesponnenen Fäden fest zum Gewebe anziehn (denn sie rissen sogleich). Hatte man aber auch mit Mühe ein Gewand fertig gewebt, so durfte man es nicht tragen, weil sich sogleich ein hitziger

Ardentes papulae atque inmundus olentia sudor
Membra sequebatur nec longo deinde moranti 565
Tempore contactos artus sacer ignis edebat.

Ausschlag mit widerlichem Schweisse über den Leib verbreitete, *sequebatur*, und bald das heilige Feuer (Name einer in bösartigen Geschwüren bestehenden Krankheit) nach sich zog.

P. VERGILI MARONIS
GEORGICON
LIBER QUARTUS.

Protinus aerii mellis caelestia dona
Exsequar. Hanc etiam, Maecenas, aspice partem.
Admiranda tibi levium spectacula rerum
Magnanimosque duces totiusque ordine gentis
5 Mores et studia et populos et proelia dicam.
In tenui labor; at tenuis non gloria, si quem
Numina laeva sinunt auditque vocatus Apollo.
    Principio sedes apibus statioque petenda,
Quo neque sit ventis aditus — nam pabula venti
10 Ferre domum prohibent — neque oves haedique petulci
Floribus insultent aut errans bucula campo
Decutiat rorem et surgentis atterat herbas.
Absint et picti squalentia terga lacerti

Die Bienenzucht.

Einleitung v. 1—7.

1. *aerii mellis*, s. zu E. 4, 30.

6. *si quem Numina l. s.*, grosser Ruhm erwartet den, den die feindlichen Götter ihn erreichen lassen und den der angerufene Apollo erhört. In den älteren Zeiten schrieben die Römer einigen Göttern die Macht zu nützen, anderen die Macht zu schaden zu und, wie Gell. V, 12 hinzufügt, *quosdam deos, ut prodessent, celebrabant, quosdam, ut ne obessent, placabant*. Die Götter der ersten Classe sind *numina dextra*, geneigte Gottheiten, vgl. Stat. silv. I, 2, 32. 4, 66. Theb. VI, 49. Ach. II, 64, die der anderen Classe *numina laeva*, feindliche Gottheiten, vgl. Sil. Ital. XIV, 494. XV, 512, oder *numina sinistra*, wie Lucan. IV, 194, oder *superi sinistri*, wie Stat. Theb. I, 244.

I. Bienenhaus und Bienenkörbe, v. 8—50.

13. Die Eidechsen, *lacerti*, stellen den Bienen nach.

Pinguibus a stabulis meropesque aliaeque volucres
Et manibus Procne pectus signata cruentis; 15
Omnia nam late vastant ipsasque volantis
Ore ferunt dulcem nidis inmitibus escam.
At liquidi fontes et stagna virentia musco
Adsint et tenuis fugiens per gramina rivus,
Palmaque vestibulum aut ingens oleaster inumbret, 20
Ut, cum prima novi ducent examina reges
Vere suo ludetque favis emissa iuventus,
Vicina invitet decedere ripa calori
Obviaque hospitiis teneat frondentibus arbos,
In medium, seu stabit iners seu profluet humor, 25
Transversas salices et grandia conice saxa,
Pontibus ut crebris possint consistere et alas
Pandere ad aestivum solem, si forte morantis
Sparserit aut praeceps Neptuno inmerserit Eurus.
Haec circum casiae virides et olentia late 30
Serpylla et graviter spirantis copia thymbrae
Floreat iniriguumque bibant violaria fontem.
Ipsa autem, seu corticibus tibi suta cavatis
Seu lento fuerint alvearia vimine texta,
Angustos habeant aditus: nam frigore mella 35

14. *stabula* gebraucht auch Colum. IX, 6 vom Bienenhause.
15. Von der in eine Schwalbe verwandelten *Procne* (s. zu E. 6, 78) sagt Ovid. Met. VI, 669: *neque adhuc de pectore caedis Excessere notae, signataque sanguine pluma est.*
16. In welchem Verhältnisse steht der Satz *ipsasque volantis . . . escam* zu dem vorhergehenden *Omnia late vastant?*
19. *tenuis fugiens*. Auch hier dient das Adj., wie G. I, 163. II, 377, zur nähern Bestimmung des Partic., denn dies zur Tränke der Bienen geleitete Bächlein soll, nach der Vorschrift Varro's, nicht tiefer als 2 bis 3 Finger sein.
20. *vestibulum*, der freie Platz vor dem Bienenhause.
22. *Vere suo*, im eigenen Lenze. Die Bienen datiren ihren Frühling nicht vom ersten schönen Sonnentage an, sondern beginnen erst mit der Frühlingsgleiche auszufliegen. In derselben Weise steht das Pron. *suus* von dem, was den Bienen eigenthümlich ist, unten v. 190.
23. Wie *ripa* durch *vicina* näher bestimmt ist, so *arbos* durch *Obvia* (entgegenkommend, d. i. freundlich aufnehmend).
26. In das Wasser legte man kleine Stäbe und Kiesel, die so weit vorragten, dass die Bienen ohne Mühe trinken konnten. Diese Stäbe und Kiesel erscheinen den Bienen als ganze Weiden und mächtige Felsen, das Wasser des Bächleins als der Ocean (*Neptuno*, vgl. G. I, 295).
32. *inriguus* steht hier in activer Bedeutung, wie *riguus* G. II, 485; gewöhnlicher ist die passive Bedeutung.

Cogit hiems, eademque calor liquefacta remittit.
Utraque vis apibus pariter metuenda; neque illae
Nequiquam in tectis certatim tenuia cera
Spiramenta linunt fucoque et floribus oras
40 Explent collectumque haec ipsa ad munera gluten
Et visco et Phrygiae servant pice lentius Idae.
Saepe etiam effossis, si vera est fama, latebris
Sub terra fovere larem, penitusque repertae
Pumicibusque cavis exesaeque arboris antro.
45 Tu tamen et levi rimosa cubilia limo
Ungue fovens circum et raras superinice frondes.
Neu propius tectis taxum sine, neve rubentis
Ure foco cancros, altae neu crede paludi,
Aut ubi odor caeni gravis aut ubi concava pulsu

38. *tenuia*, s. Einl. p. 11.
39. Die Bienen verstopfen gegen den Winter die Fluglöcher (*oras*) mit Bienenharz (Stopfwachs) und Blumensaft und begen (*servant*) dazu einen im Sommer gesammelten zähen Kitt (*gluten*). Das Bienenharz (*fucus*, auch *melligo* genannt) eine zähe, bräunliche Materie, sammeln die Bienen aus den Thränen der Bäume, die einen klebrigen Saft enthalten, vgl. unten zu v. 160.
41. *Phryg. pice Idae*, s. G. III, 450.
43. *fovere*, vgl. G. III, 420. — *larem*, s. unten v. 155.
45. *Tu tamen.* Welcher Vordersatz ist aus dem Vorhergehenden zu ergänzen? — Die Spalten der Bienenkörbe soll man von aussen mit schlüpfrigem Koth, d. h. mit Leim und Kuhmist, verstreichen und die Rümpfe selbst mit Stroh und Laubsprossen bedecken und dadurch gegen jeden Frost schützen.
47—50. Allerdings gehören die in diesen 4 Versen gegebenen Vorschriften zu den v. 8—17 ertheilten Vorsichtsmassregeln, dass sie jedoch vom Dichter nicht unmittelbar an v. 17 geknüpft, sondern hier nachträglich hinzugefügt wurden,

zeigen die W. *sedes apibus statioque petenda* in v. 8. und *neu propius tectis* in v. 47: oben also handelte es sich erst um Ermittelung des geeigneten Platzes für das Bienenhaus, hier steht dieses schon fertig da und der Dichter schreibt vor, was man jetzt mit Rücksicht auf die Bienen thun oder lassen solle, kommt dabei aber auch auf Hindernisse, die, weil sie sich nicht beseitigen lassen, vor der Anlage des Bienenhauses hätten berücksichtigt werden müssen.
47. *taxum*, s. E. 9, 30. G. II, 257. — *sine*, dulde, vgl. Plin. hist. nat. VI, 14, 43: *Serpentium multitudo nisi hieme transitum non sinit*. Tacit. annal. VI, 35: *Se quisque stimulant, ne pugnam per sagittas sinerent.*
48. Dampf und Pulver verbrannter Krebse brauchte man als Mittel gegen verschiedene Krankheiten, der Geruch davon wirkt nach Plin. hist. nat. XI, 19 ebenso betäubend auf die Bienen wie der von gekochten Krebsen.
49. Der tiefe Sumpf giebt nicht nur faule Gerüche, sondern bietet auch keine Steine zum sicheren Trunke dar, und steigt im Winde zu hoch für die schöpfenden Bienen.

Saxa sonant vocisque offensa resultat imago. 50
Quod superest, ubi pulsam hiemem Sol aureus egit
Sub terras caelumque aestiva luce reclusit,
Illae continuo saltus silvasque peragrant
Purpureosque metunt flores et flumina libant
Summa leves. Hinc nescio qua dulcedine laetae 55
Progeniem nidosque fovent, hinc arte recentis
Excudunt ceras et mella tenacia fingunt.
Hinc ubi iam emissum caveis ad sidera caeli
Nare per aestatem liquidam suspexeris agmen
Obscuramque trahi vento mirabere nubem, 60
Contemplator: aquas dulcis et frondea semper
Tecta petunt. Huc tu iussos adsperge sapores,
Trita melisphylla et cerinthae ignobile gramen,
Tinnitusque cie et Matris quate cymbala circum:
Ipsae consident medicatis sedibus, ipsae 65
Intima more suo sese in cunabula condent.
  Sin autem ad pugnam exierint — nam saepe duobus
Regibus incessit magno discordia motu;
Continuoque animos volgi et trepidantia bello
Corda licet longe praesciscere; namque morantis 70
Martius ille aeris rauci canor increpat et vox
Auditur fractos sonitus imitata tubarum;
Tum trepidae inter se coeunt pinnisque coruscant

50. Auch starkes Geräusch fliehen die Bienen. Plin. hist. nat. XI, 21: *Inimica est et echo resultanti sono, qui pavidas alterno pulset ictu.*
  II. Bienenschwärme, v. 51—115.
51. *Quod superest*, übrigens, eine von Lucrez entlehnte Uebergangsformel, vgl. G. II, 346.
52. *Sub terras.* Nach der Lehre der alten Naturforscher ist das Innere der Erde im Winter warm, im Sommer kalt. — *reclusit.* Liv. XXII, 6: *Cum incalescente sole dispulsa nebula aperuisset diem.*
55. *leves*, leichten Fluges. — Das wiederholte *hinc* bezeichnet die Folge der Geschäfte.
58. *caveae* sind eigentlich die im Halbzirkel aufsteigenden Plätze im

Theater.
62. *iussos sapores*, die vorgeschriebenen (in folgenden Verse angegebenen, vgl. auch v. 109 und 264) Leckereien, d. h. die Säfte der Kräuter, welche die Bienen lieben.
64. *Matris*, der Cybele, deren Feste mit rauschender Musik gefeiert wurden.
67. *Sin exierint.* Der abgebrochene Satz wird v. 77 wieder aufgenommen, aber von neuem unterbrochen, erst v. 86 f. beendigt. So giebt der Dichter durch den Bau der Periode ein Bild von den stürmischen Empfindungen der Bienen.
71. *Martius canor.* Varro de re rust. III, 16: *Duces conficiunt quaedam ad vocem ut imitatione tubae; tum id faciunt, quum inter se signa pacis ac belli habeant.*

Spiculaque exacuunt rostris aptantque lacertos
75 Et circa regem atque ipsa ad praetoria densae
Miscentur magnisque vocant clamoribus hostem.
Ergo ubi ver nactae sudum camposque patentis,
Erumpunt portis: concurritur, aethere in alto
Fit sonitus, magnum mixtae glomerantur in orbem
80 Praecipitesque cadunt; non densior aere grando,
Nec de concussa tantum pluit ilice glandis.
Ipsi per medias acies insignibus alis
Ingentis animos angusto in pectore versant,
Usque adeo obnixi non cedere, dum gravis aut hos
85 Aut hos versa fuga victor dare terga subegit.
Hi motus animorum atque haec certamina tanta
Pulveris exigui iactu conpressa quiescunt.
 Verum ubi ductores acie revocaveris ambo,
Deterior qui visus, eum, ne prodigus obsit,
90 Dede Neci; melior vacua sine regnet in aula.
Alter erit maculis auro squalentibus ardens;
Nam duo sunt genera: hic melior, insignis et ore
Et rutilis clarus squamis; ille horridus alter
Desidia latamque trahens inglorius alvum.
95 Ut binae regum facies, ita corpora plebis.
Namque aliae turpes horrent, ceu pulvere ab alto
Cum venit et sicco terram spuit ore viator

74. *aptant lacertos*, wie Kämpfer, vgl. A. V, 376. X, 588.

77. *campos patentis*, der offene Himmel.

82. *Ipsi*, die *reges*. Die W. *per med. acies* gehören zu *insignibus alis* in der Weise, dass dabei ein Verbum der Bewegung zu ergänzen ist. So gebraucht Verg. die Präp. *per* auch A. VII, 543. XI, 781, und die Präp. *in* A. II, 471.

84. *aut hos Aut hos*. Das Masc. gebraucht Vergil, weil er hier in den Bienen Kämpfer sieht; ebenso unten v. 107.

87. *conpressa quiescunt*, vgl. Plin. hist. nat. XI, 18: *Eas acies contrarias duo imperatores instruunt . . . quae dimicatio iniectu pulveris aut fumo tota discutitur.*

88. *acie revoc.* Liv. XXV, 36, 1: *revocat proelio suos Scipio.*

89. *Deterior* und *melior*, der Gestalt nach.

91. *auro squalentibus*, mit Gold überdeckt, denn in *squalere* liegt der Begriff der Fülle, vgl. A. X, 314. XII, 87.

92. *melior*, s. Einl. p. 11. — *ins. ore*, durch Gestalt. Plin. hist. nat. XVI, 16: *Omnibus* (regibus) *forma semper egregia et duplo, quam ceteris maior.* — (Ueber die hier beschriebenen beiden Arten von Bienen, von denen die bessere die italienische heisst, vgl. Siebold, Parthenogenesis p. 89.)

93. *horridus*, rauhbehaart, struppig.

96. *pulvere ab alto*, aus einem tiefen Sandwege.

Aridus; elucent aliae et fulgore coruscant
Ardentes auro et paribus lita corpora guttis.
Haec potior suboles, hinc caeli tempore certo 100
Dulcia mella premes, nec tantum dulcia, quantum
Et liquida et durum Bacchi domitura saporem.
    At cum incerta volant caeloque examina ludunt
Contemnuntque favos et frigida tecta relinquunt,
Instabilis animos ludo prohibebis inani. 105
Nec magnus prohibere labor: tu regibus alas
Eripe; non illis quisquam cunctantibus altum
Ire iter aut castris audebit vellere signa.
Invitent croceis halantes floribus horti
Et custos furum atque avium cum falce saligna 110
Hellespontiaci servet tutela Priapi.
Ipse thymum pinosque ferens de montibus altis
Tecta serat late circum, cui talia curae;
Ipse labore manum duro terat, ipse feracis
Figat humo plantas et amicos inriget imbris. 115
    Atque equidem, extremo ni iam sub fine laborum

100. *tempore certo*, im Frühjahre und Herbste, s. unten v. 231.
101. *premes*, s. unten v. 140. — Der bei den Römern so beliebte Honigwein, *mulsum*, ward aus ⅔ Wein und ⅓ Honig bereitet.
103. *caelo*, am Himmel.
104. *frigida*, weil die Bienen sich nicht in ihm aufhalten, ihn nicht erwärmen, *fovent* (v. 43). *frigida* steht also proleptisch.
107. *quisquam*, s. oben zu v. 85. — Reisst man dem Weiser die Flügel aus, so wird es keine Biene wagen, auszuwandern oder zum Angriff anderer aufzubrechen (*vellere signa*, s. zu G. III, 236). Ein anderes Mittel, die Bienen zu fesseln, wird von v. 109 an angegeben.
111. Die Verehrung des *Priapus* (s. zu E. 7, 33), des Hüters der Gärten und Feldfrüchte, kam vorzüglich aus Lampsacus, einer Stadt Mysiens am *Hellespont*. Seine Bildnisse wurden gewöhnlich aus Holz roh geschnitzt, roth bemalt und in die Gärten oder auf die Felder als Vogelscheuche gestellt. In der Hand trug er eine Sichel. Insofern nun *Priapus* die Gärten vor Dieben und Vögeln schützt, sichert er auch den Bienen ihre Existenz.
112. *pinos*, die Pinien (*pinos pineas*). Plin. hist. nat. XVI, 16 und 17 handelt von den einzelnen Arten der *pini* und bemerkt von der Föhre, dem *pinaster* oder der *pinus silvestris: gignitur et in planis*, woraus zu folgen scheint, dass die übrigen Arten der *pini* nur angepflanzt *in planis*, sonst aber *in montibus altis* wuchsen; vgl. auch G. II, 440—443.
113. *Tecta*, das Bienenhaus.
115. *Figat*, wie *premere* G. II, 346, die Pflänzlinge in die aufgelockerte Erde der Pflanzgrube niederdrücken. — *inriget imbres*, nämlich *plantis*, vgl. A. I, 692. Zu verstehen ist das Begiessen nach dem Einpflanzen.

Episode I: Gartenbau,
v. 116—24.
und der Garten des corycischen
Greises, v. 125—48.

Vela traham et terris festinem advertere proram,
Forsitan et, pinguis hortos quae cura colendi
Ornaret, canerem, biferique rosaria Paesti,
120 Quoque modo potis gauderent intiba rivis
Et virides apio ripae, tortusque per herbam
Cresceret in ventrem cucumis; nec sera comantem
Narcissum aut flexi tacuissem vimen acanthi
Pallentisque hederas et amantis litora myrtos.
125 Namque sub Oebaliae memini me turribus arcis,
Qua niger humectat flaventia culta Galaesus,
Corycium vidisse senem, cui pauca relicti
Iugera ruris erant, nec fertilis illa iuvencis
Nec pecori opportuna seges nec commoda Baccho.
130 Hic rarum tamen in dumis olus albaque circum

117. Die Conj. praes. *traham* und *festinem* lassen das wirkliche Vorhandensein des Entschlusses, die Segel einzureffen und zum Lande (d. h. zum Schlusse des Werkes) zu eilen, dahingestellt. Der Vordersatz zu dem folgenden Conj. imperf. *canerem* liegt in *Forsitan* eingeschlossen, etwa: wenn ich fände, dass sich der Gegenstand anziehend behandeln liesse. So fasst die Sache auch Plin. hist. nat. XIV, 1: *Nec deterrebit quarundam rerum humilitas. Quamquam videmus Virgilium ea de causa hortorum dotes fugisse.*
119. *Paestum*, eine Stadt in Lucanien, berühmt durch ihre trefflichen Rosen, die zweimal blühten, im Frühlinge und im Herbste.
120. Die Endivie, *intibum*, verlangt viel Feuchtigkeit.
121. *ripae*, die Ufer eines kleinen Baches, den man durch den Garten zu leiten suchte.
122. *cucumis* bezeichnet nicht nur die Gurke, sondern auch die Melone. — *sera comantem*. Die Narcissen blühen noch spät im Jahre. *comantem* hat den Nebenbegriff der Fülle, vgl. A. XII, 413.
124. *Pallentis*, s. E. 3, 39.
125. *Oebaliae*, Tarent, das von Spartanern, die nach ihrem alten Könige Oebalus, dem Sohne des Tyndareus, von den Dichtern öfter Oebalii genannt werden, gegründet sein sollte. Die fruchtbare Umgegend Tarents durchströmte der *Galaesus*, den der Dichter, der ihn dunkelblau durch gelbliche Kornfelder hinfliessen sah, *niger* nennt. In dieser Gegend hatte Vergil einen *corycischen Greis*, d. h. einen Cilicier (denn *Corycus* ist eine Stadt Ciliciens) kennen gelernt, der mit bekannter cilicischer Betriebsamkeit im Gartenbau ein wüstes Feld, welches bei der Vermessung und Austheilung der Aecker seiner Unfruchtbarkeit wegen herrenlos geblieben war, in einen herrlichen Garten umwandelte.
128. *nec fert. illa iuv.*, „mit Ertrag nicht lohnend die Mühe des Stieres."
130. *in dumis*, innerhalb der Umzäunung mit Dornhecken, vgl. E. 8, 37. Andere erklären: unter Dorngesträuch, wo hier und da eine passende Stelle sich fand; doch widerspricht dem das Folgende, wo gesagt wird, er habe um das Gemüse herum Beete mit Blumen und würzhaften Kräutern gepflanzt, (*premens*, vgl. G. II, 346).

Lilia verbenasque premens vescumque papaver
Regum aequabat opes animis seraque revertens
Nocte domum dapibus mensas onerabat inemptis.
Primus vere rosam atque autumno carpere poma,
Et cum tristis hiems etiamnum frigore saxa 135
Rumperet et glacie cursus frenaret aquarum,
Ille comam mollis iam tondebat hyacinthi
Aestatem increpitans seram zephyrosque morantis.
Ergo apibus fetis idem atque examine multo
Primus abundare et spumantia cogere pressis 140
Mella favis; illi tiliae atque uberrima pinus,
Quotque in flore novo pomis se fertilis arbos
Induerat, totidem autumno matura tenebat.
Ille etiam seras in versum distulit ulmos
Eduramque pirum et spinos iam pruna ferentis 145
Iamque ministrantem platanum potantibus umbras.
Verum haec ipse equidem spatiis exclusus iniquis
Praetereo atque aliis post me memoranda relinquo.

131. *vescumque papaver. vescus* scheint ursprünglich von schlanken Gegenständen gesagt zu sein, die durch die leiseste Luftbewegung aus ihrer Lage gebracht werden; so ist hier *vescum pap.* der schlanke Mohnstengel. Da dieses Schwanken das Bild der Schwäche ist, so bedeutet es dann auch schwach, mager; so sind G. III, 175 *vescae salicum frondes* magere, wenig Nahrungsstoff enthaltende Weidenblätter.

132. *Reg. aeq. op. an.*, erreichte er in seinem (ob des Erfolges) stolzen Gemüthe die Schätze der Könige, also: „dünkte er stolz sich Königen gleich an Besitz."

134. *carpere*, s. zu G. I, 200.

135. *saxa*, die Erdrinde der Felsen, wie auch G. II, 522.

137. *tondebat*, (pflückte), s. Einleit. p. 11.

138. *increpitans*, höhnend. Der Greis zog also seine frühzeitigen Blumen zum Theil in Gewächshäusern.

139. *apibus fetis*, Mutterbienen.

140. *cogere pressis M. f.* Aus den geschnittenen Waben liess man zuerst durch eine geflochtene Seige den lautersten Honig ablaufen; das Uebrige ward gepresst. Der junge Seim stand einige Tage, bis er ausgor, in offenen irdenen Geschirren und ward fleissig abgeschäumt.

142. Der Greis zog durch Kunst und Pflege so gesunde Fruchtbäume, dass sie alles Obst, welches die volle Blüthe verhiess, zur Reife brachten.

144. *distulit.* Das Perf. gebraucht Vergil hier, weil er jetzt von der Beschreibung in die Erzählung übergeht. — Der Greis verpflanzte noch spät (d. h. wo es Anderen schon zu spät schien) in geordnete Reihen Ulmen und stark gewordene Birnbäume u. auf Schlehdorn gepfropfte Pflaumenbäume und bereits schattende Platanen, unter denen der heitere Greis seine Freunde bewirthet (*potantibus*).

147. *spat. excl. iniq.*, s. oben v. 116—17.

Nunc age, naturas apibus quas Iuppiter ipse
150 Addidit, expediam, pro qua mercede canoros
Curetum sonitus crepitantiaque aera secutae
Dictaeo caeli regem pavere sub antro.
Solae communis natos, consortia tecta
Urbis habent, magnisque agitant sub legibus aevum,
155 Et patriam solae et certos novere penatis;
Venturaeque hiemis memores aestate laborem
Experiuntur et in medium quaesita reponunt.
Namque aliae victu invigilant et foedere pacto
Exercentur agris; pars intra saepta domorum
160 Narcissi lacrimam et lentum de cortice gluten
Prima favis ponunt fundamina, deinde tenacis
Suspendunt ceras; aliae spem gentis adultos
Educunt fetus; aliae purissima mella
Stipant et liquido distendunt nectare cellas.
165 Sunt, quibus ad portas cecidit custodia sorti,
Inque vicem speculantur aquas et nubila caeli
Aut onera accipiunt venientum aut agmine facto
Ignavum fucos pecus a praesepibus arcent.
Fervet opus, redolentque thymo fragrantia mella;
170 Ac veluti lentis Cyclopes fulmina massis

III. Eigenschaften der
Bienen, v. 149—227.

149—57. Die Bienen folgten nach der ihnen zugeschriebenen Liebe zur Musik dem Getöse, das die *Cureten*, Priester der Cybele, vor der dictäischen Höhle in Creta machten, damit Saturnus nicht das Gewimmer des neugebornen und dort geborgenen Jupiter höre und auch ihn verschlinge. Später verlieh Jupiter den Bienen zum Dank dafür, dass sie ihn in jener Höhle mit Honig genährt hatten, die Kunst, den Honig in Wachstafeln als Kost für den Winter zu verwahren, und geselliges Wesen. *pro qua mercede* ist also gesagt für: *mercedem* (als Apposition zu *naturas*), *pro qua*.

157. *in medium quaes.*, s. G. I, 127.

158. *victu insig. victu* ist Dat., vgl. A. IX, 605. — *foedere pacto*,

nach getroffener Verabredung, nach bestimmter Ordnung.

160. *lacrimam*, die süsse Flüssigkeit, welche der innere Kelch der Blumen ausschwitzt. — *gluten*, s. oben zu v. 40. Aus den Blumenthränen und dem Baumharze bereiten die Bienen das Wachs, womit sie den Boden des Stockes und jede Oeffnung bestreichen, *fundamina ponunt — Suspendunt*. Die Wachszellen werden von oben herab gebaut.

165. *sorti*, ältere Form des Abl. wie *parti*, *luci*, vgl. Sil. Ital. VII, 367: *quis tunc cecidit custodia sorti*.

168. *fucos*. Die Drohnen, die ohne Theil an der Arbeit zu nehmen (*Ignavum pecus*) nur zum Ausbrüten der Brut dienen, werden, wenn der junge Schwarm schon ausfliegt, von den übrigen Bienen, als faule Mitesser, verjagt und getödtet.

170. *fulmina properant*, sie be-

Cum properant, alii taurinis follibus auras
Accipiunt redduntque, alii stridentia tinguunt
Aera lacu; gemit inpositis incudibus Aetna;
Illi inter sese magna vi bracchia tollunt
In numerum versantque tenaci forcipe ferrum: 175
Non aliter, si parva licet conponere magnis,
Cecropias innatus apes amor urguet habendi,
Munere quamque suo. Grandaevis oppida curae
Et munire favos et daedala fingere tecta.
At fessae multa referunt se nocte minores, 180
Crura thymo plenae; pascuntur et arbuta passim
Et glaucas salices casiamque crocumque rubentem
Et pinguem tiliam et ferrugineos hyacinthos. 183
Saepe etiam duris errando in cotibus alas 203
Attrivere ultroque animam sub fasce dedere:
Tantus amor florum et generandi gloria mellis. 205
Omnibus una quies operum, labor omnibus unus: 184
Mane ruunt portis; nusquam mora; rursus easdem 185
Vesper ubi e pastu tandem decedere campis
Admonuit, tum tecta petunt, tum corpora curant;
Fit sonitus mussantque oras et limina circum.
Post, ubi iam thalamis se conposuere, siletur
In noctem fessosque sopor suus occupat artus. 190
Nec vero a stabulis pluvia inpendente recedunt
Longius aut credunt caelo adventantibus Euris;

reiten hurtig die Blitze, vgl. A. IX, 401. XII, 425.
173. *lacu. lacus* bezeichnet jeden Wasserbehälter, hier den Kühltrog. — *inpositis.* Der Ambos wurde zur Arbeit auf den Block gestellt, vgl. Hom. Il. XVIII, 476: ϑῆκεν ἐν ἀκμοϑέτῳ μέγαν ἄκμονα
175. *In numerum,* vgl. E. 6, 27.
177. *Cecropias ap.*, vorzügliche Bienen wie die attischen, vgl. E. 1, 54. Die Bienen am attischen Berge Hymettus lieferten wegen der Menge des dortigen Thymians einen vielgepriesenen Honig.
178. *Munere quamque suo*, s. oben v. 158—68. — *Grandaevis,* τοῖς πρεσβυτέροις; *minores, οἱ ἐν ἡλικίᾳ.* Die bejahrten Bienen verkehren als Trabanten des Weisers im Rumpfe.
179. *daedala tecta. daedalum* hiess Alles, was kunstvoll gearbeitet oder schlau ersonnen war, vgl. A. VII, 282 u. s. zu A. VI, 14.
181. *Crura,* griech. Accus. wie oben v. 99. — Im Folg. werden Blumen des Frühlings, Sommers und Herbstes genannt.
187. *corpora curant,* wie Soldaten nach geendigten Kriegsübungen.
188. *Fit sonitus.* Plin. hist. nat. XI, 10: *Cum advesperascit, in alveo strepunt minus ac minus, donec una circumvolet eodem quo excitavit bombo, ceu quietem capere imperans: et hoc castrorum more. Tunc repente omnes conticescunt.*
190. *sopor suus,* s. oben zu v. 22.

Sed circum tutae sub moenibus urbis aquantur
Excursusque brevis temptant et saepe lapillos,
195 Ut cymbae instabiles fluctu iactante saburram,
Tollunt, his sese per inania nubila librant.
Illum adeo placuisse apibus mirabere morem,
Quod neque concubitu indulgent nec corpora segnes
In Venerem solvunt aut fetus nixibus edunt:
200 Verum ipsae e foliis natos, e suavibus herbis
Ore legunt, ipsae regem parvosque Quirites
202 Sufficiunt aulasque et cerea regna refigunt.
206 Ergo ipsas quamvis angusti terminus aevi
Excipiat — neque enim plus septima ducitur aestas —
At genus inmortale manet multosque per annos
Stat fortuna domus et avi numerantur avorum.
210 Praeterea regem non sic Aegyptos et ingens
Lydia nec populi Parthorum aut Medus Hydaspes
Observant. Rege incolumi mens omnibus una est;
Amisso rupere fidem constructaque mella

193. *tutae sub moenibus.* Die Ausdrücke erinnern wieder an Kriegsheere.
194. *lapillos Tollunt.* Einstimmig berichten die alten Naturforscher, dass die Bienen bei heftigem Winde kleine Steine als Ballast tragen.
196. *inania nubila. inane* wird alles Körperlose genannt, wie Luft, Wind, Wolke, Schatten der Verstorbenen.
199. Vergil folgt hier der Ansicht fabelnder Naturforscher, dass die Bienen ohne Begattung ihre Eier von den Blüthen der Blumen einsammeln.
198. *segnes*, steht proleptisch.
202. Die wunderbare Erscheinung, auf welche v. 197. aufmerksam gemacht wird, besteht also einmal in der Art, wie die jungen Bienen erzeugt werden, und dann in der zärtlichen Fürsorge der alten Bienen für die so gewonnene junge Brut. *refigunt.* Die Bienen sorgen nümlich für diese junge Brut ebenso wie Eltern für ihre Kinder und stellen die durch das Ausschneiden der Honigscheiben zerstörten Wohnungen für den jungen Anwuchs wieder her: Höfe für die jungen Fürsten, und Häuser von Wachs für die Unterthanen. *refigere* scheint in dieser seiner ursprünglichen Bedeutung wieder befestigen nicht weiter vorzukommen.
206. *Ergo.* Was erscheint dem Dichter als Folge dieses emsigen Strebens?
211. Der indische Fluss *Hydaspes* heisst *Medus*, weil er im medischen Gebirge Paropamisus entspringt.
213. *rupere fidem*, so ist der Bund gebrochen, d. h. so hört die Eintracht unter ihnen auf. Zum Folgenden vgl. Plin. hist. nat. XI, 17: *Mira plebi circa regem obedientia. Cum procedit, una est totum examen circaque eum globatur, cingit, protegit, cerni non patitur. Reliquo tempore, cum populus in labore est, ipse opera intus circuit, similis exhortanti, solus immunis. Circa eum satellites quidam lictoresque, assidui custodes auctoritatis. Cum processere, se quae-*

Diripuere ipsae et cratis solvere favorum.
Ille operum custos, illum admirantur et omnes 215
Circumstant fremitu denso stipantque frequentes
Et saepe attollunt humeris et corpora bello
Obiectant pulchramque petunt per volnera mortem.
, His quidam signis atque haec exempla secuti
Esse apibus partem divinae mentis et haustus 220
Aetherios dixere; deum namque ire per omnia,
Terrasque tractusque maris caelumque profundum;
Hinc pecudes, armenta, viros, genus omne ferarum,
Quemque sibi tenuis nascentem arcessere vitas;
Scilicet huc reddi deinde ac resoluta referri 225
Omnia nec morti esse locum, sed viva volare
Sideris in numerum atque alto succedere caelo.
  Si quando sedem augustam servataque mella
Thesauris relines, prius haustu sparsus aquarum
Ora fove fumosque manu praetende sequacis. 230
Illis ira modum supra est, laesaeque venenum 236
Morsibus inspirant et spicula caeca relinquunt
Adfixae venis animasque in volnere ponunt. 238

que proximam illi cupit esse, et in officio conspici gaudet. Fessum humeris sublevant: validius fatigatum ex toto portant. Ubicunque ille consedit, ibi cunctarum castra sunt.
220. *divinae mentis*, des Weltgeistes, der als Aether die erschaffenen Wesen durchströmt, vgl. VI, 723—93.
221. *omnia.* Derselbe Schluss des Hexameters A. VI, 33.
222. *Terrasque*, s. Einl. p. 11.
224. *tenuis vitas*, das zarte Leben. Das Leben, das seinen Ursprung den *haustus Aetherii* verdankt, heisst zart im Vergleich mit den gröberen irdischen Stoffen, mit denen es hier auf Erden in Verbindung tritt.
227. *Sideris in num.*, unter die Gestirne. Nach dem Tode sollten die Seelen, so lehrten manche Philosophen, wieder zum Aether emporschweben: theils zu dem niedrigsten über der Luft, wo der Mond kreiset; theils, wenn sie sehr edel waren, zu der lautersten Heitre über den Planeten, wo sie von der äussersten Sphäre als Gestirne herabschimmerten, wie z. B. die Seele des vergötterten Julius Caesar, s. E. 5, 56.

IV. Zeidelung, v. 228—50.
230. Bei dem bemerkten Widerwillen der Bienen gegen üble Gerüche pflegte der Bienenvater sich nur nach vorgenommener Waschung (*lotus* sagt Colum. IX, 14, 3) und mit gereinigtem Munde (*Ora fove*, vgl. G. II, 135) dem Bienenhause zu nähern, und so verlangt dies Vergil auch hier bei der Zeidelung, obwol die dabei angewandte Räucherung jene Vorsicht überflüssig macht. — *sequacis*, eindringend, sich verbreitend, vgl. G. II, 374.
238. *in voln.* Man glaubte, dass die Bienen sogleich mit dem beigebrachten Stiche das Leben verlören.

231 Bis gravidos cogunt fetus, duo tempora messis,
Taygete simul os terris ostendit honestum
Plias et Oceani spretos pede reppulit amnis,
Aut eadem sidus fugiens ubi Piscis aquosi
235 Tristior hibernas caelo descendit in undas.
248 Quo magis exhaustae fuerint, hoc acrius omnes
Incumbent generis lapsi sarcire ruinas,
250 Conplebuntque foros et floribus horrea texent.
239 Sin duram metues hiemem parcesque futuro
240 Contunsosque animos et res miserabere fractas:
At suffire thymo cerasque recidere inanis
Quis dubitet? nam saepe favos ignotus adedit
Stellio et lucifugis congesta cubilia blattis
Inmunisque sedens aliena ad pabula fucus;
245 Aut asper crabro inparibus se inmiscuit armis,
Aut dirum tiniae genus, aut invisa Minervae
Laxos in foribus suspendit aranea casses.
251   Si vero, quoniam casus apibus quoque nostros
Vita tulit, tristi languebunt corpora morbo —

231. Bei *cogunt* ist *apis* das Subject, d. W. *grav. fetus* sind vom Honig zu verstehen, also: zweimal drängen die sammelnden Bienen vollen Ertrag des Honigs (*fetus*, Ertrag, wie G. II, 442.): gegen den Aufgang der Plejaden (von denen eine *Taygete* hiess) im Mai, und gegen den Untergang derselben im November. Die Plejaden fliehen vor dem Sternbild des Fisches heisst: sie fliehen vor dem Winter, denn genau genommen geht das Sternbild des Fisches erst geraume Zeit nach dem Untergange der Plejaden auf.
249. *gen. lapsi*, ein Theil der Bienen geht bei der Zeidelung zu Grunde.
250. *floribus*, aus der Blumentünche, s. oben zu v. 39.
239. Hat ein Stock durch Unfälle im Sommer so gelitten, dass der mitleidige Bienenvater aus Fürsorge für den Winter vom Honig gar nichts zu nehmen wagt (*parcesque futuro*), so soll er doch wenigstens mit Thymian räuchern, um die den Bienen nachtheiligen Würmer und Insecten zu vertreiben. *At* leitet den Nachsatz ein, wie auch oben v. 208.
242. *ignotus*, unbemerkt.
243. *Stellio*, zu lesen *stelljo*, s. Einl. p. 11. — *luc. congesta cubilia blattis*, die lichtscheuen Schaben, die haufenweise in den leeren Zellen ihr Lager aufschlagen, verzehren die Honig- und Wachsscheiben. Bei *cubilia* ist also *adederunt* zu ergänzen.
246. Die Spinne heisst *invisa Minervae*, weil Minerva die Arachne, welche es wagte, sich mit ihr in einen Wettstreit einzulassen, in eine Spinne verwandelt hatte, s. Ovid. Met. VI, 1—145.

V. Krankheiten der Bienen
und Mittel dagegen,
v. 251—80.

251. *Si vero*. Der Nachsatz tritt dem Sinne nach mit v. 264 ein.
252. *Vita*, das Lebensschicksal.

Quod iam non dubiis poteris cognoscere signis:
Continuo est aegris alius color, horrida voltum
Deformat macies, tum corpora luce carentum 255
Exportant tectis et tristia funera ducunt,
Aut illae pedibus conexae ad limina pendent,
Aut intus clausis cunctantur in aedibus, omnes
Ignavaeque fame et contracto frigore pigrae.
Tum sonus auditur gravior tractimque susurrant, 260
Frigidus ut quondam silvis inmurmurat Auster,
Ut mare sollicitum stridit refluentibus undis,
Aestuat ut clausis rapidus fornacibus ignis.
Hic iam galbaneos suadebo incendere odores
Mellaque arundineis inferre canalibus, ultro 265
Hortantem et fessas ad pabula nota vocantem.
Proderit et tunsum gallae admiscere saporem
Arentisque rosas aut igni pinguia multo
Defruta vel Psithia passos de vite racemos
Cecropiumque thymum et grave olentia centaurea. 270
Est etiam flos in pratis, cui nomen amello
Fecere agricolae, facilis quaerentibus herba;
Namque uno ingentem tollit de caespite silvam,
Aureus ipse, sed in foliis, quae plurima circum
Funduntur, violae sublucet purpura nigrae; 275
Saepe deum nexis ornatae torquibus arae;
Asper in ore sapor; tonsis in vallibus illum

257. *pedibus conexae*, jede Biene klammert, wie sterbende Insekten zu thun pflegen, ihre Beine aneinander.
260. *tractim sus.*, sie summen in einem gezogenen, gedehnten Tone.
262. *stridit*, s. Einl. p. 11. — *refluentibus*, vom Ufer nämlich.
263. *fornacibus*. Der verschlossene Bienenstock wird mit einem Kalkofen, der in einer tiefen Grube gebauet und ausser der oberen Oeffnung für die Flamme gegen allen Luftzug verschlossen ist, verglichen.
267. *tunsum gallae saporem*, gestossenen Galläpfelsaft, s. zu E. 9, 46.
269. *Defruta*, eingekochter Most, vgl. G. I, 295. — *Psithia*, s. G.

II, 93.
271. Die Sternblume, *amellus*, treibt aus einer vielfach verwachsenen Wurzel (*caespite*) viele Büsche, die Blume selbst (d. h. der Kelch der Blume, denn diese Bed. hat *flos* immer, wo es nicht ganz allgemein die Blume bezeichnet) ist goldgelb, die Blätter schimmern in der Purpurbräune der dunklen Viole. Damit man bei der Aufsuchung dieser Blume nicht fehlgreife, fügt Vergil noch die Bemerkung hinzu, dass zu den Kränzen und Guirlanden, mit denen man die Altäre zu schmücken pflegte, häufig diese Blume genommen werde.
277. *tonsis in vallibus*, während die Thalgegenden von dem Viehe abgeweidet werden. *tonsis* scheint

Pastores et curva legunt prope flumina Mellae.
Huius odorato radices incoque Baccho
280 Pabulaque in foribus plenis adpone canistris.
Sed si quem proles subito defecerit omnis
Nec, genus unde novae stirpis revocetur, habebit,
Tempus et Arcadii memoranda inventa magistri
Pandere, quoque modo caesis iam saepe iuvencis
285 Insincerus apes tulerit cruor. Altius omnem
Expediam prima repetens ab origine famam.
Nam qua Pellaei gens fortunata Canopi
Accolit effuso stagnantem flumine Nilum
Et circum pictis vehitur sua rura phaselis;
290 Quaque pharetratae vicinia Persidis urguet,
Et diversa ruens septem discurrit in ora
Usque coloratis amnis devexus ab Indis,
Et viridem Aegyptum nigra fecundat arena:
Omnis in hac certam regio iacit arte salutem.

also im Sinne des Partic. *praes. pass.* zu stehen, doch s. zu A. VI, 335.

278. *Mella*, ein Fluss im cisalpinischen Gallien, nahe dem mantuanischen Gebiete.

279. *incoque*. Dasselbe sagt Colum. IX, 13: *Amelli radix cum vetere amineo vino decocta exprimitur, et ita liquatus eius succus datur.*

VI. Künstliche Erzeugung der Bienen, v. 281—314.

285. *Insincerus* scheint ein von Vergil gebildetes Wort zu sein. — *tulerit*, hervorgebracht habe, vgl. A. I, 605.

287—93. Den Gedanken: „die Erfindung des Aristaeus (*Arcadii magistri*, s. v. 317) wird in ganz Aegypten angewandt," drückt der Dichter so aus, dass er Aegypten nach seinen Grenzen im Westen, Osten und Süden bezeichnet. Als westliche Grenze erscheint die Stadt *Canopus*, welche *Pellaeus* (von *Pella*, der Hauptstadt Macedoniens) genannt wird, weil Aegypten mace-

donischen Königen gehorcht hatte; ebenso nennt Lucan. X, 511 die Mauern Alexandriens *Pellaei muri*, und spricht Sil. Ital. XI, 383 von *Pellaeis sceptris*. Als Grenze im Osten wird *Persis* angegeben, ein Name, mit dem man wie mit *Media* und *India* die wenig bekannten Theile Asiens östlich und südlich von Syrien bezeichnete. Die südliche Grenze bildeten die dunkelfarbigen Aethiopen (*colorati Indi*), aus deren Lande der Nil in das grüne Aegypten (*viridem Aeg.*, ein bezeichnendes Wort des betriebsamen Marschlandes, vgl. Val. Fl. VI, 50: *viridis Myrace.* VIII, 293: *viridis Peuce*) strömt und es mit seinem schwarzen Nilschlamme (*arena*; ebenso nennt Prop. IV, 7, 83 das fette Ufer des Euphrat *nigras arenas*) befruchtet. — Die Aegypter fuhren auf leichten Fahrzeugen, die wegen ihrer Aehnlichkeit mit einer Schwertbohne *phaseli* genannt wurden, während der Ueberschwemmungen des Nils von ihren Wohnungen zu einander.

294. *iacit salutem*, setzt seine ganze Hoffnung.

Exiguus primum atque ipsos contractus in usus 295
Eligitur locus; hunc angustique imbrice tecti
Parietibusque premunt artis et quattuor addunt,
Quattuor a ventis obliqua luce fenestras.
Tum vitulus bima curvans iam cornua fronte
Quaeritur; huic geminae nares et spiritus oris 300
Multa reluctanti obstruitur, plagisque perempto
Tunsa per integram solvuntur viscera pellem.
Sic positum in clauso linquunt et ramea costis
Subiciunt fragmenta, thymum casiasque recentis.
Hoc geritur Zephyris primum inpellentibus undas, 305
Ante novis rubeant quam prata coloribus, ante
Garrula quam tignis nidum suspendat hirundo.
Interea teneris tepefactus in ossibus humor
Aestuat et visenda modis animalia miris,
Trunca pedum primo, mox et stridentia pinnis, 310
Miscentur tenuemque magis magis aera carpunt,
Donec, ut aestivis effusus nubibus imber,
Erupere aut ut nervo pulsante sagittae,
Prima leves ineunt si quando proelia Parthi.
 Quis Deus hanc, Musae, quis nobis extudit artem? 315
Unde nova ingressus hominum experientia cepit?
Pastor Aristaeus fugiens Peneia Tempe
Amissis, ut fama, apibus morboque fameque

296. *angusti imbrice tecti*, mit einem niedrigen Dache von Hohlziegeln, um den Regen abzuleiten.
298. *obliqua luce fen.* Die Luken sollen schräg sein, damit sie nicht die Luft ganz ausschliessen, aber auch nur mässigen Luftzug gestatten.
301. *obstruitur.* Dem noch lebenden Farren wird Nase und Mund verstopft, damit er schneller zugleich an Erstickung und Schlägen sterbe.
302. *viscera*, Fleisch und Eingeweide (s. zu A. VI, 253.) werden ihm dann mürbe geschlagen (*tunsa solvuntur*), um desto rascher in Verwesung überzugehen; das Fell muss jedoch ganz bleiben.
309. *humor*, die Säfte der unter dem Felle zerstampften Masse von Fleisch, Blut, Gehirn, Mark.
310. *Trunca pedum*, vgl. Lucret. V, 835: *orba pedum*. Sil. It. X, 311: *truncus capitis*.
311. *aera carpunt*, vgl. G. III, 142. — *magis magis*, seltene Verbindung für *magis et magis*. Catull. 64, 275: *magis magis increbrescunt*.
312. Was soll durch die folgenden Gleichnisse anschaulich gemacht werden?

Episode II: Mythus vom Aristaeus, Orpheus und der Eurydice, v. 315 — 558.
316. *ingressus cepit*, nahm Eingang, d. h. fand Verbreitung.
317 — 319. *Aristaeus* (s. zu G. I, 14), eine Segensgottheit der ältesten Bewohner Griechenlands,

Tristis ad extremi sacrum caput adstitit amnis
320 Multa querens atque hac adfatus voce parentem:
Mater, Cyrene mater, quae gurgitis huius
Ima tenes, quid me praeclara stirpe deorum —
Si modo, quem perhibes, pater est Thymbraeus Apollo —
Invisum fatis genuisti? aut quo tibi nostri
325 Pulsus amor? quid me caelum sperare iubebas?
En etiam hunc ipsum vitae mortalis honorem,
Quem mihi vix frugum et pecudum custodia sollers
Omnia temptanti extuderat, te matre relinquo.
Quin age et ipsa manu felicis erue silvas,
330 Fer stabulis inimicum ignem atque interfice messis,
Ure sata et validam in vitis molire bipennem,
Tanta meae si te ceperunt taedia laudis.
At mater sonitum thalamo sub fluminis alti
Sensit. Eam circum Milesia vellera Nymphae
335 Carpebant hyali saturo fucata colore,
Drymoque Xanthoque Ligeaque Phyllodoceque,
Caesariem effusae nitidam per candida colla,
[Nesace Spioque Thaliaque Cymodoceque,]
Cydippeque et flava Lycorias, altera virgo,
340 Altera tum primos Lucinae experta labores,

lehrte die Bienenzucht und verbreitete viele nützliche Erfindungen des Landbaues. Seine Mutter *Cyrene*, Tochter oder Enkelin des das Thal von *Tempe* durchströmenden *Peneus*, wohnt in der heimathlichen Grotte der Tiefen, aus denen sich jener Fluss ergiesst. Deshalb begiebt sich Aristaeus, um seine Klagen vor seiner Mutter auszuschütten, zu den Quellen des Peneus; denn dies bez. *caput* hier, wie aus v. 321 u. 322. 333 hervorgeht, nicht die Mündung. *extremus* wird dieser Theil des Flusses genannt mit Rücksicht auf den Ort, von dem Aristaeus ausgeht (v. 317).

320. *adfatus*, s. oben zu v. 277.

323. *Thymbraeus*, s. zu A. III, 85.

325. *caelum*, göttliche Verehrung, vgl. A. XII, 795. Die Söhne der Nymphen, selbst mit Göttern erzeugte, waren sterblich, wofern sie nicht der Verdienste wegen in die Zahl der Himmlischen erhöht wurden.

328. *te matre*. Da Cyrene Göttin war, so hätte sie, meint Aristaeus, sein Unglück verhüten können.

329. *felicis silvas*, Pflanzungen von Obstbäumen, s. zu G. II, 81. A. VI, 230.

331. *molire bip.*, vgl. G. I, 329. A. X, 131.

331. Mit der folgenden Scene vgl. Hom. Il. XVIII, 35—64.

334. *Milesia vell.*, s. zu G. III, 306.

335. *hyali saturo col.*, mit sattem Glasgrün.

338. Dieser Vers fehlt in den besten Codd. und scheint sich aus A. V, 826 hierher verirrt zu haben.

340. *Lucinae*, s. G. III, 60.

Clioque et Beroe soror, Oceanitides ambae,
Ambae auro pictis incinctae pellibus ambae,
Atque Ephyre atque Opis et Asia Deiopea
Et tandem positis velox Arethusa sagittis.
Inter quas curam Clymene narrabat inanem 345
Volcani Martisque dolos et dulcia furta
Aque Chao densos divom numerabat amores.
Carmine quo captae dum fusis mollia pensa
Devolvunt, iterum maternas inpulit auris
Luctus Aristaei, vitreisque sedilibus omnes 350
Obstipuere; sed ante alias Arethusa sorores
Prospiciens summa flavum caput extulit unda
Et procul: O gemitu non frustra exterrita tanto,
Cyrene soror, ipse tibi, tua maxuma cura,
Tristis Aristaeus Penei genitoris ad undam 355
Stat lacrimans et te crudelem nomine dicit.
Huic percussa nova mentem formidine mater,
Duc, age, duc ad nos; fas illi limina divom
Tangere, ait. Simul alta iubet discedere late

---

342. *ambae, Ambae auro.* Mit derselben anmuthigen Wiederholung Ovid. Met. I, 327: *Innocuos ambos, cultores numinis ambos.* VIII, 372: *Ambo conspicui, nive candidioribus ambo Vectabantur equis, ambo vibrata per auras* etc., vgl. auch E. 7, 4. — *pictis pellibus,* als Jägerinnen hochgegürtet mit bunten Fellen und mit goldenem Gürtel, vgl. A. I, 320.

343. *Ephyrē atque.* Wegen des Hiatus s. Einl. p. 11. — *Asia Deïopea,* die Göttin des asischen Sumpfes, s. G. I, 383.

344. *tandem,* von der Jagd ermüdet.

345. Die *doli Martis* und die *cura Volcani inanis* zeigen, dass Verg. sich hier nicht auf den homer. Mythus (Od. VIII, 266—366) bezieht, sondern auf eine Theogamie, deren Inhalt Lucian. Gall. 3. so angiebt: ἤκουσα — ὡς Ἀλεκτρυών τις νεανίσκος φίλος γένοιτο τῷ Ἄρει — καὶ κοινωνοίη τῶν ἐρωτικῶν. ὁπότε γοῦν ἀπίοι παρὰ τὴν Ἀφρο-

δίτην μοιχεύσων ὁ Ἄρης, ἐπάγεσθαι καὶ τὸν Ἀλεκτρυόνα, καὶ ἐπειδήπερ τὸν Ἥλιον μάλιστα ὑφεωρᾶτο, μὴ κατιδών ἐξείποι πρὸς τὸν Ἥφαιστον, ἔξω πρὸς ταῖς θύραις ἀπολείπειν ἀεὶ τὸν νεανίσκον μηνύσοντα ὁπότε ἀνίσχοι ὁ Ἥλιος. εἶτά ποτε κατακοιμηθῆναι μὲν τὸν Ἀλεκτρυόνα — τὸν δὲ Ἥλιον λαθόντα ἐπιστῆναι τῇ Ἀφροδίτῃ καὶ τῷ Ἄρει ἀφροντίδι ἀναπαυομένῳ — καὶ οὕτω τὸν Ἥφαιστον παρ' Ἡλίου μαθόντα συλλαβεῖν αὐτοὺς περιβαλόντα καὶ σαγηνεύσαντα τοῖς δεσμοῖς, ἃ πάλαι πεποίητο ἐπ' αὐτούς.

347. *A Chao,* seit der Schöpfung.

350. *vitreisque.* Den Wassergöttern geben die Dichter häufig Hausgeräth und Schmuck aus Krystall, Bernstein, Muscheln, Korallen und anderen Erzeugnissen des Meeres.

355. *Penei,* s. Einl. p. 11.

358. *fas illi,* als dem Sohne eines Gottes und einer Nymphe.

360 Flumina, qua iuvenis gressus inferret. At illum
Curvata in montis faciem circumstetit unda
Accepitque sinu vasto misitque sub amnem.
Iamque domum mirans genetricis et humida regna
Speluncisque lacus clausos lucosque sonantis
365 Ibat et ingenti motu stupefactus aquarum
Omnia sub magna labentia flumina terra
. Spectabat diversa locis, Phasimque Lycumque
Et caput, unde altus primum se erumpit Enipeus
370 Saxosusque sonans Hypanis Mysusque Caicus,
369 Unde pater Tiberinus, et unde Aniena fluenta
Et gemina auratus taurino cornua voltu
Eridanus, quo non alius per pinguia culta
In mare purpureum violentior effluit amnis.
Postquam est in thalami pendentia pumice tecta
375 Perventum et nati fletus cognovit inanis
Cyrene, manibus liquidos dant ordine fontis
Germanae tonsisque ferunt mantelia villis;
Pars epulis onerant mensas et plena reponunt
Pocula, Panchaeis adolescunt ignibus arae,

361. Vgl. Hom. Od. XI, 243.

364. *lacus clausos.* Wie man sich in Pluto's Reich eine der Oberfläche der Erde ähnliche Welt dachte, so auch im Reiche Neptuns. Aristaeus erblickt hier die mannigfaltigsten Ströme der Erde gleichsam in ihrer Wiege versammelt, den colchischen *Phasis*, den armenischen *Lycus*, den thessalischen *Enipeus*, die *Tiber*, den *Anio*, den scythischen *Hypanis*, den *Caicus* in *Mysien*, den *Eridanus* endlich, welcher das nördliche Italien durchströmt.

369. *Saxosus sonans.* Ueber die Verbindung des Adj. mit dem Particip. s. zu A. III, 70.

371. Die Flussgötter wurden zur Bezeichnung des Anbaues und der Fruchtbarkeit mit dem Haupte oder doch den Hörnern eines Stieres dargestellt. *Eridanus* hat vergoldete Hörner, weil er Gold führen sollte.

373. *purpureum*, s. zu E. 9, 40.

374. *pendentia pum. tecta*, eine gewölbte Bimssteingrotte.

375. *fletus inanis*, Klagen, denen leicht abzuhelfen war.

376. Als Fremder wird Aristaeus von den Nymphen bewirthet.

377. *mantelia*, s. zu A. I, 702.

378. *reponunt Pocula*, sie stellen andere Becher zum Nachtische hin, vgl. A. VIII, 175.

·379. *Panch. adol. ign. arae*, die Altäre flammen auf von panchäischem Feuer, d. h. von der Opferflamme, in welche panchäischer (s. zu G. II, 139) Weihrauch geworfen ist. *adolescere*, das *inchoativum* von *adolere*, (ein Opfer in Dampf aufgehen lassen, verbrennen) ist zu unterscheiden von *adolescere*, das aus *ad* und *alescere*, dem *inchoativum* von *alere* zusammengesetzt ist. Mit den *Panchaei ignes* vgl. Ovid. Met. XV, 574: *placat odoratis herbosas ignibus aras.* Stat. Theb. IV, 412: *turea altaria.*

Et mater, Cape Maeonii carchesia Bacchi: 380
Oceano libemus, ait. Simul ipsa precatur
Oceanumque patrem rerum Nymphasque sorores,
Centum quae silvas, centum quae flumina servant.
Ter liquido ardentem perfudit nectare Vestam,
Ter flamma ad summum tecti subiecta reluxit. 385
Omine quo firmans animum sic incipit ipsa:
  Est in Carpathio Neptuni gurgite vates,
Caeruleus Proteus, magnum qui piscibus aequor
Et iuncto bipedum curru metitur equorum.
Hic nunc Emathiae portus patriamque revisit 390
Pallenen; hunc et Nymphae veneramur et ipse
Grandaevus Nereus; novit namque omnia vates,
Quae sint, quae fuerint, quae mox ventura trahantur;
Quippe ita Neptuno visum est, inmania cuius
Armenta et turpis pascit sub gurgite phocas. 395
Hic tibi, nate, prius vinclis capiendus, ut omnem
Expediat morbi caussam eventusque secundet.
Nam sine vi non ulla dabit praecepta neque illum
Orando flectes; vim duram et vincula capto

380. *Maeonii Bacchi*, lydischen Weins, der besonders um den Tmolus (s. G. II, 98) in *Maeonien*, einer Landschaft Lydiens, wuchs.
382. *patrem rerum*, nach der alten Naturphilosophie, welche das Wasser als den Grundstoff aller Dinge annahm; vgl. Hom. Il. XIV, 246.
383. *servant*, bewahren, d. i. schützend erhalten.
384. *Vestam*, die Vorsteherin des Herdes für den Herd selbst.
385. *subiecta*, s. zu E. 10, 74. Als günstiges Zeichen wurde es angesehen, wenn die Opferflamme hell aufschlug, vgl. E. 8, 104.
386. *ipsa*, im Gegensatz zu den Göttern, die das *omen* gaben.
387. Der Greis und Meerdämon *Proteus* aus *Pallene*, einer Landzunge *Emathia's* (Macedoniens, s. zu G. I, 492), weidete die Robben Neptun's im *carpathischen* Meere zwischen Creta und Rhodus, konnte sich in allerlei Gestalten verwandeln, fuhr, wie die Meergötter überhaupt, auf einem mit ἱπποκάμποις, d. h. fischschwänzigen Rossen bespannten Wagen, und besass die Kunst des Weissagens in solchem Grade, dass ihn die Nymphen und sogar der tiefschauende Wahrsager *Nereus*, des Pontus ältester Sohn, seiner Kenntnisse wegen bewunderten. Uebrigens ist mit der Anweisung, wie Aristaeus den *Proteus* zum Wahrsagen zwingen soll, das Vorbild Vergil's, Hom. Od. IV, 382 bis 470, zu vergleichen.
393. *quae sint*, näml. *novit*.
396. *vinclis cap.*, s. zu E. 6, 19.
397. *eventusque sec.*, glücklichen Ausgang verleihe (indem er dir nämlich die Mittel angiebt, wie du zu neuen Bienen gelangest). Ovid., der Fast. I, 363—380 den Mythus vom Aristaeus kurz erzählt, lässt die Cyrene sagen: *Sisto, puer, lacrimas; Proteus tua damna levabit, Quoque modo repares, quae perierc, dabit.*

Vergil I. 3. Aufl.

400 Tende; doli circum haec demum frangentur inanes.
Ipsa ego te, medios cum sol accenderit aestus,
Cum sitiunt herbae et pecori iam gratior umbra est,
In secreta senis ducam, quo fessus ab undis
Se recipit, facile ut somno adgrediare iacentem.
405 Verum ubi correptum manibus vinclisque tenebis,
Tum variae eludent species atque ora ferarum.
Fiet enim subito sus horridus atraque tigris
Squamosusque draco et fulva cervice leaena,
Aut acrem flammae sonitum dabit atque ita vinclis
410 Excidet, aut in aquas tenuis dilapsus abibit.
Sed quanto ille magis formas se vertet in omnis,
Tanto, nate, magis contende tenacia vincla,
Donec talis erit mutato corpore, qualem
Videris, incepto tegeret cum lumina somno.
415   Haec ait et liquidum ambrosiae diffundit odorem,
Quo totum nati corpus perduxit: at illi
Dulcis conpositis spiravit crinibus aura
Atque habilis membris venit vigor. Est specus ingens
Exesi latere in montis, quo plurima vento
420 Cogitur inque sinus scindit sese unda reductos,
Deprensis olim statio tutissima nautis; .
Intus se vasti Proteus tegit obice saxi.
Hic iuvenem in latebris aversum a lumine Nympha
Collocat, ipsa procul nebulis obscura resistit.

400. *doli circum haec fr. in.*, um diese Fesseln werden die Ränke eitel zerschellen: ein Bild entlehnt von der Welle, welche an dem Felsen, den sie nicht überwältigen kann, bricht. *inanes* steht proleptisch.
407. *atra tigris*, ein grauenvoller Tiger. *ater* ist stehendes Epitheton des Orkus und aller Dinge, die an ihn erinnern, vgl. G. II, 130.
408. *fulva cervice leaena.* Auch die Thiernamen, von denen es verschiedene Formen zur Bezeichnung der Geschlechter gab, werden von den Dichtern häufig, theils des Wohlklangs und des Versbedürfnisses wegen, theils zur Vermeidung des gewöhnlichen Ausdrucks, als epicoena gebraucht: so legt auch

Valer. Flac. III, 740 der *lea* Mähnen bei, und sagt dagegen VI, 347: *dat catulos post terga leo.*
415. Götter salben Menschen, welchen sie aussergewöhnliche Kraft und Schönheit verleihen wollen, mit Ambrosia, oder verschaffen ihnen beide Eigenschaften auch schon durch den blossen Anhauch des ambrosischen Duftes, vgl. A. I, 588. Hom. Il. XIX, 348.
416. *perduxit*, salbte.
420. *Cogitur*, hineingezwängt wird. — *sinus red.*, landeinwärts gezogene Buchten, vgl. A. I, 161.
421. *Deprensis*, vom Sturme nämlich. — *olim*, seit langer Zeit, längst.
424. *procul*, in einiger Entfernung, die, wie aus den Worten *ne-*

Iam rapidus torrens sitientis Sirius Indos 425
Ardebat caelo et medium sol igneus orbem
Hauserat, arebant herbae et cava flumina siccis
Faucibus ad limum radii tepefacta coquebant:
Cum Proteus consueta petens e fluctibus antra
Ibat; eum vasti circum gens humida ponti 430
Exsultans rorem late dispergit amarum.
Sternunt se somno diversae in litore phocae;
Ipse, velut stabuli custos in montibus olim,
Vesper ubi e pastu vitulos ad tecta reducit
Auditisque lupos acuunt balatibus agni, 435
Considit scopulo medius numerumque recenset.
Cuius Aristaeo quoniam est oblata facultas,
Vix defessa senem passus conponere membra
Cum clamore ruit magno manicisque iacentem
Occupat. Ille suae contra non inmemor artis 440
Omnia transformat sese in miracula rerum,
Ignemque horribilemque feram fluviumque liquentem.
Verum ubi nulla fugam reperit fallacia, victus

bulis obscura geschlossen werden muss, eine geringe ist, also: in der Nähe; ebenso steht *procul* A. VI, 10.

425. Um den Aufgang des Hundssterns, des *Sirius*, ist auch bei den *Indern*, d. h. allen am östlichen Ocean wohnenden Völkern, die Hitze am heftigsten. Der Accus. *sit. Indos* ist von *torrens* abhängig.

426. *med. sol ign. orb. Haus.*, die Sonne flammte von der Höhe des Mittags. Da dem Begriffe des Schöpfens der des Eintauchens zu Grunde liegt, so wird *haurire* in manchen Verbindungen gebraucht, wo wir es mit durchdringen, durchbohren übersetzen müssen, vgl. G. III, 105. A. II, 600. V, 137. X, 314.

427. *cava flum.* Die Construktion ist: *radii coquebant cava flum. tepef. ad limum* (bis auf den Grund) *Faucibus siccis* (mit ausgetrockneter Mündung). *Fauces* steht von der Mündung eines Flusses auch bei Plin. hist. nat. V, 9, 10: *Nilus multis faucibus in Aegyptium mare se evomit.*

430. *Cum ibat.* Leitet *cum* bei einer Satzinversion den logischen Hauptsatz ein, so wird es mit dem Perf. oder Praes. hist. verbunden; bezeichnet jedoch das Verbum des logischen Hauptsatzes eine Bewegung und soll der Leser bei diesem Begriff der Bewegung als einer solchen, die sich oft wiederholen muss, ehe sie zum Ziele gelangt, festgehalten werden, so wird *cum* mit dem Imperf. verbunden; bei Vergil so noch A. V, 268—72. X, 146.

431. *rorem amarum*, vom widerlichen Geschmack des Salzwassers, Lucret. IV, 440: *ros salis.* — *dispergit.* Das Perf. konnte hier nicht stehen, denn dieses würde einen Fortschritt der Handlung andeuten, während der ganze Satz nur eine Nebenbestimmung zu dem Satze *Proteus Ibat* enthält.

434. *Vesper*, der Abendstern.

In sese redit atque hominis tandem ore locutus:
445 Nam quis te, iuvenum confidentissime, nostras
Iussit adire domos? quidve hinc petis? inquit. At ille:
Scis, Proteu, scis ipse; neque est te fallere quicquam;
Sed tu desine velle. Deum praecepta secuti
Venimus, hinc lapsis quaesitum oracula rebus.
450 Tantum effatus. Ad haec vates vi denique multa
Ardentis oculos intorsit lumine glauco
Et graviter frendens sic fatis ora resolvit:
  Non te nullius exercent numinis irae;
Magna luis commissa: tibi has miserabilis Orpheus
455 Haud quaquam ob meritum poenas, ni fata resistant,
Suscitat et rapta graviter pro coniuge saevit.
Illa quidem, dum te fugeret per flumina praeceps,
Inmanem ante pedes hydrum moritura puella
Servantem ripas alta non vidit in herba.
460 At chorus aequalis Dryadum clamore supremos
Inplerunt montis; flerunt Rhodopeiae arces
Altaque Pangaea et Rhesi Mavortia tellus

444. *In sese redit.* Ovid. Fast. I, 374: *domitus vinclis in sua membra redit.* Unserer Stelle ähnlich ist Ovid. Met. XI, 621, wo es vom *Somnus* heisst: *excussit tandem sibi se.*
445. *Nam quis.* Servius: *i. e. quisnam; hodie nam particula postponitur, ante praeponebatur;* vgl. A. II, 373. XII, 673.
447. *neque est te fallere q.*, es ist nicht möglich, dich irgend worin zu täuschen; vgl. A. VI, 595. VIII, 676; vgl. auch zu E. 10, 46.
448. *velle,* nämlich *fallere me.*
451. *lumine glauco.* Die Meergötter waren blauäugig. — Epileptische Bewegungen, das Verdrehen der Augen und Knirschen der Zähne, kündigen das Eintreten der weissagenden Kraft an, vgl. A. VI, 47 — 51. 77 — 80. 100 — 102.
452. *fatis,* zum Weissagen.
453. *nullius,* s. Einl. p. 11. — Den Zorn welcher Gottheit hat Arist. erregt? Vgl. v. 532 — 34.
454. *Magna luis comm.* Worin bestand die Schuld des Aristacus? Vgl. v. 457.
455. Die Worte *Haud q. ob mer.* sind mit *miserabilis* zu verbinden. — Den Mythus vom Orpheus (s. zu E. 4, 55) und seiner Gattin Eurydice erzählt ausführlicher Ovid. Met. X, 1 — 85.
456. *Suscitat,* durch seine Verwünschungen, welche die rächenden Gottheiten vollziehen, und fortwährend vollziehen werden, wenn nicht etwa das Schicksal widersteht. d. h. eine Aussöhnung des zürnenden Orpheus in der Unterwelt vorbestimmt ist. — *rapta pro coni.,* für die durch den Tod ihm entrissene Gattin.
457. *per flum.,* längs dem Flusse. — Das Mitleid mit dem traurigen Schicksale der in der Blüthe der Jahre hingerafften Euryd. spricht sich aus durch das dem Subjecte *(Illa)* als Apposition nachgeschickte *moritura puella* (s. zu A. V, 262).
461. *Rhodop. arc.,* s. Einl. p. 11 und zu E. 6, 30.
462. *Pangaea,* ein Gebirge Thra-

Atque Getae atque Hebrus et Actias Orithyia.
Ipse cava solans aegrum testudine amorem
Te, dulcis coniunx, te solo in litore secum, 465
Te veniente die, te decedente canebat.
Taenarias etiam fauces, alta ostia Ditis,
Et caligantem nigra formidine lucum
Ingressus Manisque adiit regemque tremendum
Nesciaque humanis precibus mansuescere corda. 470
At cantu commotae Erebi de sedibus imis
Umbrae ibant tenues simulacraque luce carentum,
Quam multa in foliis avium se milia condunt,
Vesper ubi aut hibernus agit de montibus imber,
Matres atque viri defunctaque corpora vita 475
Magnanimum heroum, pueri innuptaeque puellae,
Inpositique rogis iuvenes ante ora parentum;
Quos circum limus niger et deformis arundo
Cocyti tardaque palus inamabilis unda
Alligat et noviens Styx interfusa coercet. 480
Quin ipsae stupuere domus atque intima Leti
Tartara caeruleosque inplexae crinibus anguis
Eumenides, tenuitque inhians tria Cerberus ora
Atque Ixionii vento rota constitit orbis.

ciens an der Grenze Macedoniens.
— *Rhesi Mav. tellus* ist Thracien selbst, von dem durch unglückliche Theilnahme an dem trojanischen Kriege berühmt gewordene Könige Rhesus, und durch das Beiwort *Mavortia* (das dem Mars geweihte und von ihm bewohnte Land) bezeichnet.
463. *Getae*, s. G. III, 462 und Einl. p. 11. — *Hebrus*, s. E. 10, 65. — *Orithyia*, Tochter des athenicnsischen (*Actias = Actaeus*, s. zu E. 2, 24) Königs Erechtheus, die vom Boreas nach Thracien entführt wurde.
461. *testudine*, Laute, Zither, mit Rücksicht darauf, dass Merkur aus der Schale einer Schildkröte zuerst eine Leier bildete.
467. *Taenar. fauces*. Einen Schlund am lakonischen Vorgebirge Taenarum hielt man für einen Eingang in die Unterwelt.

473—78., vgl. A. VI, 306—12.
474. *de montibus*. Vor winterlichen Regenstürmen flüchten die Vögel von den Berghöhen in buschichte und windstille Thäler.
475. *corp. her.*, die gewaltigen Helden; *corpora* mit einem Genet. verbunden dient nicht zur bedeutungslosen Umschreibung, sondern fügt den Begriff des durch sein Aeusseres Imponirenden hinzu, vgl. G. III, 369. A. I, 193. II, 18. VI, 22. Aehnlich nennt Soph. Oed. Col. 1568 den Cerberus σῶμα ἀνικάτου θηρός.
479. Die unterirdischen Flüsse *Cocytus* und *Styx* werden von Vergil als schlammige Sumpfströme dargestellt, vgl. A. VI, 294—98. 323. IX, 104.
481. *int. Leti Tart.*, der innere Bezirk des Tartarus, das Reich des Todes (*Letum*).
484. *Ix. rota orbis*, das Rad des

485 Iamque pedem referens casus evaserat omnis
Redditaque Eurydice superas veniebat ad auras
Pone sequens, — namque hanc dederat Proserpina legem —
Cum subita incautum dementia cepit amantem,
Ignoscenda quidem, scirent si ignoscere Manes:
490 Restitit Eurydicenque suam iam luce sub ipsa
Inmemor heu! victusque animi respexit. Ibi omnis
Effusus labor atque inmitis rupta tyranni
Foedera terque fragor stagnis auditus Avernis.
Illa, Quis et me, inquit, miseram et te perdidit, Orpheu,
495 Quis tantus furor? En iterum crudelia retro
Fata vocant conditque natantia lumina somnus.
Iamque vale: feror ingenti circumdata nocte
Invalidasque tibi tendens, heu non tua, palmas!
Dixit et ex oculis subito, ceu fumus in auras
500 Commixtus tenuis, fugit diversa, neque illum
Prensantem nequiquam umbras et multa volentem
Dicere praeterea vidit, nec portitor Orci
Amplius obiectam passus transire paludem.
Quid faceret? quo se rapta bis coniuge ferret?
505 Quo fletu Manis, quae numina voce moveret?
Illa quidem Stygia nabat iam frigida cymba.

ixionischen Kreises, d. i. das Rad, um welches Ixion im Kreise geflochten war, s. zu G. III, 38. — *vento* ist Dat. Das Rad stand dem Winde still, weil dieser nämlich aus Begierde den Gesang des Orpheus zu hören immer mehr und mehr nachliess. Auch Hor. od. I, 12, 10 sagt von Orpheus: *rapidos morantem Fluminum lapsus celeresque ventos.*

485—503. Ovid. Met. X, 47: *nec regia coniux Sustinet oranti, nec qui regit ima, negare, Eurydicemque vocant*, und v. 50—52: *Hanc simul et legem Rhodopeius accipit heros, Ne flectat retro sua lumina, donec Avernas Exierit valles; aut irrita dona futura.*

491. *victus animi*, eigentlich im Herzen besiegt, von Sehnsucht nämlich, also: übermannt vom Gefühl. Die Lokativform *animi* gebraucht Verg. häufig, vgl. A. II, 61. IV, 203. V, 202. IX, 246. XI, 417. XII, 19.

493. *fragor.* Der unterirdische Donner ist die Wirkung der Gewalt, durch welche Pluto die Euryd. in den Tartarus zurückruft.

496. *natant. lumina*, im Todesschlummer brechende; Ovid. Met. V, 71; *iam moriens, oculis sub nocte natantibus atra.*

502. *portitor Orci*, vgl. A. VI, 298.

505. *Quo fletu Man., quae num. v. mov.* Er weiss nicht, durch welche Klagen er die Manen bewegen kann, ihm die Euryd. zum zweiten Male zu schenken, denn das Höchste seiner Kunst hat er schon bei dem ersten Versuche aufgeboten, und weiss nicht, an welche andere Gottheiten er sich mit Erfolg in dieser Sache wenden soll.

Septem illum totos perhibent ex ordine menses
Rupe sub aeria deserti ad Strymonis undam
Flevisse et gelidis haec evolvisse sub antris
Mulcentem tigris et agentem carmine quercus; 510
Qualis populea maerens philomela sub umbra
Amissos queritur fetus, quos durus arator
Observans nido inplumis detraxit; at illa
Flet noctem ramoque sedens miserabile carmen
Integrat et maestis late loca questibus inplet. 515
Nulla Venus, non ulli animum flexere hymenaei.
Solus Hyperboreas glacies Tanaimque nivalem
Arvaque Rhipaeis numquam viduata pruinis
Lustrabat raptam Eurydicen atque inrita Ditis
Dona querens; spretae Ciconum quo munere matres 520
Inter sacra deum nocturnique orgia Bacchi
Discerptum latos iuvenem sparsere per agros.
Tum quoque marmorea caput a cervice revulsum
Gurgite cum medio portans Oeagrius Hebrus
Volveret, Eurydicen vox ipsa et frigida lingua 525
Ah miseram Eurydicen! anima fugiente vocabat,
Eurydicen toto referebant flumine ripae.
  Haec Proteus, et se iactu dedit aequor in altum

508. *Strymonis*, s. zu G. I, 120.
509. *haec*, sein Schicksal.
510. *Mulc. tigr.* Tiger nennt der Dichter, unbekümmert darum, ob auch wirkliche Tiger zu den Zeiten des Orpheus in Thracien gefunden wurden, um die Kraft vom Gesange des Orpheus, dem sich selbst das unbändigste und reissendste Thier fügen musste, zu verherrlichen. Gleiches sagt Hor. od. III, 11, 13 vom Orpheus: *tu potes tigres comitesque silvas Ducere.*
514. *mis. carm. Integr.*, vgl. Hom. Od. XIX, 521.
517. Die Verzweiflung treibt den Orpheus zu den äussersten Grenzen Thraciens, im weitesten Umfange des Worts, denn er wandelte bis zu den fabelhaften *Rhipaeen* (s. zu G. I, 240), wo der *Tanais* (Don) im Lande der *Hyperboreer* (s. zu G. III, 196) entspringt.
520—527. Thracische Weiber (denn *Cicones* war der Name eines thracischen Volkes um den Ausfluss des *Hebrus*) fühlten sich durch die unablässige Trauer um Euryd. zurückgesetzt und zerrissen den Orpheus in der Wuth bei den Nachts gefeierten und von Orpheus selbst eingesetzten Orgien. Ausführlicher erzählt diesen Tod des Orpheus Ovid. Met. XI, 1—66. — *quo munere*, durch diese Aeusserung von Liebe, vgl. A. IV, 624. VI, 886.
524. *Oeagrius Hebr.* Aus Freundschaft für den Vater des Orpheus, den Oeagrus, liess der Stromgott Hebrus das in den Strom geworfene Haupt des Sohnes nicht untergehen.
528—30. Um weitere Erklärungen über die Mittel, die Aristaeus anzuwenden habe, um seiner Noth zu entgehen, rasch abzubrechen, schwingt sich Proteus ins Meer; der Ungestüm, mit dem er dies thut, verräth seinen Unmuth darüber,

Quaque dedit, spumantem undam sub vertice torsit.
530 At non Cyrene; namque ultro adfata timentem:
Nate, licet tristis animo deponere curas.
Haec omnis morbi caussa, hinc miserabile Nymphae,
Cum quibus illa choros lucis agitabat in altis,
Exitium misere apibus. Tu munera supplex
535 Tende petens pacem et facilis venerare Napaeas;
Namque dabunt veniam votis irasque remittent.
Sed modus orandi qui sit, prius ordine dicam.
Quattuor eximios praestanti corpore tauros,
Qui tibi nunc viridis depascunt summa Lycaei,
540 Delige et intacta totidem cervice iuvencas.
Quattuor his aras alta ad delubra dearum
Constitue et sacrum iugulis demitte cruorem
Corporaque ipsa boum frondoso desere luco.
Post, ubi nona suos Aurora ostenderit ortus,
545 Inferias Orphei Lethaea papavera mittes
Et nigram mactabis ovem lucumque revises;
Placatam Eurydicen vitula venerabere caesa.

dass er zum Wahrsagen gezwungen ist.
529. *spum. u. torsit*, er verursacht, dass schäumend sich wirbelt die Woge.
530. Was bei *At non Cyr.* zu ergänzen sei, ergiebt sich aus den folgenden Worten: *ultro adfata tim.*
535. *Napaeas*, Göttinnen der Weiden; so werden hier die versöhnlichen (*faciles*) Nymphen mit Beziehung auf den Hirten Aristaeus genannt.
539. *Lycaei*. Da die thessalischen Heerden dem Aristaeus theils gestorben, theils noch krank waren (s. oben v. 326—30), so soll er die Opferthiere aus seinen arkadischen Heerden nehmen, s. oben v. 283.
540. *intacta*, Hom. Od. III, 382: βοῦν ἀδμήτην, ἥν οὔπω ὑπὸ ζυγὸν ἤγαγεν ἀνήρ.
541. *ad delubra*. Die Opferaltäre standen vor den auf Höhen erbauten Tempeln.
542. *demitte cruor*. Die Opferthiere wurden so an den Altar gestellt, dass ihr Blut in die Flamme spritzte.
545. *Lethaeischen Mohn* soll Aristaeus dem Orpheus (*Orphei* s. Einl. p. 11) bringen, damit er vergesse; vgl. G. I, 78.
547. *Placatam Euryd.*, der versöhnten Euryd., d. h., wenn die Euryd. versöhnt ist, so bringe ihr ein Dankopfer. In gleicher Weise ist das Part. perf. in das Fut. exact. aufzulösen A. VIII, 532, vgl. auch Val. Fl. IV, 567: *Di tibi progresso propius, Di forsitan ipsi Auxilium mentemque dabunt.* Euryd. musste versöhnt sein, wenn es dem Aristaeus gelang, den Zorn des Orpheus und der Nymphen zu beschwichtigen und in Folge davon seiner jetzigen Noth zu entrinnen. Im Folgenden konnte deshalb dies Dankopfer übergangen werden, weil Vergil nicht die Geschichte des Aristaeus erzählen, sondern nur angeben will, auf welche Weise er zu

Haud mora; continuo matris praecepta facessit;
Ad delubra venit, monstratas excitat aras,
Quattuor eximios praestanti corpore tauros 550
Ducit et intacta totidem cervice iuvencas.
Post, ubi nona suos Aurora induxerat ortus,
Inferias Orphei mittit lucumque revisit.
Hic vero subitum ac dictu mirabile monstrum
Aspiciunt, liquefacta boum per viscera toto 555
Stridere apes utero et ruptis effervere costis
Immensasque trahi nubes iamque arbore summa
Confluere et lentis uvam demittere ramis.
   Haec super arvorum cultu pecorumque canebam
Et super arboribus, Caesar dum magnus ad altum 560
Fulminat Euphraten bello victorque volentis
Per populos dat iura viamque adfectat Olympo.
Illo Vergilium me tempore dulcis alebat
Parthenope studiis florentem ignobilis oti,
Carmina qui lusi pastorum audaxque iuventa, 565
Tityre, te patulae cecini sub tegmine fagi.

der künstlichen Erzeugung der Bienen kam.
555. *Aspiciunt*, Aristaeus mit seinen Opferdienern.
556. *Stridëre* und *effervëre*, s. Einl. p. 11.
557. *nubes*, vgl. oben v. 60.
558. *uvam demittere*, Hom. Il. II, 89: ἠΰτε ἔθνεα εἶσι μελισσάων ἀδινάων—βοτρυδὸν δὲ πέτονται.
560. *dum fulm. ad Euphr.*, im Jahre 30 v. Chr.
561. Der *Euphrates* (s. zu G. I, 509) war der Grenzstrom des par-

thischen Reiches. — *volentis Per pop. dat iura* (Gesetze), Xenoph. Oecon. 21, 12: ἐθελόντων ἄρχειν.
562. *Olympo*, zur Unsterblichkeit. Wegen des Dat. s. zu E. 2, 30.
564. *Parthenope* hiess Neapel nach einer dort begrabenen Sirene dieses Namens. — *ignobilis*, im Vergleich mit den Thaten des Kriegers und Staatsmannes, vgl. G. II, 486.
565. *lusi*, ich habe spielend gedichtet, vgl. E. 6, 1. Ovid. trist. V, 1, 7: *Integer et laetus laeta et iuvenilia lusi*.

VERZEICHNISS
der

Stellen, in welchen ich vom Texte der kleinen Wagner'schen Ausgabe abgewichen bin, mit Angabe der Gelehrten, an welche ich mich angeschlossen habe.

Die ersten Worte enthalten den Wagner'schen Text, die folgenden den dieser Ausgabe. H. = Heyne. J. = Jahn. L. = Ladewig. Pd. = Paldamus. R. = Ribbeck. Conjecturen sind durch ein dem Namen hinzugesetztes cj. bezeichnet.

Abweichungen von der Orthographie und Interpunction der Wagner-schen Ausgabe sind nicht angegeben.

Ecl. 1, 59: *aethere* — aequore (Keil im Philol. II. p. 166) 65: *Cretae* — cretae (Voss) 65: *Oaxen* — Oaxem (H., überdies s. die Anm.) 72: *en, quis* — his nos (Haupt). Ecl. 3, 110: *Haut metuet, dulcis aut* — haud temnet dulcis, haud (R. cj.). Ecl. 6, 74: *ut* — aut (Keil im Philol. II. p. 165). Ecl. 7, 14: *neque* — nec (H.) 54: *quoque* — quaeque (Lachm. ad Lucret. p. 94). Ecl. 8, 48, 49 und 58 s. d. Anm. 74: *hanc* — haec (J.). Ecl. 9, 3: *quo* — quod (J.). Ecl. 10, 19: *bubulci* — subulci (H.).

G. I, 35: *reliquit* — relinquit (Voss und Keil im Philol. II, p. 164) 50: *ac* — at (H.) 173—74 die Reihenfolge dieser Verse ist nach Schrader geordnet. 174: *cursus* — currus (H.) 226: *aristis* — avenis (Keil im Philol. II. p. 164) 236: *caerulea* — caeruleae, (R.) 419: *densat* — denset (H.) 457: *moneat* — moveat (Pd.).

G. II, 52: *voces* — voles (Pd.) 71: *fagus* — fagos (R.) 196: *fetus ovium* — ovium fetum (R.) 265: *at* — ac (Pd.) 435: *umbras* — umbram (Pd.) 464: *inlusasque* — inclusasque (L.) 469: *at* — et (R.) 488: *in vallibus* — convallibus (Pd.) 514: *nepotes* — Penates (Heinsius).

G. III, 3: *carmine* — carmina (Heinsius) 120—22 s. d. Anm. 188: *audeat* — gaudeat (L. cj., s. m. Progr. Ueber einige Stellen d. Verg. p. 20 —21) 190: *acceperit* — accesserit (H.) 190: *aestas* — aetas (L., s. Klotz, lex. s. v.) 194: *tum vocet* — provocet (R.) 202: *hic* — hinc (J.) 219: *Pascitur* — Pascitur (J.) 230: *pernox* — pernix (J.) 254: *correptos* — correptosque (J.) 323: *mittet* — mittes (R.) 456: *aut* — et (R.) und *omina* — omnia (J.).

G. IV, 45: *e levi* — et levi (Voss) 125: *altis* — arcis (H.) 132: *animo* — animis (H. und Ameis, spicil. p. 38) 200: *et* — e (R.) 202: *refingunt* — refigunt (H.) 203—5 sind nach dem Vorschlage Wagner's (Philol. Suppl. 3. p. 375.) hinter v. 183 gestellt. 221: *omnis* — omnia (Peerlk. cj.) 228: *angustam* — augustam (H.) 230—50 sind nach dem übereinstimmenden Vorschlage Tittler's und Ribbeck's geordnet. 291—293: *Et vir.*, *Et div.*, *Usque* — Et vir., Et div., Usque (Voss) 295: *ad* — in (R.) — Die Umstellung von 369—70 nach Schrader. 393: *sunt, fuerunt, trahuntur* — sint, fuerint, trahantur (H.) 431: *dispersit* — dispergit (J.) 505: *qua* — quae (L.)

ERKLÄRUNG
der in den Anmerkungen gebrauchten Abkürzungen.

E. — Eclogae.
G. — Georgica.
A. — Aeneis.
LA. — Lesart.
Bed. — Bedeutung.
bez. — bezeichnet.
a. d. St. — an dieser Stelle.
V. — Vers.
eig. — eigentlich.
W. — Wort.

Verlag der Weidmannschen Buchhandlung (Karl Reimer) in Berlin.

Druck von Carl Schultze in Berlin, Kommandanten-Strasse 72.